池田大作先生監修

現代語訳 撰時抄

創価学会教学部編

目　次

撰時抄

装幀　株式会社プランク
松田　和也

一、本書は、「大白蓮華」に連載された創価学会教学部編、池田大作先生監修「現代語訳『撰時抄』」（二〇一二年五月号〜八月号）を、監修者の了解を得て「現代語訳『撰時抄』」として収録した。

一、御書全集に対応するページ数を、現代語訳本文の上段に（ ）で示した。

一、理解を助けるため、御書本文の語句を適宜〔 〕に入れて示した。

一、経論等の引用箇所は、読みやすさを考え、書体を変えてある。

一、読みが難しい漢字には、ルビを振った。読みの統一などのため、一部、御書全集のルビを改めたものがある。

一、説明が必要と思われる語句には、〈注〇〉を付け、各段の終わりに「注解」を設けた。

　御書の引用は、『新編 日蓮大聖人御書全集』（創価学会版、第二六六刷）を（御書〇〇㌻）で示した。

　法華経の引用は、『妙法蓮華経並開結』（創価学会版、第二刷）を（法華経〇〇㌻）で示した。

　日寛上人による御書の文段からの引用は、『日寛上人文段集』（聖教新聞社刊）を（文段集〇〇㌻）で示した。

一、本抄全体に関する解説を巻末に付した。

現代語訳

撰《せん》時《じ》抄《しょう》

第1段　時が肝要《かんよう》であることを標榜《ひょうぼう》する

（御書二五六ジ《ペー》一行目～五行目）

仏法を学ぶ方途《ほうと》について言えば、必ず最初に「時」について学ばなければならない。

過去の大通智勝仏《だいつうちしょうぶつ》〈注1〉は、出現されてから十小劫《じっしょうこう》〈注2〉の間、一経《いっきょう》も説《と》かれなかった。法華経には「大通智勝仏は十小劫の間、瞑想《めいそう》に入ったまま座り続けた」（化城喩品《けじょうゆほん》）とある。また「大通智勝仏は時がまだ来ていないと分かっていて、説法《せっぽう》を求められても黙《だま》って座っていた」（同）とある。

今の教主釈尊《きょうしゅしゃくそん》は覚《さと》りを開いてから四十年余《あま》りの間、法華経を説《と》かれなかった。法華経には「説く時がまだ来ていなかったからである」（方便品《ほうべんぼん》）とある。

老子《ろうし》〈注3〉は母のおなかに八十年いて生まれたという。弥勒菩薩《みろくぼさつ》〈注4〉は兜率天《とそつてん》の内院《ないいん》〈注5〉にこもられ、五十六億《おく》七千万年の間、仏になる時をお待ちである。

周知《しゅうち》の通り、ホトトギスは春を過《す》ぎてから姿《すがた》を見せ〈注6〉、ニワトリは夜明けとともに鳴く〈注7〉。動物でもこのようである。まして仏法を修行《しゅぎょう》しようとするのに、「時」について解明《かいめい》しなくてよいのだろうか。

◇注　解◇

〈注1〉【大通智勝仏《だいつうちしょうぶつ》】法華経化城喩品《けじょうゆほん》第七に説《と》かれる、三千塵点劫《さんぜんじんてんごう》という昔に出現した仏。大通智勝仏は十六人の王子の願《ねが》いによって法華経を説いたが、十六王子と少数の声聞《しょうもん》以外は疑《うたが》いを起こして信じなかった。その後、十六王子が、それぞれ父が説いた法華経を繰《く》り返《かえ》し説き、仏となる種を下《お》ろし（下種《げしゅ》）、大衆《だいしゅ》たちとの縁《えん》を結んだ（これを大通覆講《だいつうふっこう》という）。この時の十六番目の王子が釈尊《しゃくそん》の過去世《かこせ》の姿《すがた》であり、その時、釈尊の説法《せっぽう》を聞き、下種を受けた衆生《しゅじょう》がその後、第十六王子とともに諸仏《しょぶつ》の国土に生まれあわせ、今インドで成《じょう》道《どう》した釈尊に巡《めぐ》りあったと説かれる。この大通覆講の時に受けた下種を大通下種という。

〈注2〉【十小劫《じっしょうこう》】「劫」はサンスクリットのカルパの音写で、極《きわ》めて長大な時間を示す単位。その長さについては諸説《しょせつ》ある。「小劫」について、日蓮大聖人は「顕謗法抄《けんほうぼうしょう》」（御書四四七㌻）で、人間の寿命《じゅみょう》が十歳から百年に一歳ずつ増して八万歳に至《いた》り、また無量歳《むりょうさい》から百年に一歳ずつ減《へ》って十歳になるという、この一増一減《いちぞういちげん》の長さを小劫とする説を挙《あ》げられている。

〈注3〉【老子《ろうし》】中国・周《しゅう》の思想家。姓《せい》は李《り》、名は耳《じ》、字《あざな》（通称《つうしょう》）は耼《たん》。道家《どうか》の祖《そ》とされる。孔子《こうし》と同時代の人で周に仕え、『老子（道徳経《どうとくきょう》）』を著《あらわ》したとされる。宇宙の万物を造《つく》り出《だ》し秩序《ちつじょ》を与える「道《どう》」が、人間の作為《さくい》を超えた無為自然《むいしぜん》であると説《と》き、それを政治・処世《しょせい》における規範《きはん》とした。

〈注4〉【弥勒菩薩《みろくぼさつ》】弥勒はサンスクリットのマイトレーヤの音写で、慈愛《じあい》に満《み》ちた者を意味する。釈尊《しゃくそん》に先立って入滅《にゅうめつ》し、現在は菩薩として、兜率天《とそつてん》の内院《ないいん》で神々と人々に説法《せっぽう》しているという。そして釈尊滅後《めつご》五十六億《おく》七千万年後に仏として再びこの世界に登場し衆生《しゅじょう》を救《すく》うとされる。このように次の生で仏となって釈尊の処《ところ》（地位）を補《おぎな》うので「一生補処《いっしょうふしょ》の菩薩」とも弥勒仏《みろくぶつ》とも称《しょう》する。

〈注5〉【兜率天《とそつてん》の内院《ないいん》】兜率はサンスクリットのトゥシタの音写。「都率《とそつ》」とも書く。古代インドの世界観で、欲界《よっかい》に属《ぞく》する天上世界は六層《そう》に分かれるが、そのうち下から数えて第四層にあたる。世界の中心にあるとされる須弥山《しゅみせん》の頂上《ちょうじょう》のすぐ上に位置する。仏になる直前の菩薩《ぼさつ》が待機《たいき》している。

娑婆《しゃば》世界における兜率天《とそつてん》は内院《ないいん》と外院《げいん》とに分かれ、内院に兜率天宮《とそつてんぐう》があって弥勒菩薩《みろくぼさつ》が待機《たいき》している。

〈注6〉【ホトトギスは春を過《す》ぎてから姿《すがた》を見せ】ホトトギスは、夏に日本に飛来《ひらい》する夏鳥。日本では古来、ホトトギスは夏の到来《とうらい》を告《つ》げる鳥とされ、「時鳥」などと書かれ、その初音《はつね》（その年始めて鳴く声）を聞くことが待ち望《のぞ》まれた。カッコウと混同《こんどう》され、「郭公」と表記されることもある。

〈注7〉**【ニワトリは夜明けとともに鳴く】** ニワトリは、夜明けを知らせる鳥とされ、「時告《ときつ》げ鳥《どり》」と呼ばれた。

第2段　仏の教説《きょうせつ》は時による

（御書二五六ジペー五行目〜十三行目）

釈尊《しゃくそん》が寂滅道場《じゃくめつどうじょう》〈注1〉で覚《さと》りを開き、華厳経《けごんぎょう》〈注2〉が説《と》かれた時には、十方《じっぽう》の世界の仏たちが姿《すがた》を現《あらわ》し、あらゆる大菩薩《だいぼさつ》が集まられ、梵天《ぼんてん》・帝釈天《たいしゃくてん》・四天《してん》王《のう》〈注3〉は衣《ころも》をひるがえして集まり、竜神《りゅうじん》をはじめとする八部衆《はちぶしゅ》〈注4〉は合掌《がっしょう》して仏を礼拝《らいはい》し、仏教を信じ理解し実践する能力《のうりょく》・資質《ししつ》のすぐれた凡夫《ぼんぷ》〈注5〉は聞き耳を立て、今世《こんぜ》で不退転《ふたいてん》の境地《きょうち》〈注6〉を得た菩薩である解脱月菩薩《げだつがつぼさつ》〈注7〉などが仏に説法《せっぽう》をお求めになったが、釈尊は、二乗作仏《にじょうさぶつ》〈注8〉・久遠実成《くおんじつじょう》〈注9〉についてはその名称《めいしょう》を隠《かく》し、即身成仏《そくしんじょうぶつ》〈注10〉・一念三千《いちねんさんぜん》〈注11〉の肝心《かんじん》についてはその教えを述べられなかった。
これらは、ひとえに、機根《きこん》〈注12〉はあったが、何よりも時が来ていなかったのでお述べにならなかったのである。法華経に「説《と》く時がまだ来ていなかったからである」（方便品《ほうべんぼん》）とある。

釈尊《しゃくそん》が霊鷲山《りょうじゅせん》〈注13〉で法華経を説《と》かれた時には、世界一の親不孝《おやふこう》の人であった阿闍世王《あじゃせおう》〈注14〉がその座《ざ》に参列《さんれつ》し、釈尊の生涯《しょうがい》の中で最悪《さいあく》の謗法者《ほうぼうしゃ》であった提婆達多《だいばだった》〈注15〉は未来の成仏《じょうぶつ》を保証《ほしょう》されて天王如来《てんのうにょらい》という名前を授《さず》けられ、五《ご》障《しょう》〈注16〉がある竜女《りゅうにょ》〈注17〉は蛇《へび》の身を改《あらた》めないで成仏した。

成仏《じょうぶつ》できないと定まっていた二乗《にじょう》〈注18〉が成仏したことは、煎《い》った種から花が咲《さ》き実がなったようなものである。

久遠実成《くおんじつじょう》が明かされて、無数《むすう》の立派《りっぱ》な地涌《じゆ》の菩薩《ぼさつ》〈注19〉が釈尊《しゃくそん》の弟子であると聞いた時には、「『百歳の老人《ろうじん》が二十五歳の若者《わかもの》の子である』と言うようなものである」〈注20〉と人々は不審《ふしん》に思った。

一念三千《いちねんさんぜん》の法門では「九界《きゅうかい》がそのまま仏界《ぶっかい》であり、仏界がそのまま九界である」〈注21〉と説《と》く。それ故《ゆえ》、一念三千の法門を明かしたこの法華経の一字は如意宝珠《にょいほうしゅ》〈注22〉である。その一句《いっく》は仏たちを生み出す種子《しゅし》となる。このような法門が説かれたのは、衆生《しゅじょう》の機根《きこん》が熟《じゅく》したか否《いな》かとは無関係《むかんけい》に、時が来たからである。

法華経に「今、まさにその時である。必ず大乗《だいじょう》を説《と》く」（方便品《ほうべんぼん》）とある。

◇注　解◇

〈注1〉【寂滅道場《じゃくめつどうじょう》】釈尊《しゃくそん》が今世で初《はじ》めて覚《さと》りを開いた、伽耶城《がやじょう》（ガヤー）の菩提樹《ぼだいじゅ》の下のこと。「寂滅」とは涅槃《ねはん》（ニルヴァーナ）の漢訳《かんやく》で、仏の覚りの平安《へいあん》な境地《きょうち》。「道場」とは、覚り（道《どう》）を得た場所のこと。

〈注2〉【華厳経《けごんぎょう》】詳《くわ》しくは大方広仏華厳経《だいほうこうぶつけごんぎょう》という。漢訳《かんやく》には、中国・東晋《とうしん》の仏駄跋陀羅訳《ぶっだばっだらやく》の六十華厳《けごん》（旧訳《くやく》）、唐《とう》の実叉難陀《じっしゃなんだ》の八十華厳（新訳《しんやく》）、唐の般若訳《はんにゃやく》の四十華厳の三種がある。無量《むりょう》の功徳《くどく》を完成した毘盧遮那仏《びるしゃなぶつ》の荘厳《しょうごん》な覚《さと》りの世界を示そうとした経典であるが、仏の世界は直接に説《と》くことができないので、菩薩《ぼさつ》のときの無量の修行《しゅぎょう》（菩薩の五十二位《ごじゅうにい》）を説き、間接的《かんせつてき》に表現している。

〈注3〉【梵天《ぼんてん》・帝釈天《たいしゃくてん》・四天王《してんのう》】梵天（ブラフマー）は、古代インドの世界観で世界を創《そう》造《ぞう》し宇宙を支配するとされる中心的な神。種々の梵天がいるが、その中の王たちを大梵天王という。仏法を守護《しゅご》する諸天善神《しょてんぜんじん》とされる。

帝釈天《たいしゃくてん》は、古代インドの神話において、雷神《らいじん》で天帝《てんてい》とされるインドラのこと。シャクラとも呼ばれる。仏法を守護《しゅご》する諸天善神《しょてんぜんじん》とされる。

四天王《してんのう》は、古代インドの世界観で、一つの世界の中心にある須弥山《しゅみせん》の中腹《ちゅうふく》の四方（四王《しおう》天《てん》）の主とされる四人の神々。正法を護《まも》る。持国天王《じこくてんのう》・増長天王《ぞうじょうてんのう》・広目天王《こうもくてんのう》・毘沙門天王《びしゃもんてんのう》（多聞天王《たもんてんのう》）の四王。

〈注4〉【八部衆《はちぶしゅう》】仏法を守護《しゅご》する八種類の諸天《しょてん》や鬼神《きじん》のことで、法華経譬喩品《ひゆほん》第三などにある。天竜《てんりゅう》八部ともいう。天（神々）・竜・夜叉《やしゃ》・乾闥婆《けんだつば》・阿修羅《あしゅら》・迦楼羅《かるら》・緊那羅《きんなら》・摩睺《まご》羅伽《らが》の八種。

〈注5〉【仏教を信じ理解し実践する能力《のうりょく》・資質《ししつ》のすぐれた凡夫《ぼんぷ》】御書本文は「凡夫・大根《だいこん》性《じょう》の者」（二五六ページ）。「根性」とは機根《きこん》と同じ意味で、仏教を信じ理解し実践する能力・資質を意味する。

〈注6〉【不退転《ふたいてん》の境地《きょうち》】御書本文は「生身得忍《しょうしんとくにん》」（二五六ページ）。現在の身（生身《しょうじん》）のままで無生法忍《むしょうほうにん》を得《え》ること。無生法忍とは、一切《いっさい》のものは空《くう》であり固有《こゆう》の実体をもたず生滅《しょうめつ》変化することはないという道理を受け入れること。『大智度論《だいちどろん》』などでは、この生身《しょうじん》得忍は不退《ふたい》の菩薩《ぼさつ》の段階で得られると説《と》くので、本文のように現代語訳した。

〈注7〉【解脱月菩薩《げだつがつぼさつ》】華厳経《けごんぎょう》の会座《えざ》に来集した菩薩の一人。金剛蔵菩薩《こんごうぞうぼさつ》が菩薩の修行《しゅぎょう》の階《かい》位《い》である十地《じゅうじ》の名を説《と》いた後、詳説《しょうせつ》しなかったので、解脱月菩薩は大衆《だいしゅ》を代表して金剛蔵菩薩にその義《ぎ》を説法《せっぽう》することを請《こ》うたとされる。その要請《ようせい》によって十地品《じゅうじほん》が説かれている。

〈注8〉【二乗作仏《にじょうさぶつ》】法華経以外の大乗経《だいじょうきょう》では、六道輪廻《ろくどうりんね》から解脱《げだつ》して涅槃《ねはん》に至《いた》ることを目指す声聞《しょうもん》・縁覚《えんがく》の二乗は、菩薩道《ぼさつどう》の利他《りた》の実践をしないので、成仏《じょうぶつ》の因《いん》である仏種《ぶっしゅ》が断《だん》じられて成仏することはないとされていた。それに対し法華経迹門《しゃくもん》では、二乗にも本来、仏《ぶっ》知見《ちけん》（仏の智慧《ちえ》）がそなわっていて、成仏を目指す菩薩であり、未来に菩薩道《ぼさつどう》を成就《じょうじゅ》して成仏することを具体的な時代や国土や如来《にょらい》としての名などを挙《あ》げて保証《ほしょう》された。

〈注9〉【久遠実成《くおんじつじょう》】法華経本門《ほんもん》では、釈尊《しゃくそん》は自身が今世《こんぜ》で成道《じょうどう》したというこれまでの諸経で述べていたことを否定し、五百塵点劫《ごひゃくじんてんごう》という久遠《くおん》の過去に実は成仏《じょうぶつ》しており、それ以来、衆生教化《しゅじょうきょうけ》のために無数《むすう》の世でさまざまな姿《すがた》を示してきたと明かした。

〈注10〉【即身成仏《そくしんじょうぶつ》】衆生《しゅじょう》がその身のままで仏の境涯《きょうがい》を得ること。爾前経《にぜんきょう》では、何度も生死《しょうじ》を繰《く》り返《かえ》して仏道修行《ぶつどうしゅぎょう》を行い（歴劫《りゃっこう》修行）、九界《きゅうかい》の境涯を脱《だっ》して仏の境涯に到達《とうたつ》するとされた。これに対し法華経では、十界互具《じっかいごぐ》・一念三千《いちねんさんぜん》の法理が説《と》かれ、凡夫《ぼんぷ》の身に本来そなわる仏の境地《きょうち》（仏界《ぶっかい》）を顕《あらわ》して成仏できると明かされた。

〈注11〉【一念三千《いちねんさんぜん》】天台大師智顗《てんだいだいしちぎ》が、成仏《じょうぶつ》を実現するための実践として、凡夫《ぼんぷ》の一念《いちねん》（瞬《しゅん》間《かん》の生命）に仏の境涯《きょうがい》をはじめ森羅万象《しんらばんしょう》が収《おさ》まっていることを見る観心《かんじん》の修行《しゅぎょう》を明かしたもの。三千とは、十界互具《じっかいごぐ》（百界《ひゃっかい》）・十如是《じゅうにょぜ》・三世間《さんせけん》のすべてが一念にそなわっていることを、これらを掛《か》け合《あ》わせた数で示したもの。一念三千の中核は、法華経であらゆる衆生《しゅじょう》に仏知見《ぶっちけん》（仏の智慧《ちえ》）が本来そなわっていることを明かした十界互具であり、特に凡夫成仏の道を示すことにある。

〈注12〉【機根《きこん》】仏教を信じ理解し実践する能力《のうりょく》・資質《ししつ》。

〈注13〉【霊鷲山《りょうじゅせん》】古代インドのマガダ国の都《みやこ》・王舎城《おうしゃじょう》（ラージャグリハ）の東北にある岩山。サンスクリットのグリドゥラクータの訳《やく》。法華経の説法《せっぽう》が行われたとされる。

〈注14〉【阿闍世王《あじゃせおう》】釈尊存命中《しゃくそんぞんめいちゅう》のマガダ国の王。阿闍世はサンスクリットのアジャータシャトルの音写。父を殺《ころ》して王位《おうい》に就《つ》き、提婆達多《だいばだった》にそそのかされて釈尊を迫害《はくがい》したが、後に釈尊に帰依《きえ》した。

〈注15〉【提婆達多《だいばだった》】サンスクリットのデーヴァダッタの音写。釈尊《しゃくそん》の従兄弟《いとこ》で、最初は釈尊の弟子だったが、慢心《まんしん》を起こして敵対《てきたい》し、釈尊に種々の危害《きがい》を加えたり、教団《きょうだん》の分裂《ぶんれつ》を企《くわだ》てた。その悪行《あくぎょう》ゆえに生きながら地獄《じごく》に堕《お》ちたという。

〈注16〉【五障《ごしょう》】爾前経《にぜんきょう》において女性は、梵天王《ぼんてんのう》・帝釈天《たいしゃくてん》・魔王《まおう》・転輪聖王《てんりんじょうおう》・仏という五つのものになることができないとされたことをいう。

〈注17〉【竜女《りゅうにょ》】大海に住む娑竭羅竜王《しゃからりゅうおう》の娘。文殊師利菩薩《もんじゅしりぼさつ》が海中で説《と》いた法華経によって修行《しゅぎょう》をし、仏の覚《さと》りに達《たっ》した。法華経提婆達多品《だいばだったほん》第十二では、竜女が覚ったことを信じない智積菩薩《ちしゃくぼさつ》の前に出現して、速やかに成仏《じょうぶつ》する姿《すがた》を示した。

〈注18〉【二乗《にじょう》】二乗は、六道輪廻《ろくどうりんね》から解脱《げだつ》して涅槃《ねはん》に至《いた》ることを目指す声聞乗《しょうもんじょう》と縁覚乗《えんがくじょう》のこと。声聞は、サンスクリットのシュラーヴァカの訳《やく》で、〝声を聞く者〟の意。仏の教えを聞いて覚《さと》りを開く出家《しゅっけ》の弟子をいう。縁覚は、サンスクリットのプラティエーカブッダの訳で、辟支仏《ひゃくしぶつ》と音写する。独覚《どっかく》とも訳す。声聞の教団《きょうだん》に属《ぞく》することなく修行《しゅぎょう》し、涅槃の境《きょう》地《ち》を得る者をいう。「乗《じょう》」は乗り物の意で、成仏《じょうぶつ》へと導《みちび》く教えを譬《たと》えたもの。もとは声聞・縁覚それぞれに対応した教えが二乗であるが、この教えを受ける者（声聞・縁覚）についても二乗といい、ここでは後者の意。

二乗《にじょう》は自身が覚《さと》りを得ることに専念《せんねん》し利他行《りたぎょう》に欠《か》けるとして、爾前経《にぜんきょう》は二乗の成仏《じょうぶつ》を強く否定した。日蓮大聖人は「開目抄《かいもくしょう》」（御書一九一ページ以下）で、華厳経《けごんぎょう》・維摩経《ゆいまきょう》などの爾前経を引かれ、そのことを詳《くわ》しく論じられている。

〈注19〉**【地涌《じゆ》の菩薩《ぼさつ》】** 法華経従地涌出品《じゅうじゆじゅっぽん》第十五において、釈尊《しゃくそん》の呼び掛《か》けに応《こた》えて、娑婆《しゃば》世界《せかい》の大地を破《やぶ》って下方の虚空《こくう》から涌《わ》き出《で》てきた無数《むすう》の菩薩たち。上行《じょうぎょう》・無辺行《むへんぎょう》・安立《あんりゅう》行《ぎょう》・浄行《じょうぎょう》の四菩薩を代表とし、それぞれが無数の眷属《けんぞく》をもつ。如来神力品《にょらいじんりきほん》第二十一で釈尊から、滅後《めつご》の法華経の弘通《ぐつう》を、その主体者として託《たく》された。この地涌の菩薩は、久遠実成《くおんじつじょう》の釈尊（本仏《ほんぶつ》）から久遠の昔《むかし》に教化《きょうけ》されたので、本化《ほんげ》の菩薩という。これに対して、文《もん》殊《じゅ》・弥勒《みろく》などは、迹仏《しゃくぶつ》（始成正覚《しじょうしょうがく》の釈尊など）あるいは他方《たほう》の世界の仏から教化された菩薩なので、迹化《しゃっけ》・他方の菩薩という。

〈注20〉**【「『百歳の老人《ろうじん》が二十五歳の若者《わかもの》の子である』と言うようなものである」】** 法華経従《じゅう》地涌出品《じゆじゅっぽん》第十五で、地涌《じゆ》の菩薩《ぼさつ》が出現した時に、会座《えざ》の人々は地涌の菩薩の立派《りっぱ》な姿《すがた》を見て、おそらくこれは釈尊《しゃくそん》の師匠《ししょう》か親ででもあろうと思ったが、これに対し釈尊は地涌の菩薩は自分の弟子であると説《と》いた。この時に会座の人々が、〝練熟《れんじゅく》した百歳の長老《ちょうろう》のような地涌の大菩薩が、未熟《みじゅく》な二十五歳の青年のような釈尊の子どもであるはずがあるだろうか〟と疑《うたが》ったことをいう。

〈注21〉【「九界《きゅうかい》がそのまま仏界《ぶっかい》であり、仏界がそのまま九界である」】御書本文は「九界即《きゅうかいそく》仏界《ぶっかい》・仏界即九界」（二五六ページ）。十界互具《じっかいごぐ》の原理《げんり》から、九界の衆生《しゅじょう》にも仏界の生命がそなわり、仏界の生命にも九界の生命がそなわっていること。法華経では、二乗《にじょう》を含《ふく》め一切衆《いっさいしゅ》生《じょう》の成仏《じょうぶつ》が保証《ほしょう》されることによって九界即仏界が示された。また久遠実成《くおんじつじょう》の釈尊《しゃくそん》が成仏した後も菩薩《ぼさつ》としての寿命があり菩薩行を行じていると説かれることによって、仏界即九界が明かされた。

〈注22〉【如意宝珠《にょいほうしゅ》】意のままに宝物《ほうもつ》や衣服、食物などを取り出すことができるという宝《たから》の珠《たま》。

（257）

第3段　機根《きこん》と教説《きょうせつ》が相違《そうい》する難点《なんてん》を解消《かいしょう》する

（御書二五六ジペー十四行目〜二五七ジペー十六行目）

問う。適切《てきせつ》な機根《きこん》ではないのに重大な教えを授《さず》けられると、愚《おろ》かな人は必ず誹謗《ひぼう》し、そのために悪道《あくどう》へ堕《お》ちるかもしれない。もしそうなれば、それは説《と》く者の罪《つみ》ではないのか。

答える。ある人が道をつくった。その道に迷《まよ》う者があるからといって、道をつくった人の罪《つみ》となるだろうか。良医《りょうい》が薬を病人に与えた。もし病人が薬を嫌《きら》って飲まずに死んだとすれば、それは良医の過失《かしつ》となるのか。

尋《たず》ねる。法華経の第二巻には「智慧《ちえ》のない人の中で、この経を説《と》いてはならない」（譬喩品《ひゆほん》）とある。同じく法華経の第四巻には「この経は、分け与えたり、不用意《ふようい》に人に与えてはならないものである」（法師品《ほっしほん》）とある。また同じく法華経の第五巻には「この法華経は、あらゆる仏の秘密の教えを収《おさ》めた蔵《くら》であり、あらゆる経の中で、その最上位にある。それ故《ゆえ》、長い間、大切に守って、不用意に説かなかったのである」（安楽行品《あんらくぎょうぼん》）とある。これらの経文は、適切《てきせつ》な機根《きこん》でなければ説いてはならないと言っているのではないか、どうなのか。

それに対して、こちらから逆《ぎゃく》に質問する。

法華経不軽品《ふきょうぼん》には「不軽菩薩《ふきょうぼさつ》〈注1〉は会う人ごとに『私はあなた方を深く敬《うやま》います』と言った」とある。「出家《しゅっけ》・在家《ざいけ》の男女の中には、不軽菩薩に対して怒《いか》りを生じる、心の汚《けが》れた者がいて、不軽菩薩に悪口《わるくち》を言い罵倒《ばとう》して『この智《ち》慧《え》のない出家者《しゅっけしゃ》め！』と言った」とある。また「人々は杖《つえ》や棒《ぼう》で不軽菩薩を打ったり、瓦礫《がれき》〈注2〉を投《な》げつけたりした」とある。勧持品《かんじほん》には「悪口を言ったり、罵倒したり、また刀や杖を振《ふ》るう、智慧のない人々がいるだろう」とある。

これらの経文では、人々に悪口《わるくち》を言われ、罵倒《ばとう》され、ひいては刀や杖《つえ》で打たれても教えを説《と》いたとあるが、これは、教えを説く人に過失《かしつ》があったということなのか。

さらに問う。この二つの主張《しゅちょう》は水と火のように相《あい》いれないが、どのように理解すればよいか。

答える。天台大師《てんだいだいし》（智顗《ちぎ》）〈注3〉は「時に適合《てきごう》したものを説《と》くということに過《す》ぎない」（『法華文句《ほっけもんぐ》』〈注4〉）と言う。章安大師《しょうあんだいし》（灌頂《かんじょう》）〈注5〉は「状況に応《おう》じた行動を選択《せんたく》するのがよく、一方に偏《かたよ》ってはならない」（『涅槃経疏《ねはんぎょうしょ》』〈注6〉）と言っている。

これらの解釈の趣旨は、次のようなことである。

相手が謗《そし》るのであれば当面は説《と》かないという時もある。あるいはどんなに謗ってもあえて説かなければならないという時もある。あるいは、一部の機根《きこん》の人々が信じても、それ以外のすべての機根の人々が謗るのであれば、説いてはならない時もある。あるいは、すべての機根の人々が異口同音《いくどうおん》に謗ってもあえて説かなければならない時もある。

釈尊《しゃくそん》が今世《こんぜ》で初《はじ》めて成仏《じょうぶつ》された、華厳経《けごんぎょう》の会座《えざ》には、法慧《ほうえ》・功徳林《くどくりん》・金剛《こんごう》幢《どう》・金剛蔵《こんごうぞう》・文殊《もんじゅ》・普賢《ふげん》〈注7〉・弥勒《みろく》・解脱月《げだつがつ》などの大菩薩《だいぼさつ》たちのほか、梵《ぼん》天《てん》・帝釈天《たいしゃくてん》・四天王《してんのう》などといった仏教を信じ理解し実践する能力《のうりょく》・資質《ししつ》のすぐれた凡夫《ぼんぷ》が、数えきれないほどいた。

次に阿含経《あごんぎょう》〈注8〉を説《と》いた鹿野苑《ろくやおん》〈注9〉の場には、釈尊《しゃくそん》最初の弟子である倶《く》隣《りん》らの五人〈注10〉、迦葉《かしょう》に率《ひき》いられた二百五十人〈注11〉、舎利弗《しゃりほつ》〈注12〉に率いられた二百五十人〈注13〉といった出家者《しゅっけしゃ》たちや、八万の神々がいた。

方等部《ほうどうぶ》〈注14〉の大乗経典《だいじょうきょうてん》を説《と》く会座《えざ》が開かれた時の様子は以下のようなもの

であった。釈尊《しゃくそん》の父上である浄飯大王《じょうぼんだいおう》〈注15〉が心の底《そこ》から会いたいと願《ねが》われたので、釈尊は王宮へ入られて観仏三昧経《かんぶつざんまいきょう》〈注16〉を説かれ、また母上のために忉《とう》利天《りてん》〈注17〉に九十日間こもられた時には摩耶経《まやきょう》〈注18〉を説かれた。自分の父上、母上のためにはどんな秘法《ひほう》をも惜《お》しまれるはずはないのに、法華経はお説きにならなかった。

結局のところ、衆生《しゅじょう》の機根《きこん》に基《もと》づいて説《と》くのではなく、適切《てきせつ》な時期が来《こ》なかったから、釈尊《しゃくそん》は何があっても説かれなかったのではないだろうか。

◇注　解◇

〈注1〉**【不軽菩薩《ふきょうぼさつ》】** 法華経常不軽菩薩品《じょうふきょうぼさつほん》第二十に説《と》かれる菩薩で、釈尊《しゃくそん》の過去世《かこせ》の姿《すがた》。威《い》音王仏《おんのうぶつ》の亡《な》くなった後、像法《ぞうほう》時代に出現し、悪口罵詈《あっくめり》・杖木瓦石《じょうもくがしゃく》の難《なん》に遭《あ》いながらも、会う人ごとに「二十四字の法華経」を説いて、成仏《じょうぶつ》を予言（授記《じゅき》）し礼拝《らいはい》をした。

〈注2〉**【瓦礫《がれき》】** 御書本文は「瓦石《がしゃく》」（一二五七ページ）。法華経のサンスクリットの原文では、固《かた》くなった土の塊《かたまり》を指している。瓦とは粘土《ねんど》を焼《や》いて固くしたもので、瓦石は、もとは石のように固くなった粘土の塊を意味していたが、やがて「瓦礫（瓦《かわら》と小石）」と解《かい》され定着していったものと思われる。

〈注3〉**【天台大師《てんだいだいし》（智顗《ちぎ》）】** 五三八年～五九七年。中国の陳《ちん》・隋《ずい》にかけて活躍した僧《そう》で、中国の天台宗《てんだいしゅう》における事実上の開祖《かいそ》。智者大師《ちしゃだいし》とたたえられる。『法華文句《ほっけもんぐ》』『法華玄義《ほっけげんぎ》』『摩《ま》訶止観《かしかん》』を講述《こうじゅつ》して、法華経を宣揚《せんよう》するとともに一念三千《いちねんさんぜん》の法門を説《と》いた。

〈注4〉**【『法華文句《ほっけもんぐ》』】** 天台大師智顗《てんだいだいしちぎ》の講義《こうぎ》を章安大師灌頂《しょうあんだいしかんじょう》が編集整理《へんしゅうせいり》した法華経の注釈《ちゅうしゃく》書《しょ》。十巻。法華経の文々句々《もんもんくく》の意義を、因縁《いんねん》・約教《やっきょう》・本迹《ほんじゃく》・観心《かんじん》の四つの解釈法によって明らかにしている。

〈注5〉**【章安大師《しょうあんだいし》（灌頂《かんじょう》）】** 五六一年～六三二年。中国・隋《ずい》の僧《そう》。天台大師《てんだいだいし》の弟子。天台大

師の講義《こうぎ》をもとに『法華玄義《ほっけげんぎ》』『法華文句《ほっけもんぐ》』『摩訶止観《まかしかん》』などを筆記《ひっき》・編纂《へんさん》した。章安（後《のち》の浙江省臨海市《せっこうしょうりんかいし》）で生まれたので、章安大師と呼ばれる。

〈注6〉【『涅槃経疏《ねはんぎょうしょ》』】章安大師《しょうあんだいし》による涅槃経（南本）の注釈書《ちゅうしゃくしょ》。三十三巻。

〈注7〉【法慧《ほうえ》・功徳林《くどくりん》・金剛幢《こんごうどう》・金剛蔵《こんごうぞう》・文殊《もんじゅ》・普賢《ふげん》】法慧・功徳林・金剛幢・金剛蔵は、華厳経《けごんぎょう》の会座《えざ》に来集した菩薩《ぼさつ》。華厳経では、成道間《じょうどうま》もない釈尊《しゃくそん》の前に、この四菩薩を上首とする六十余《あま》りの菩薩たちが、十方の諸仏《しょぶつ》の国土より来集し、賢首菩薩《げんじゅぼさつ》・解脱月《げだつがつ》などの菩薩の要請《ようせい》に応《おう》じて、菩薩の修行《しゅぎょう》段階である五十二位《ごじゅうにい》の法門を説《と》いた。すなわち、法慧菩薩は十住《じゅうじゅう》を、功徳林菩薩は十行《じゅうぎょう》を、金剛幢菩薩は十回向《じゅうえこう》を、金剛蔵菩薩は十地《じゅうじ》を説いた。華厳経では、釈尊自身は何も法を説かず、菩薩たちが仏の神力《じんりき》を受けて説いたとされる。仏の覚《さと》りは言葉では表現できないほど深いものであるから、菩薩の修行《しゅぎょう》段階とその功徳《くどく》を示すことによって、それより優《すぐ》れた仏の境地《きょうち》を間接的《かんせつてき》に明かしたのである。

文殊菩薩《もんじゅぼさつ》の「文殊」は、サンスクリットのマンジュシュリーを音写した文殊師利《もんじゅしり》の略《りゃく》。直訳《ちょくやく》すると、「うるわしい輝《かがや》きを持つ者」。仏の智慧《ちえ》を象徴《しょうちょう》する菩薩で、仏像《ぶつぞう》などでは獅子《しし》に乗った姿《すがた》で釈尊《しゃくそん》の向かって左に配《はい》される。法華経では、弥勒菩薩《みろくぼさつ》・薬王菩薩《やくおうぼさつ》とともに、菩薩の代表として登場する。

普賢菩薩《ふげんぼさつ》の「普賢」は、「あらゆる点ですぐれている」の意で、仏のもつすぐれた特性《とくせい》（特に実践面での）を人格化した菩薩。仏像などでは、白象《はくぞう》に乗った姿《すがた》で釈尊《しゃくそん》の向かって右に配される。法華経では、普賢菩薩勧発品《ふげんぼさつかんぼっぽん》第二十八で登場し、法華経の修行者《しゅぎょうしゃ》を守護《しゅご》する誓《ちか》いを立てる。

〈注8〉**【阿含経《あごんぎょう》】**阿含はサンスクリットのアーガマの音写で、伝承《でんしょう》された聖典《せいてん》の意。各部《かくぶ》派《は》が伝承した釈尊《しゃくそん》の教説《きょうせつ》のこと。歴史上の釈尊に比較的《ひかくてき》近い時代の伝承を伝えている。漢《かん》訳《やく》では長阿含《じょうあごん》・中阿含《ちゅうあごん》・増一阿含《ぞういちあごん》・雑阿含《ぞうあごん》の四つがある。中国や日本では、大乗《だいじょう》との対比《たいひ》で、小乗《しょうじょう》の経典として位置づけられた。

〈注9〉**【鹿野苑《ろくやおん》】**サンスクリットのムリガダーヴァの訳《やく》。後《のち》のヴァーラーナシー郊外《こうがい》のサールナート付近《ふきん》にあった。釈尊《しゃくそん》が最初に説法《せっぽう》（初転法輪《しょてんぽうりん》）した地。阿含時《あごんじ》の諸経はここで説《と》かれたとされる。

〈注10〉**【倶隣《くりん》らの五人】**釈尊《しゃくそん》が成道後《じょうどうご》に鹿野苑《ろくやおん》で初《はじ》めて行《おこな》った説法《せっぽう》を聴《き》いて弟子となった五人の比丘《びく》（出家修行者《しゅっけしゅぎょうしゃ》）のこと。仏教教団《きょうだん》（僧伽《そうぎゃ》）の最初の構成員《こうせいいん》となった。五人の名は経論《きょうろん》によって異《こと》なるが、『法華文句《ほっけもんぐ》』によると、倶隣（拘隣《くりん》、阿若憍陳如《あにゃきょうじんにょ》＝アージュニャータカウンディニヤ）・頞鞞《あんぴ》・跋提《ばっだい》・十力迦葉《じゅうりきかしょう》・拘利《くり》をいう。

〈注11〉**【迦葉《かしょう》に率《ひき》いられた二百五十人】**ここでいう迦葉とは、優楼頻螺迦葉《うるびんらかしょう》（ウルヴィルヴァーカーシャパ）、那提迦葉《なだいかしょう》（ナディーカーシャパ）、伽耶迦葉《がやかしょう》（ガヤーカーシャパ）の三兄弟のことで、十大弟子《じゅうだいでし》の一人である摩訶迦葉《まかかしょう》とは別人《べつじん》。火を崇拝《すうはい》する儀式《ぎしき》を行う外道《げどう》のバラモンだったが、成道間《じょうどうま》もない釈尊《しゃくそん》の説法《せっぽう》を聞いて弟子となった。三人合わせて千人の弟子を率《ひき》いており、その弟子たちもともに釈尊に帰依《きえ》したという。本抄で「迦葉等の二百五十人」（御書二五七㌻）と記されたのは、那提迦葉と伽耶迦葉はそれぞれ二百五十人の弟子を率いていたとされることから、その一人を挙《あ》げられたか。詳細《しょうさい》は不明《ふめい》。

〈注12〉**【舎利弗《しゃりほつ》】**釈尊《しゃくそん》の十大弟子《じゅうだいでし》の一人で、智慧《ちえ》第一とされる。舎利弗はサンスクリットのシャーリプトラの音写。法華経譬喩品《ひゆほん》第三で、舎利弗は未来に華光如来《けこうにょらい》に成《な》ると釈尊から保証《ほしょう》された。声聞《しょうもん》の代表とされる。

〈注13〉**【舎利弗《しゃりほつ》に率《ひき》いられた二百五十人】**釈尊《しゃくそん》の弟子となる前、舎利弗は目連《もくれん》（マウドゥガリヤーヤナ）とともに外道《げどう》のサンジャヤに師事《しじ》していたが、釈尊の弟子アッサジに出会い、そこで聞いた釈尊の教えに感銘《かんめい》を受け、釈尊に帰依《きえ》した。その際《さい》、サンジャヤの弟子二百五十人も、ともに釈尊に帰依したと伝えられる。

〈注14〉**【方等部《ほうどうぶ》】**「方等」は、広大《こうだい》な教えの意で、大乗経典《だいじょうきょうてん》のこと。方等部は、大乗経典のうち、華厳経《けごんぎょう》・般若経《はんにゃきょう》・法華経・涅槃経《ねはんぎょう》などを除《のぞ》いた経典の総称《そうしょう》。天台教学《てんだいきょうがく》の教判《きょうはん》である五時八教《ごじはっきょう》では、阿含経《あごんぎょう》の後に説《と》かれたとされ、二乗《にじょう》と菩薩《ぼさつ》に共通の教え（通教《つうぎょう》）を説いているとされる。

〈注15〉**【浄飯大王《じょうぼんだいおう》】**浄飯はサンスクリットのシュッドーダナの訳《やく》。古代インドの迦毘羅衛《かびらえ》国《こく》（カピラヴァストゥ）という都市国家の王で、釈尊《しゃくそん》の父。釈尊の出家《しゅっけ》に反対したが、釈尊が成道後《じょうどうご》に迦毘羅衛国に帰還《きかん》した時、仏法に帰依《きえ》した。

〈注16〉【観仏三昧経《かんぶつざんまいきょう》】詳《くわ》しくは仏説観仏三昧海経《ぶっせつかんぶつざんまいかいきょう》という。中国・東晋《とうしん》の仏陀跋陀羅《ぶっだばっだら》の訳《やく》。十巻。仏が迦毘羅衛城《かびらえじょう》の尼拘楼陀精舎《にくるだしょうじゃ》で、父の浄飯王《じょうぼんのう》や叔母《おば》の摩訶波闍波提《まかはじゃはだい》らのために、観仏三昧（仏を心に観察《かんさつ》する瞑想《めいそう》）によって解脱《げだつ》を得ることを教えている。

〈注17〉【忉利天《とうりてん》】欲界《よっかい》のうち、天上界《てんじょうかい》に属《ぞく》する部分に六段階（六欲天《ろくよくてん》）があるが、その中の第二天で須弥山《しゅみせん》の頂上《ちょうじょう》にある。

〈注18〉【摩耶経《まやきょう》】摩訶摩耶経《まかまやきょう》のこと。中国・斉《せい》の曇景《どんけい》の訳《やく》。二巻。釈尊《しゃくそん》が生母である摩耶夫人の恩《おん》を報《ほう》ずるために忉利天《とうりてん》に上《のぼ》って説《と》いたとされる。後半では、釈尊滅後《めつご》千五百年までの法を広める人の出世年代・事跡《じせき》などが記されている。

第４段　正像末《しょうぞうまつ》に関して滅後《めつご》の弘教《ぐきょう》を明らかにする

（御書二五七ジペー十七行目〜二五八ジペー十七行目）

問う。どのような時に小乗経《しょうじょうきょう》〈注1〉や権大乗経《ごんだいじょうきょう》〈注2〉を説《と》き、どのような時に法華経を説いたらよいのだろうか。

答える。修行《しゅぎょう》を始めたばかりの十信《じっしん》の位《くらい》の菩薩《ぼさつ》〈注3〉から、あと一歩で仏に成《な》るという等覚《とうがく》の菩薩〈注4〉に至《いた》るまで、たとえ菩薩であっても時と機根《きこん》については知り難《がた》いのである。まして私たちは凡夫《ぼんぷ》である。どうして時と機根を知ることができようか。

さらに問う。少しも知ることはできないのか。

答える。仏の眼《まなこ》を借《か》りて時と機根《きこん》を調べなさい。仏という太陽によって国土を照《て》らしてみなさい。

問う。それはどういう意味か。

答える。釈尊《しゃくそん》は大集経《だいじっきょう》〈注5〉において、月蔵菩薩《がつぞうぼさつ》〈注6〉に対して未来の時を定められている。

すなわち、私（釈尊《しゃくそん》）が亡《な》くなった後の最初の五百年は解脱堅固《げだつけんご》〈注7〉であり、次の五百年は禅定堅固《ぜんじょうけんご》〈注8〉である［以上、一千年］。次の五百年は読誦多聞堅固《どくじゅたもんけんご》〈注9〉であり、次の五百年は多造塔寺堅固《たぞうとうじけんご》〈注10〉である［以上、二千年］。次の五百年には「私が説《と》いた教えの中で、争《あらそ》いや口論《こうろん》が起きて、白法《びゃくほう》〈注11〉が消えうせるだろう（闘諍言訟《とうじょうごんしょう》、白法隠没《びゃくほうおんもつ》）」とある。

この五つの五百年、二千五百年余《あま》りについて人々の解釈はさまざまである。

中国の道綽禅師《どうしゃくぜんじ》〈注12〉は「正法《しょうほう》〈注13〉・像法《ぞうほう》〈注14〉の時代二千年、四つの五百年には小乗《しょうじょう》と大乗《だいじょう》それぞれの白法《びゃくほう》が盛《さか》んになる。末法《まっぽう》〈注15〉の時代に入ると、それらの白法はみな消滅《しょうめつ》して、浄土《じょうど》の法門〈注16〉、念仏《ねんぶつ》〈注17〉の白法を修《しゅ》行《ぎょう》する人だけが生死《しょうじ》の苦悩から脱《だっ》するだろう」と言っている。

日本国の法然《ほうねん》〈注18〉は次のように解釈している。

「今、日本国に広まっている法華経、華厳経《けごんぎょう》、および大日経《だいにちきょう》〈注19〉や多くの小乗経《しょうじょうきょう》、天台《てんだい》・真言《しんごん》・律《りつ》などの諸宗〈注20〉は大集経《だいじっきょう》の予言にある正法《しょうほう》・像法《ぞうほう》の時代二千年の白法《びゃくほう》である。末法《まっぽう》に入ると、それらの白法はみな、完全になくなってしまう。たとえ行《ぎょう》ずる人があっても、一人も生死《しょうじ》の苦悩から脱《だっ》することはできない。

『十住毘婆沙論《じゅうじゅうびばしゃろん》』〈注21〉と曇鸞法師《どんらんほっし》〈注22〉の『浄土《じょうど》の教え以外は難行道《なんぎょうどう》である〈注23〉』、道綽《どうしゃく》の『まだ一人も成仏《じょうぶつ》した者がいない〈注24〉』(『安楽集《あんらくしゅう》』〈注25〉)、善導《ぜんどう》〈注26〉の『千人のうち一人も往生《おうじょう》する者はいない〈注27〉』(『往生礼讃偈《おうじょうらいさんげ》』〈注

28〉）などの言葉は、このことを言っているのである。

それらの白法《びゃくほう》が消えうせた後には、浄土《じょうど》の三部経《さんぶきょう》〈注29〉と南無阿弥陀仏《なむあみだぶつ》と唱える修行《しゅぎょう》だけが大白法として出現する。これを修行する人々はどんな悪人、愚《ぐ》人《にん》であっても『十人が十人とも往生《おうじょう》し、百人が百人とも往生する〈注30〉』、『ただ浄土の教えだけがあり、この道を人々は進まなければならない〈注31〉』とは、このことである。

それ故《ゆえ》、来世《らいせ》の安穏《あんのん》を願《ねが》う人々は、比叡山《ひえいざん》・東寺《とうじ》・園城寺《おんじょうじ》・（奈良《なら》の）七大寺《しちだいじ》〈注32〉などの日本全国のあらゆる寺院への帰依《きえ》をやめて、そうした寺院に寄進《きしん》してあった田畠《でんぱた》・郡郷《ぐんごう》〈注33〉を取り返して念仏堂《ねんぶつどう》へ寄進すると、必ず極楽世界《ごくらくせかい》〈注34〉に生まれる。南無阿弥陀仏《なむあみだぶつ》」と勧《すす》めたので、わが国は一様にその考えになって現在で五十年余《あま》りになる。私がこれらの誤《あやま》った考えを批判《ひはん》し、論破《ろんぱ》してから長い時間が経《た》っている。

前述の大集経《だいじっきょう》に説《と》く白法隠没《びゃくほうおんもつ》の時は第五の五百年であり、今の時代であることは疑いない。ただし、その白法隠没の次には、法華経の肝心《かんじん》である南無妙法《なんみょうほう》蓮華経《れんげきょう》という大白法が広宣流布するのである。全世界の内《うち》に八万《はちまん》〈注35〉の国があり、それらの国々に八万の王がおり、これらの王それぞれの臣下《しんか》および一般民衆までもが、今日本国で出家《しゅっけ》・在家《ざいけ》の男女のすべてが南無阿弥陀仏《なむあみだぶつ》と口々《くちぐち》に唱えているように南無妙法蓮華経と唱えるのである。

◇注　解◇

〈注1〉【小乗経《しょうじょうきょう》】小乗の教えを説《と》いた経典のこと。乗《じょう》は「乗り物」の意で、覚《さと》りに至《いた》らせる仏の智慧《ちえ》の教えを、衆生《しゅじょう》を乗せる乗り物に譬《たと》えたもの。その教えの中で、劣《おと》ったものを小乗、優《すぐ》れたものを大乗《だいじょう》と区別《くべつ》する。もともと、小乗とは、サンスクリットのヒーナヤーナの訳《やく》で、「劣った乗り物」を意味する。大乗仏教の立場から部派《ぶは》仏教（特に説一切有部《せついっさいうぶ》）を批判《ひはん》していう言葉。自ら覚りを得ることだけに専念《せんねん》する声聞《しょうもん》・縁覚《えんがく》の二乗《にじょう》を批判してこのように呼ばれた。

部派《ぶは》仏教は、釈尊《しゃくそん》が亡《な》くなった後、約百年以後に分派《ぶんぱ》したさまざまな教団《きょうだん》（部派）が伝えた仏教で、涅槃《ねはん》（二度と輪廻《りんね》しない境地《きょうち》）の獲得《かくとく》を目標とする。説一切有部《せついっさいうぶ》は、特に北インドで最《もっと》も有力な部派で、「法」（認識を構成《こうせい》する要素《ようそ》）が実在《じつざい》するとする体系的な教学を構築《こうちく》した。これに対し、大乗《だいじょう》仏教は自他の成仏《じょうぶつ》を修行《しゅぎょう》の目標とし、一切《いっさい》のものには固定《こてい》的《てき》な本質がないとする「空《くう》」の立場をとる。中国・日本など東アジアでは、大乗の教えがもっぱら流布《るふ》した。

〈注2〉【権大乗経《ごんだいじょうきょう》】仏が衆生《しゅじょう》を、仏の覚《さと》りの真実を説《と》いた実経《じっきょう》に導《みちび》き入《い》れるために、衆生の受容能力《じゅようのうりょく》に応《おう》じた権《かり》の教えを説いた大乗経典のこと。「権《ごん》」は一時的・便宜的《べんぎてき》なものの意。

大乗《だいじょう》とはサンスクリットのマハーヤーナの訳《やく》で「摩訶衍《まかえん》」などと音写し、「大きな優《すぐ》れた乗り物」を意味する。大乗仏教は、紀元前後《きげんぜんご》から釈尊《しゃくそん》の思想の真意を探究し既存《きそん》の教説を再解釈《さいかいしゃく》するなどして制作された大乗経典に基《もと》づき、利他《りた》の菩薩道《ぼさつどう》を実践し成仏《じょうぶつ》を目指す。既存の教説《きょうせつ》を劣《おと》ったものとして「小乗《しょうじょう》」と下すのに対し、自らを「大乗」と誇《ほこ》った。近年の研究《けんきゅう》ではその定義《ていぎ》や成立起源《きげん》の見直しが図られ、既存の部派《ぶは》仏教の教団内《きょうだんない》から発生したとする説《せつ》が有力である。

〈注3〉**【十信《じっしん》の位《くらい》の菩薩《ぼさつ》】**大乗《だいじょう》の菩薩が仏道修行《ぶつどうしゅぎょう》を始めてから仏果《ぶっか》に至《いた》るまでの五十二の段階（十信・十住《じゅうじゅう》・十行《じゅうぎょう》・十回向《じゅうえこう》・十地《じゅうじ》の五十位《い》と等覚《とうがく》・妙覚《みょうかく》の二位）のうち、最初の十の段階である十信の位の菩薩のこと。

〈注4〉**【等覚《とうがく》の菩薩《ぼさつ》】**菩薩の修行《しゅぎょう》の段階を説《と》いた五十二位《ごじゅうにい》のうち五十一番目の位《くらい》。長期にわたる修行を完成して、間もなく妙覚《みょうかく》の仏果《ぶっか》を得ようとする段階。

〈注5〉**【大集経《だいじっきょう》】**中国・北涼《ほくりょう》の曇無讖《どんむしん》らが訳《やく》した大方等大集経《だいほうどうだいじっきょう》のこと。六十巻。大乗《だいじょう》の諸経を集めて一部の経としたもの。国王が仏法を守護《しゅご》しないなら三災《さんさい》が起こると説《と》く。また、釈尊滅後《しゃくそんめつご》に正法《しょうほう》が衰退《すいたい》していく様相を五百年ごとに五つに区分《くぶん》する「五五百歳《ごごひゃくさい》」を説き、これが日蓮大聖人の御在世《ございせ》当時の日本において、釈尊滅後二千年以降を末法《まっぽう》とする根《こん》拠《きょ》とされた。

〈注6〉**【月蔵菩薩《がつぞうぼさつ》】**大集経《だいじっきょう》の月蔵分《がつぞうぶん》に登場する菩薩。佉羅帝山《きゃらたいせん》における釈尊《しゃくそん》の説法《せっぽう》を、聴《ちょう》衆《しゅう》の代表として助けた。大集経の月蔵分は、首尾《しゅび》完全なため大方等大集月蔵経《だいほうどうだいじゅうがつぞうきょう》という独立《どくりつ》した経として扱《あつか》われる。この月蔵経で釈尊は、月蔵菩薩ら聴衆《ちょうしゅう》に「五五百歳《ごごひゃくさい》」を説《と》いた。

〈注7〉【解脱堅固《げだつけんご》】仏道修行《ぶつどうしゅぎょう》する多くの人々が解脱（生死《しょうじ》の苦悩から解放されて平安な境《きょう》地《ち》に至《いた》ること）する時代のこと。堅固は変化・変動《へんどう》しない様をいい、定まっていることを意味する。

〈注8〉【禅定堅固《ぜんじょうけんご》】人々が瞑想修行《めいそうしゅぎょう》に励《はげ》む時代のこと。

〈注9〉【読誦多聞堅固《どくじゅたもんけんご》】多くの経典の読誦《どくじゅ》とそれを聞くことが盛《さか》んに行われる時代のこと。

〈注10〉【多造塔寺堅固《たぞうとうじけんご》】多くの塔《とう》や寺院が造営《ぞうえい》される時代のこと。

〈注11〉【白法《びゃくほう》】清浄《せいじょう》な教えを意味する。

〈注12〉【道綽禅師《どうしゃくぜんじ》】五六二年～六四五年。中国・隋《ずい》から唐《とう》にかけての浄土教《じょうどきょう》の祖師《そし》。釈尊《しゃくそん》の教えを浄土門《じょうどもん》とそれ以外の聖道門《しょうどうもん》とに分け、聖道門を誹謗《ひぼう》した。弟子に善導《ぜんどう》がいる。主著に『安楽集《あんらくしゅう》』がある。

〈注13〉【正法《しょうほう》】釈尊滅後《しゃくそんめつご》、仏法がどのように受容《じゅよう》されるかについての時代区分（正法・像《ぞう》法《ほう》・末法《まっぽう》の三時《さんじ》）のうちの一つ。仏の教えが正しく行われる時期。教えそのもの、それを学び修行《しゅぎょう》する者、覚《さと》りを開く者の三つがそなわり、成仏《じょうぶつ》する衆生《しゅじょう》がいた時期をいう。『中観論疏《ちゅうがんろんしょ》』などでは、釈尊滅後《しゃくそんめつご》一千年間とされる。大集経《だいじっきょう》では、始めの五百年を「解脱《げだつ》堅固《けんご》」（衆生《しゅじょう》が小乗《しょうじょう》の教えを学び戒律《かいりつ》を持《たも》って解脱を求めた時代）とし、後の五百年を「禅《ぜん》定堅固《じょうけんご》」（衆生が大乗教《だいじょうきょう》を実践して深く三昧《さんまい》に入り心を静《しず》めて思惟《しゆい》の行《ぎょう》を行《おこな》った時代）とする。

〈注14〉【像法《ぞうほう》】正法《しょうほう》・像法・末法《まっぽう》の三時《さんじ》のうちの一つ。仏の説いた教えが形骸化《けいがいか》した時代。教えそのものとそれを学び修行《しゅぎょう》する者はあるが、覚《さと》りを開く者はおらず、仏法が形式的に行われる時代とされる。「像」とは、かたどる、似ているとの意味。

〈注15〉【末法《まっぽう》】仏の教えだけが存在して、それを学び修行《しゅぎょう》する者や覚《さと》りを得る者がいない時期のこと。釈尊《しゃくそん》の仏法の功力《くりき》が消滅《しょうめつ》し、隠没《おんもつ》する時をいう。

日蓮大聖人の御在世《ございせ》当時は、釈尊滅後正法《しゃくそんめつごしょうほう》一千年、像法《ぞうほう》一千年を過《す》ぎて末法《まっぽう》に入るという説《せつ》が用《もち》いられていた。

したがって、『周書異記《しゅうしょいき》』にあるように釈尊《しゃくそん》の入滅《にゅうめつ》を、周《しゅう》の穆王《ぼくおう》五十二年（紀元前九四九年）として正像《しょうぞう》二千年説《せつ》を用《もち》いると、永承《えいしょう》七年（一〇五二年）が末法《まっぽう》の到来《とうらい》となる（ただし釈尊の入滅の年代については諸説《しょせつ》がある）。それによると大聖人の出世は釈尊滅後《めつご》およそ二千二百年にあたるから、末法の始めの五百年中に御出現《ごしゅつげん》なさったこととなる。

末法《まっぽう》の年代について『中観論疏《ちゅうがんろんしょ》』などには釈尊滅後《しゃくそんめつご》二千年以後一万年としている。大聖人は、末法万年の外《ほか》・尽未来際《じんみらいさい》とされている。「教機時国抄《きょうきじこくしょう》」に「仏の滅後の次の日より正法《しょうほう》一千年は持戒《じかい》の者は多く破戒《はかい》の者は少《すくな》し正法一千年の次の日より像法一千年は破戒の者は多く無戒《むかい》の者は少し、像法一千年の次の日より末法一万年は破戒の者は少く無戒の者は多し……又《また》当世は末法に入《い》って二百一十余年《よねん》なり」（御書四三九ページ）と述べられている。

大集経《だいじっきょう》では、「闘諍堅固《とうじょうけんご》」（僧《そう》は戒律《かいりつ》を守らず、争《あらそ》いばかり起こして邪見《じゃけん》がはびこり、釈尊《しゃくそん》の仏法がその功力《くりき》をなくす時代）で、「白法隠没《びゃくほうおんもつ》」（釈尊の仏法が見失われる時代）であるとされる。

〈注16〉【浄土《じょうど》の法門】浄土宗《じょうどしゅう》（念仏宗《ねんぶつしゅう》）の法門のこと。浄土宗は、阿弥陀仏《あみだぶつ》の本願《ほんがん》を信じ、阿弥陀仏の浄土である安養《あんよう》世界（極楽《ごくらく》）への往生《おうじょう》を期す宗派《しゅうは》。浄土信仰は、中国・東晋《とうしん》に廬山《ろざん》の慧遠《えおん》を中心として、念仏結社《けっしゃ》である白蓮社《びゃくれんしゃ》が創設《そうせつ》されたのが始まりとされる。後に、浄土五祖《ごそ》とされる中国・南北朝《なんぼくちょう》時代の曇鸞《どんらん》が浄土教を広め、唐《とう》の道綽《どうしゃく》・善導《ぜんどう》によってその教義《きょうぎ》が整えられた。日本では、平安末期《へいあんまっき》に法然《ほうねん》が専修念仏《せんじゅねんぶつ》を創唱《そうしょう》した。

〈注17〉【念仏《ねんぶつ》】ここでは、阿弥陀仏《あみだぶつ》を念《ねん》じ極楽浄土《ごくらくじょうど》への往生《おうじょう》をめざすこと。念仏とは仏を思念《しねん》することで、その意味は多岐《たき》にわたるが、大きくは称名念仏《しょうみょうねんぶつ》・法身《ほっしん》（実相《じっそう》）念仏《ねんぶつ》・観想念仏《かんそうねんぶつ》に分けられる。称名念仏とは諸仏《しょぶつ》・諸菩薩《しょぼさつ》の名を称《とな》え念ずることで、法身念仏は仏の法身すなわち中道実相《ちゅうどうじっそう》の理体《りたい》（真理そのもの）を思い念ずること、観想念仏とは仏の功徳身相《くどくしんそう》（すばらしい特徴の姿《すがた》）を観念《かんねん》・想像《そうぞう》することをいう。

〈注18〉【法然《ほうねん》】一一三三年～一二一二年。平安末期《へいあんまっき》から鎌倉《かまくら》初期の浄土教《じょうどきょう》の僧《そう》。諱《いみな》は源空《げんくう》。口《くち》に念仏《ねんぶつ》を称《とな》える（称名念仏《しょうみょうねんぶつ》）だけで極楽浄土《ごくらくじょうど》に往生《おうじょう》できるという教えを取り上げ広めた。代表的著作に『選択本願念仏集《せんちゃくほんがんねんぶつしゅう》（選択集《せんちゃくしゅう》）』がある。

〈注19〉【大日経《だいにちきょう》】大毘盧遮那成仏神変加持経《だいびるしゃなじょうぶつじんべんかじきょう》のこと。中国・唐《とう》の善無畏《ぜんむい》・一行《いちぎょう》の共訳《きょうやく》。七巻。最初のまとまった密教《みっきょう》経典であり、曼荼羅《まんだら》（胎蔵《たいぞう》曼荼羅）の作成法《さくせいほう》やそれに基《もと》づく修《しゅ》行法《ぎょうほう》などを説《と》く。密教は、インドにおける大乗《だいじょう》仏教の展開の最後に出現したもので、神秘《しんぴ》的な儀礼《ぎれい》や象徴《しょうちょう》を活用して修行《しゅぎょう》の促進《そくしん》や現世利益《げんぜりやく》の成就《じょうじゅ》を図《はか》る仏教をいう。

〈注20〉【天台《てんだい》・真言《しんごん》・律《りつ》などの諸宗】天台宗《てんだいしゅう》は、法華経を根本として中国・隋《ずい》の天台大師《だいし》智顗《ちぎ》が開いた宗派《しゅうは》。法華宗《ほっけしゅう》、天台法華宗ともいう。天台大師は五時《ごじ》の教判《きょうはん》を立てて法華経を宣揚《せんよう》し、また一念三千《いちねんさんぜん》の法門を明かして法華経に基《もと》づく観心《かんじん》の修行《しゅぎょう》を確立した。その後、法相《ほっそう》・華厳《けごん》・密教《みっきょう》・禅《ぜん》の台頭《たいとう》により宗勢《しゅうせい》が振《ふ》るわなくなったが、唐《とう》になって妙楽大師《みょうらくだいし》湛然《たんねん》が再興《さいこう》した。日本では、平安《へいあん》初期に伝教大師《でんぎょうだいし》最澄《さいちょう》が唐に渡って体系的な教義《きょうぎ》を学び、帰国後の八〇六年に日本天台宗を開いて法華一乗《ほっけいちじょう》思想を宣揚《せんよう》した。また比叡山《ひえいざん》に大乗戒壇《だいじょうかいだん》を建《こん》立《りゅう》しようと努《つと》め、没後《ぼつご》間もなく実現している。伝教没後は密教化《みっきょうか》が進み、特に円仁《えんにん》（慈《じ》覚《かく》）や円珍《えんちん》（智証《ちしょう》）が唐に渡り密教を積極的《せっきょくてき》に取り入れ、安然《あんねん》が大成《たいせい》した。

真言宗《しんごんしゅう》は、密教《みっきょう》経典に基《もと》づく日本仏教の宗派《しゅうは》。手に印相《いんぞう》を結び、口《くち》に真言《しんごん》（呪文《じゅもん》）を唱え、心に曼荼羅《まんだら》を観想《かんそう》するという三密《さんみつ》の修行《しゅぎょう》によって成仏《じょうぶつ》を目指す。善無畏《ぜんむい》・金剛智《こんごうち》・不《ふ》空《くう》らがインドから唐《とう》にもたらした大日経《だいにちきょう》・金剛頂経《こんごうちょうきょう》などを根本とする。日本には空海《くうかい》が唐から伝え、一宗派《しゅうは》として開創《かいそう》した。なお、日本の密教には空海の東寺流《とうじりゅう》（東密《とうみつ》）のほか、比叡山《ひえいざん》の円仁《えんにん》・円珍《えんちん》らによる天台真言《てんだいしんごん》（台密《たいみつ》）がある。

律宗《りっしゅう》は、戒律《かいりつ》を受持《じゅじ》する修行《しゅぎょう》によって涅槃《ねはん》の境地《きょうち》を得ようとする学派《がくは》。日本には鑑真《がんじん》が、中国の隋《ずい》・唐《とう》の道宣《どうせん》を祖《そ》とする南山律宗《なんざんりっしゅう》を伝え、東大寺《とうだいじ》に戒壇院《かいだんいん》を設《もう》け、後に天下三戒壇《てんかさんかいだん》の中心となった。その後、天平宝字《てんぴょうほうじ》三年（七五九年）に唐招提寺《とうしょうだいじ》を開いて律研究《けんきゅう》の道場《どうじょう》として以来、律宗が成立した。

〈注21〉**【『十住毘婆沙論《じゅうじゅうびばしゃろん》』】** 十地経《じゅうじきょう》（華厳経《けごんぎょう》の十地品《ほん》に相当）の初地《しょじ》・第二地の注釈書《ちゅうしゃくしょ》。竜《りゅう》樹《じゅ》作とされるが、現代では疑《うたが》いをもたれている。鳩摩羅什《くまらじゅう》が仏陀耶舎《ぶつだやしゃ》の口誦《こうしょう》に基《もと》づいて訳《やく》したと伝承《でんしょう》される。曇鸞《どんらん》が『往生論註《おうじょうろんちゅう》』で引用し、浄土教《じょうどきょう》に大きな影響を与えた。

〈注22〉**【曇鸞法師《どんらんほっし》】** 四七六年～五四二年。中国・南北朝《なんぼくちょう》時代の浄土教《じょうどきょう》の祖師《そし》。著書に『往《おう》生論註《じょうろんちゅう》』がある。

〈注23〉**【浄土《じょうど》の教え以外は難行道《なんぎょうどう》である】** 曇鸞《どんらん》が『十住毘婆沙論《じゅうじゅうびばしゃろん》』を解釈して立てた主《しゅ》張《ちょう》。第20段〈注1〉を参照。

〈注24〉**【まだ一人も成仏《じょうぶつ》した者がいない】** 御書本文は「未有一人得者《みういちにんとくしゃ》」（二五八ページ）で、「未《いま》だ一人《いちにん》も得る者有らず」と読む。道綽《どうしゃく》の『安楽集《あんらくしゅう》』巻上《まきじょう》の文《もん》。本書では悪世末法《あくせまっぽう》において、真実に利益《りやく》のある教えは、聖道門《しょうどうもん》・浄土門《じょうどもん》のうち、ただ浄土門のみであり、他の一切《いっさい》の教えでは、いまだ一人として得道《とくどう》した者はないと説《と》く。

〈注25〉**【『安楽集《あんらくしゅう》』】** 中国・唐《とう》の道綽《どうしゃく》の著作。二巻。観無量寿経《かんむりょうじゅきょう》を解釈して釈尊《しゃくそん》一代の教えを聖道門《しょうどうもん》と浄土門《じょうどもん》に分け、末法《まっぽう》の衆生《しゅじょう》の機根《きこん》にかなった教えは念仏《ねんぶつ》であると主張《しゅちょう》した。

〈注26〉【善導《ぜんどう》】六一三年～六八一年。中国・唐《とう》の浄土教《じょうどきょう》の祖師《そし》。主な著書に『観無量寿経《かんむりょうじゅきょう》疏《しょ》』『往生礼讃偈《おうじょうらいさんげ》』などがある。

〈注27〉【千人のうち一人も往生《おうじょう》する者はいない】御書本文は「千中無一《せんちゅうむいち》」（二五八ページ）。善《ぜん》導《どう》の『往生礼讃偈《おうじょうらいさんげ》』の文《もん》。五種《しゅ》の正行《しょうぎょう》（極楽《ごくらく》に往生するための五種類の修行《しゅぎょう》）以外の教えを修行しても、往生できる者は千人の中に一人もいないということ。

〈注28〉【『往生礼讃偈《おうじょうらいさんげ》』】詳《くわ》しくは『勧一切衆生願生西方極楽世界阿弥陀仏国六時礼讃偈《かんいっさいしゅじょうがんしょうさいほうごくらくせかいあみだぶっこくろくじらいさんげ》』。善導《ぜんどう》の著作。一巻。浄土宗《じょうどしゅう》の教義《きょうぎ》に基《もと》づき、無量寿経《むりょうじゅきょう》や竜樹《りゅうじゅ》・世親《せしん》などの礼讃偈《らいさんげ》を毎日六度唱えて、阿弥陀仏《あみだぶつ》を礼拝《らいはい》し、極楽往生《ごくらくおうじょう》を願《ねが》う行儀《ぎょうぎ》・作法《さほう》が説《と》かれている。

〈注29〉【浄土《じょうど》の三部経《さんぶきょう》】浄土教で重んじた無量寿経《むりょうじゅきょう》・阿弥陀経《あみだきょう》・観無量寿経《かんむりょうじゅきょう》の三つで、法《ほう》然《ねん》が定めた。

〈注30〉【十人が十人とも往生《おうじょう》し、百人が百人とも往生する】御書本文は「十即十生《じっそくじっしょう》・百即《ひゃくそく》百生《ひゃくしょう》」（二五八ページ）で、「十は即《すなわ》ち十生《しょう》じ、百は即《すなわ》ち百生《しょう》ず」と読む。善導《ぜんどう》の『往生礼讃《おうじょうらいさん》偈《げ》』の文《もん》。念仏《ねんぶつ》以外の雑行《ぞうぎょう》を捨《す》てて念仏を称《とな》えれば、十人が十人、百人が百人とも極楽浄《ごくらくじょう》土《ど》へ往生すると述べたもの。

〈注31〉【ただ浄土《じょうど》の教えだけがあり、この道を人々は進まなければならない】道綽《どうしゃく》の『安《あん》楽集《らくしゅう》』巻上《まきじょう》の文《もん》。

〈注32〉【比叡山《ひえいざん》・東寺《とうじ》・園城寺《おんじょうじ》・（奈良《なら》の）七大寺《しちだいじ》】比叡山は日本天台宗《てんだいしゅう》の中心《ちゅうしん》寺院《じいん》である

延暦寺《えんりやくじ》のこと。東寺《とうじ》（教王護国寺《きょうおうごこくじ》）は京都《きょうと》にある真言宗《しんごんしゅう》の中心寺院。園城寺《おんじょうじ》は天台宗寺門《てんだいしゅうじもん》派《は》の中心寺院。

七大寺《しちだいじ》は、奈良《なら》（南都《なんと》）の中心的な七つの寺。諸説《しょせつ》あるが、一般には、東大寺《とうだいじ》・興福《こうふく》寺《じ》・元興寺《がんごうじ》・大安寺《だいあんじ》・薬師寺《やくしじ》・西大寺《さいだいじ》・法隆寺《ほうりゅうじ》の七カ寺を指す。これらの寺は、奈良時代までに伝わり国家に公認《こうにん》されていた仏教学派《がくは》（南都六宗）を研究《けんきゅう》している中心的な場所だった。

〈注33〉【郡郷《ぐんごう》】郡《ぐん》も郷《ごう》も、律令制度《りつりょうせいど》における地方《ちほう》の行政区画《ぎょうせいくかく》の単位。国の下に郡、その下に郷が置《お》かれた。日蓮大聖人の時代には荘園制《しょうえんせい》の普及《ふきゅう》により行政区画としての機能《きのう》を失《うしな》っていたが、地域区分《くぶん》の名称《めいしょう》として存続《そんぞく》していた。

〈注34〉【極楽世界《ごくらくせかい》】極楽はサンスクリットのスカーヴァティーの訳《やく》。漢訳《かんやく》によって「安《あん》養《よう》」「安楽《あんらく》」という訳語《やくご》もある。阿弥陀仏《あみだぶつ》がいる浄土《じょうど》で、西方《さいほう》のはるか彼方《かなた》にあるとされる。浄土教では、念仏《ねんぶつ》を称《とな》えれば死後に極楽世界に生まれることができるとする。

〈注35〉【八万《はちまん》】実際の数字ではなく、多数、無数《むすう》の意。

第5段　証拠《しょうこ》となる経文

（御書二五八ジペー十八行目～二五九ジペー十四行目）

問う。その証拠《しょうこ》となる経文は何か。

答える。法華経第七巻には「私（釈尊《しゃくそん》）が亡《な》くなった後、後《のち》の五百年の間、全世界にこの経が広宣流布〈注1〉するようにせよ。断絶《だんぜつ》させてはならない」（薬王菩薩本事品《やくおうぼさつほんじほん》）とある。この経文は、大集経《だいじっきょう》の白法隠没《びゃくほうおんもつ》の次の時を説《と》いて「広宣流布」と言っている。

同じく法華経の第六巻には「悪世末法《あくせまっぽう》の時、この経を持《たも》つ者」（分別功徳品《ふんべつくどくほん》）とある。

また第五巻には「後《のち》の末世《まっせ》において、法が滅《ほろ》びようとする時に」（安楽行品《あんらくぎょうぼん》）とある。

また第四巻には「しかもこの経は、釈尊《しゃくそん》が存命中《ぞんめいちゅう》でも、なお反発（怨嫉《おんしつ》）が多い。まして仏が亡《な》くなった後にはなおさらである」（法師品《ほっしほん》）とある。

また第五巻には「世間のあらゆる人々が反発することが多く、信ずることがなかなかできない」（安楽行品《あんらくぎょうぼん》）とある。

また第七巻には第五の五百年・闘諍堅固《とうじょうけんご》〈注2〉の時代を説《と》いて「悪魔《あくま》・魔の姿《すがた》をした神々・竜《りゅう》・夜叉《やしゃ》・鳩槃茶《くばんだ》〈注3〉などが乗《じょう》ずる隙《すき》を見つける」（薬王菩薩《やくおうぼさつ》本事品《ほんじほん》）とある。

大集経《だいじっきょう》には「私が説《と》いた教えの中で、争《あらそ》いや口論《こうろん》が起きるだろう」とある。

法華経の第五巻には「悪い時代の僧《そう》」（勧持品《かんじほん》）とある。また「人里離《はな》れた場所で修行《しゅぎょう》する者〈注4〉もいるだろう」とある。また「悪鬼《あっき》がその身に入る（悪《あっ》鬼入其身《きにゅうごしん》）」〈注5〉とある。

これらの経文の趣旨は、次のようなものである。すなわち、第五の五百年の時、悪鬼《あっき》がその身に入った大僧《だいそう》らが国中に充満《じゅうまん》するだろう。その時に智慧《ちえ》のある人が一人出現するだろう。

先に述べた、悪鬼《あっき》が身に入った大僧《だいそう》らが、その時の国王や臣下《しんか》・民衆たちを仲間《なかま》に誘《さそ》い入れ、その智慧《ちえ》のある人に対して悪口《わるくち》を言い罵《ののし》り、木の棒《ぼう》で打ち、石を投《な》げつけ、流罪《るざい》・死罪《しざい》に処《しょ》するだろう。その時に釈迦《しゃか》・多宝《たほう》〈注6〉・十方《じっぽう》の世界の仏たち〈注7〉が地涌《じゆ》の大菩薩《だいぼさつ》にご命令になり、大菩薩はまた梵天《ぼんてん》・帝《たい》釈天《しゃくてん》・日月《にちがつ》〈注8〉・四天王《してんのう》などへ命令を下《くだ》され〈注9〉、その時、天変地異《てんぺんちい》が盛《さか》んになるだろう。

国主らが、天変地異《てんぺんちい》によって示されたその警告《けいこく》を取り上げないなら、諸天《しょてん》（神々）が隣《となり》の国にご命令になり、今述べたような国々の悪王・悪僧《あくそう》らを責《せ》められる。もしそうなれば、これまでにない大きな戦乱《せんらん》がこの世界に起こるだろう。

その時に、日と月が照《て》らす地球上のすべての衆生《しゅじょう》は、国を守ろうとしたり、わが身を守ろうとしたりして、そのためにすべての仏・菩薩《ぼさつ》にお祈りするが、まったくその効果《こうか》がないということになれば、先に述べた、かつて憎《にく》んだ一介《いっかい》の僧《そう》を信じて、無数《むすう》の大僧ら、八万《はちまん》の大王たち、すべての民衆は、誰もが頭《こうべ》を地につけ、合掌《がっしょう》して一様に南無妙法蓮華経《なんみょうほうれんげきょう》と唱えるだろう。

例《れい》を挙《あ》げれば、釈尊《しゃくそん》が神力品《じんりきほん》で十種《じっしゅ》の神力〈注10〉を現《あらわ》した時、十方《じっぽう》の世界のすべての衆生《しゅじょう》が、一人も残らず娑婆世界《しゃばせかい》〈注11〉に向かって大きな声を上げ、「南無釈迦牟尼仏《なむしゃかむにぶつ》・南無釈迦牟尼仏、南無妙法蓮華経《なんみょうほうれんげきょう》・南無妙法蓮華経」と一様に叫《さけ》んだようにである。

◇注　解◇

〈注1〉【広宣流布】仏法を広く宣《の》べ流布《るふ》すること。法華経薬王菩薩本事品《やくおうぼさつほんじほん》第二十三には「我滅度《われめつど》して後《のち》、後の五百歳《ごひゃくさい》の中《うち》、閻浮提《えんぶだい》に広宣流布して、断絶《だんぜつ》して悪魔《あくま》・魔民《まみん》・諸天《しょてん》・竜《りゅう》・夜叉《やしゃ》・鳩槃荼《くはんだ》等《とう》に其《そ》の便《たより》を得《え》しむること無《な》かれ」（法華経六〇一㌻）とあり、「後の五百歳」、すなわち末法《まっぽう》において妙法を全世界（閻浮提）に広宣流布していくべきであると説《と》かれている。

〈注2〉【闘諍堅固《とうじょうけんご》】大集経《だいじっきょう》に説《と》かれる「五五百歳《ごごひゃくさい》」のうち、第五の五百歳で、釈尊《しゃくそん》の説いた教えの中において争《あらそ》いや口論《こうろん》が絶《た》えない時代のこと。闘諍言訟《ごんしょう》と同じ。堅固とは、仏の予言が変動《へんどう》せず、固定《こてい》していることをいう。

〈注3〉【竜《りゅう》・夜叉《やしゃ》・鳩槃荼《くばんだ》】竜は、インドの想像上《そうぞうじょう》の生き物ナーガのこと。コブラなどの蛇《へび》を神格化《しんかくか》したもので、水の中に住み、雨を降《ふ》らす力《ちから》があるとされる。しかし、中国や日本ではしばしば、中国の本来の「竜」と混同《こんどう》される。

　夜叉《やしゃ》は、サンスクリットのヤクシャの音写で、樹神《じゅしん》など古代インドの民間信仰の神に由来《ゆらい》し、猛悪《もうあく》な鬼神《きじん》とされる。

　鳩槃荼《くばんだ》はサンスクリットのクンバーンダの音写で、人の精気《せいき》を吸《す》う鬼神《きじん》。

なお鬼神《きじん》とは、仏道修行者《ぶつどうしゅぎょうしゃ》を守護《しゅご》する働き（善鬼神《ぜんきじん》）や生命をむしばむ働き（悪鬼神《あっきじん》）に大別《たいべつ》されるが、ここでは後者の意。

〈注4〉【人里離《はな》れた場所で修行《しゅぎょう》する者】御書本文は「阿蘭若《あれんにゃ》」（二五九ページ）。この箇所《かしょ》の法華経原文は「或有阿練若《わくうあれんにゃ》　納衣在空閑《のうえざいくうげん》　自謂行真道《じいぎょうしんどう》　軽賤人間者《きょうせんにんげんしゃ》」（法華経四一八ページ）。従来《じゅうらい》は、「阿練若」をサンスクリットのアラニヤ（人里離れた場所）と解《かい》し、「或《あるい》は阿練若に……者《もの》有らん」と読み下していたが、漢文の構造上《こうぞうじょう》、「有AB」という文《もん》は、「AであってBであるものが有る（BであるAが有る）」と解するのが一般的なので、普通《ふつう》に読めば「納《のう》衣《え》」以下の文《もん》は「阿練若」の形容句《けいようく》と考えられる（また、阿練若を場所と解すると、その後の「空閑」と意味が重複《ちょうふく》する）。鳩摩羅什《くまらじゅう》の漢訳《かんやく》経典を調べると、場所を言う場合は「阿《あ》練若処《れんにゃしょ》」と記す一方、『十住毘婆沙論《じゅうじゅうびばしゃろん》』などには「作阿練若《さあれんにゃ》（阿練若となる）」という表現があり、阿練若とは「人里離れた場所で修行する行者《ぎょうじゃ》」のことと解される。以上のような理由で、本文のように現代語訳した。

〈注5〉【「悪鬼《あっき》がその身に入る（悪鬼入其身《あっきにゅうごしん》）」】法華経勧持品《かんじほん》第十三の文《もん》（法華経四一九ページ）。法華経の行者《ぎょうじゃ》を迫害《はくがい》する三類《さんるい》の強敵《ごうてき》の心の中が悪に支配されたさまを表現している。

〈注6〉【多宝《たほう》】法華経見宝塔品《けんほうとうほん》第十一で出現し、釈尊《しゃくそん》の説《と》いた法華経が真実であることを保証《ほしょう》した仏。過去世《かこせ》において、成仏《じょうぶつ》して滅度《めつど》した後、法華経が説かれる場所には、自《みずか》らの全身を安置《あんち》した宝塔が出現することを誓願《せいがん》した。釈尊が宝塔を開くと、多宝如来《たほうにょらい》が座《ざ》しており、以後、嘱累品《ぞくるいほん》第二十二まで、釈尊は宝塔の中で多宝如来と並んで座って、法華経の会座《えざ》を主宰《しゅさい》する。

〈注7〉**【十方《じっぽう》の世界の仏たち】** 十方とは、東・西・南・北の四方と東北・西南・東南・西北の四維《しい》に、上下を加えたもの。仏教では古代インドの世界観に基《もと》づき、須弥山《しゅみせん》を中心に一つの世界が構成《こうせい》され、それが宇宙に無数《むすう》にあるとされる。われわれが住む娑婆世界《しゃばせかい》もその一つである。そして、それぞれの世界に仏がいるとされた。

〈注8〉**【日月《にちがつ》】** 日天《にってん》と月天《がってん》のことで、それぞれ太陽と月を神格化《しんかくか》したもの。仏法を守護《しゅご》する諸天善神《しょてんぜんじん》とされる。

〈注9〉**【命令を下《くだ》され】** 御書本文は「申しくだされ」（二五九ページ）。「申しくだす」は本来、「自分よりも上位《じょうい》の者にお願《ねが》いして何かを下してもらうこと」を意味するが、文脈《ぶんみゃく》から「仰《おお》せくだす」の意味と解《かい》した。

〈注10〉**【十種《じっしゅ》の神力《じんりき》】** 法華経如来神力品《にょらいじんりきほん》第二十一に説《と》かれる十種の神通力《じんずうりき》のことで、釈尊《しゃくそん》は結要付嘱《けっちょうふぞく》にあたってこの神力を現《あらわ》した。神通力は超人的《ちょうじんてき》な力《ちから》・はたらきをいい、仏・菩《ぼ》薩《さつ》の有する不可思議《ふかしぎ》な力用《りきゆう》をさす。

①吐舌相《とぜっそう》。梵天《ぼんてん》まで届《とど》く長い舌《した》を出すことで、仏の不妄語《ふもうご》を表す。②通身放光《つうしんほうこう》。全身《ぜんしん》の毛孔《けあな》から光を発し、あまねく十方《じっぽう》の世界を照《て》らすこと。仏の智慧《ちえ》があまねく一切《いっさい》に行きわたることを表す。③謦欬《きょうがい》。法を説《と》く時にせきばらいをすることで、真実をことごとく開示《かいじ》

してとどこおるところがないことを表す。④弾指《だんし》。指をならすことで、随喜《ずいき》を表す。⑤地《じ》六種動《ろくしゅどう》。地が六種に震動《しんどう》すること。初心《しょしん》から後心《ごしん》に至《いた》り、六段階で無明《むみょう》を打《う》ち破《やぶ》ることを表す。また一切の人の六根《ろっこん》を揺《ゆ》り動《うご》かして清浄《せいじょう》にすることを明かす。⑥普見大会《ふけんだいえ》。十方の世界の衆生《しゅじょう》が霊山会《りょうぜんえ》をみて歓喜《かんき》すること。諸仏《しょぶつ》の道が同じであることを表す。⑦空中唱声《くうちゅうしょうしょう》。諸天《しょてん》が虚空《こくう》において十方の世界の大衆《だいしゅ》に向かって、釈尊《しゃくそん》の法華経の説法《せっぽう》に心から随喜《ずいき》し供養《くよう》せよと高声を発したこと。未来にこの教法《きょうほう》が流通《るずう》されることを表す。⑧咸皆帰命《げんかいきみょう》。空中唱声を聞いて衆生がことごとく仏に帰依《きえ》すること。未来にこの教法を受持《じゅじ》する人々で国土が充満《じゅうまん》することを表す。⑨遙散諸物《ようさんしょもつ》。十方から仏に供養する諸物が、雲《くも》のように諸仏の上をおおうこと。未来にこの教法に基《もと》づいて実践する行法《ぎょうぼう》のみになることを表す。⑩十方通同《じっぽうつうどう》。十方の世界がことごとく一仏土《ぶつど》であるということ。未来に修行《しゅぎょう》によって一切衆生《いっさいしゅじょう》の仏知見《ぶっちけん》が開示され、究竟《くきょう》の真理が国土に行きわたることを表す。

〈注11〉【娑婆世界《しゃばせかい》】娑婆はサンスクリットのサハーの音写で、「堪忍《かんにん》」などと訳《やく》される。迷《まよ》いと苦難《くなん》に満《み》ちていて、それを堪《た》え忍《しの》ばなければならない世界、すなわち、われわれが住むこの現実世界のこと。

第6段　注釈《ちゅうしゃく》の文《もん》を引いて保証《ほしょう》する

（御書二五九ジペー十五行目〜二六〇ジペー十二行目）

問う。経文ははっきりしている。天台《てんだい》（智顗《ちぎ》）・妙楽《みょうらく》（湛然《たんねん》）〈注1〉・伝教《でんぎょう》（最澄《さいちょう》）〈注2〉らが未来を予言した言葉はあるのか。

答える。あなたの疑問《ぎもん》はさかさまである。注釈《ちゅうしゃく》を引いた時には、経典や論書《ろんしょ》はどうなのかと疑問をもたれるのは当然である。経文にははっきりと説《と》かれているなら、注釈を尋《たず》ねるまでもない。では、もし注釈の文《もん》が経文と相違《そうい》しているなら、経を捨《す》てて注釈を採用《さいよう》しなければならないのか。どうだろうか。

相手が言う。その道理は異論《いろん》の余地《よち》がない。しかし、凡夫《ぼんぷ》の常《つね》として、経の方は難解《なんかい》なために遠く感じ、注釈《ちゅうしゃく》の方が身近に感じられる。その身近な注釈がはっきりしているなら、信ずる心がもう少し増すだろう。

これに対して答える。あなたの疑問《ぎもん》は心からのものなので、いくつか注釈《ちゅうしゃく》を示そう。

天台大師《てんだいだいし》は「後《のち》の五百年という遠い未来に至《いた》るまで、妙法に基《もと》づく実践によって成仏《じょうぶつ》に至ることができる」（『法華文句《ほっけもんぐ》』）と言っている。

妙楽大師《みょうらくだいし》は「末法《まっぽう》の時代の初《はじ》めにも、冥益《みょうやく》〈注3〉がないわけではない」（『法《ほっ》華文句記《けもんぐき》』〈注4〉）と言っている。

伝教大師《でんぎょうだいし》は「正法《しょうほう》・像法《ぞうほう》の時代の二千年はほとんど過《す》ぎ去《さ》り、末法《まっぽう》の時代がすぐそこまで近づいている。法華経という一乗《いちじょう》の教え〈注5〉にふさわしい機根《きこん》の者が出現するのは、今まさしくその時である。何によってこれを知ることができるのか。安楽行品《あんらくぎょうほん》には『末世《まっせ》において、法が滅《ほろ》びようとする時に』とあるからである」（『守護国界章《しゅごこっかいしょう》』〈注6〉）と言っている。

また「時代を言えば像法《ぞうほう》の時代の終わり、末法《まっぽう》の時代の初《はじ》めであり、場所を探れば唐《とう》の東・靺鞨《まっかつ》〈注7〉の西である。教えを受ける人々を考えれば五濁《ごじょく》〈注8〉の衆生《しゅじょう》であり、大争乱《だいそうらん》の時代の人である。

法華経には『釈尊《しゃくそん》の存命中《ぞんめいちゅう》でも、なお反発が多い。まして亡《な》くなった後には、なおさらのことだろう』（法師品《ほっしほん》）と説《と》かれているが、この言葉にはきちんと理由があるのである」（『法華秀句《ほっけしゅうく》』〈注9〉）と。


釈尊《しゃくそん》が生まれたのは住劫《じゅうこう》の中の第九の減《げん》〈注10〉という時代であり、その中でも人間の寿命《じゅみょう》が百歳になった時である。寿命が百歳である時代から百年に一歳ずつ減少《げんしょう》して寿命が十歳になる時代までの間に、釈尊が成仏《じょうぶつ》してから亡《な》くなるまでの五十年と亡くなられた後の正法《しょうほう》・像法《ぞうほう》二千年と末法《まっぽう》一万年が位置している。その間に法華経が流布《るふ》する時が二度ある。すなわち、釈尊が存命中《ぞんめいちゅう》の最後の八年と、亡くなられた後では、末法の初《はじ》めの五百年である。

ところが、天台《てんだい》・妙楽《みょうらく》・伝教《でんぎょう》などは、彼ら自身の時代より前の、釈尊《しゃくそん》が存命《ぞんめい》中《ちゅう》に法華経を説《と》かれた時にも巡《めぐ》りあわれなかった。彼ら自身から見て未来の、釈尊が亡《な》くなられた後の末法《まっぽう》の時にも生まれなかった。その中間に彼ら自身が生まれたことを嘆《なげ》かれ、末法の初《はじ》めを恋《こ》い慕《した》ってお書きになった文章が今引用したものである。

同様の例《れい》を挙《あ》げれば、阿《あ》私《し》陀《だ》仙人《せんにん》〈注11〉が悉達太子《しったたいし》〈注12〉の生まれたのを見て悲しんで、「自分は現在、九十歳を過《す》ぎている。太子が成仏《じょうぶつ》するのを見ることはできない。また亡《な》くなった後には無《む》色界《しきかい》〈注13〉に生まれて、釈尊《しゃくそん》の五十年にわたる説法《せっぽう》の座《ざ》にも参列《さんれつ》することができない。正法《しょうほう》・像法《ぞうほう》・末法《まっぽう》にも、生まれることができない」と言って、嘆《なげ》いたようなものである。

成仏《じょうぶつ》を求める心のある人々は、このことを見聞きして喜《よろこ》びなさい。正法《しょうほう》時代・像法《ぞうほう》時代二千年の大王であるよりも、来世《らいせ》の安穏《あんのん》を考える人々にとっては、末法《まっぽう》時代の今に一民衆である方がよいのである。このことを信じないということがあるだろうか。仏教界の最高権威《さいこうけんい》と思われている天台座主《てんだいざす》〈注14〉であるよりも、（当時、社会的に差別されていた）癩病《らいびょう》〈注15〉の患者《かんじゃ》であっても南無妙法蓮華経《なんみょうほうれんげきょう》と唱える人となる方がよい。中国・梁《りょう》の武帝《ぶてい》〈注16〉が立てた誓願《せいがん》には「むしろ提婆達多《だいばだった》となって、無間地獄《むけんじごく》〈注17〉に沈《しず》んだとしても、（釈尊《しゃくそん》に会えずに亡《な》くなり）天界《てんかい》に生まれる欝頭羅弗《うずらんほつ》〈注18〉にはなるまい」とある。

◇注　解◇

〈注1〉【妙楽《みょうらく》（湛然《たんねん》）】七一一年〜七八二年。中国・唐《とう》の僧《そう》で、中国天台宗《てんだいしゅう》の中興《ちゅうこう》の祖《そ》。天台大師智顗《だいしちぎ》の著作に対する注釈書《ちゅうしゃくしょ》『法華玄義釈籤《ほっけげんぎしゃくせん》』『法華文句記《ほっけもんぐき》』『止観輔行伝弘決《しかんぶぎょうでんぐけつ》』などを著《あらわ》した。常州《じょうしゅう》（後《のち》の江蘇省《こうそしょう》の都市）の妙楽寺《みょうらくじ》に居住《きょじゅう》したとされるので、後世、妙楽大師と呼ばれた。

〈注2〉【伝教《でんぎょう》（最澄《さいちょう》）】七六七年あるいは七六六年〜八二二年。平安《へいあん》初期の僧《そう》で、日本天台《てんだい》宗《しゅう》の開祖《かいそ》。比叡山《ひえいざん》を拠点《きょてん》（後《のち》の延暦寺《えんりゃくじ》、滋賀県大津市《しがけんおおつし》）として修行《しゅぎょう》し、その後、唐《とう》に渡り天台教学《きょうがく》と密教《みっきょう》を学ぶ。帰国後、法華経を根本とする天台宗を開創《かいそう》した。晩年《ばんねん》は大乗戒壇《だいじょうかいだん》の設立《せつりつ》を目指して諸宗から反発にあうが、没後《ぼつご》七日目に勅許《ちょっきょ》が下り、実現した。主著に『守護国界章《しゅごこっかいしょう》』『顕戒論《けんかいろん》』『法華秀句《ほっけしゅうく》』など。

〈注3〉【冥益《みょうやく》】目には見えないが、知らないうちに利益《りやく》を得ていること。はっきりと目に見える形で現《あらわ》れる顕益《けんやく》に対する語。

〈注4〉【『法華文句記《ほっけもんぐき》』】妙楽大師湛然《みょうらくだいしたんねん》による『法華文句』の注釈書《ちゅうしゃくしょ》。十巻または三十巻。

〈注5〉【一乗《いちじょう》の教え】一乗は、成仏《じょうぶつ》のための唯一《ゆいいつ》の教えの意で、「すべての者が成仏《じょうぶつ》できる」という法華経の教えのこと。

〈注6〉**【『守護国界章《しゅごこっかいしょう》』】** 伝教大師《でんぎょうだいし》最澄《さいちょう》の著作。三巻。法相宗《ほっそうしゅう》の得一《とくいつ》が三乗差別の立場から天台大師《てんだいだいし》の宗義《しゅうぎ》を批判《ひはん》したことを破折《はしゃく》し、法華《ほっけ》一乗平等《いちじょうびょうどう》の立場から天台の正義《しょうぎ》を明らかにした。

〈注7〉**【靺鞨《まっかつ》】** 中国東北部に居住《きょじゅう》したツングースの一種族《いちしゅぞく》を隋《ずい》・唐《とう》の人が呼んだ名。当時の地理観《ちりかん》では、日本はその国より西に位置していると考えられていた。

〈注8〉**【五濁《ごじょく》】** 生命の濁《にご》りの様相を五種に分類したもの。法華経方便品《ほうべんぼん》第二に説《と》かれる。劫濁《こうじょく》・煩悩濁《ぼんのうじょく》・衆生濁《しゅじょうじょく》・見濁《けんじょく》・命濁《みょうじょく》。①劫濁とは、時代の濁り。環境《かんきょう》・社会に不幸・苦悩の現象《げんしょう》が重なり起こる。②煩悩濁とは、五鈍使《ごどんし》（貪《とん》・瞋《じん》・癡《ち》・慢《まん》・疑《ぎ》）の煩悩に支配されること。③衆生濁とは、人間の濁り。④見濁とは、思想の濁り。五利使《ごりし》（身見《しんけん》・辺見《へんけん》・邪《じゃ》見《けん》・見取見《けんしゅけん》・戒禁取見《かいごんしゅけん》）をいう。⑤命濁とは、寿命《じゅみょう》が短くなること。

〈注9〉**【『法華秀句《ほっけしゅうく》』】** 伝教大師《でんぎょうだいし》の著作。三巻。法華経が十の点で諸経典より優《すぐ》れていることを説《と》く。特に、法相宗《ほっそうしゅう》の僧《そう》・得一《とくいつ》が法華経を誹謗《ひぼう》したことを糾弾《きゅうだん》している。

〈注10〉**【住劫《じゅうこう》の中の第九の減《げん》】** 住劫の第九小劫《しょうこう》における減劫《げんこう》の時期。住劫とは世界の成立から消滅《しょうめつ》までを四期に分けた四劫《しこう》（成《じょう》・住《じゅう》・壊《え》・空《くう》）の一つで、成立した世界が安定している期間をいう。住劫は二十小劫に分けられる。はじめに人の寿命《じゅみょう》が無量歳《むりょうさい》から百年に一歳ずつ減じて十歳になるまでを第一小劫とし、これを第一減劫という。次に十歳から百年に一歳を増して八万歳になり、再び百年に一歳を減じて十歳になるまでを第二小劫とし、これを第二の増劫および減劫という。このようにして増減を繰り返し、最後の第二十小劫は人の寿命が十歳から無量歳にいたる増劫のみで減劫はない。「住劫の中の第九の減」とは、この二十の増減のうち、九番目の減劫をいう。

〈注11〉【阿私陀仙人《あしだせんにん》】阿私陀はサンスクリットのアシタの音写。古代インドの仙人《せんにん》。生まれたばかりの釈尊《しゃくそん》を見て、仏となることを予言したが、自らはその説法《せっぽう》を聞けないことを嘆《なげ》いたという。

〈注12〉【悉達太子《しったたいし》】釈尊《しゃくそん》の出家前《しゅっけまえ》の王子としての名前。悉達とは、サンスクリットのシッダールタの音写。

〈注13〉【無色界《むしきかい》】三界《さんがい》のうちの一つ。三界は、欲界《よっかい》・色界《しきかい》・無色界からなる、地獄《じごく》から天《てん》界《かい》までの六道《ろくどう》の迷《まよ》いの衆生《しゅじょう》の住む世界。色界・無色界は、修得《しゅうとく》した禅定《ぜんじょう》の境地《きょうち》の報《むく》いとして生じる。

①欲界《よっかい》とは、欲望《よくぼう》にとらわれた衆生《しゅじょう》が住む世界。地獄界《じごくかい》から人界《にんかい》までの五界と、天界《てんかい》のうち六層《そう》からなる六欲天《ろくよくてん》が含《ふく》まれる。その最高の第六天を他化自在天《たけじざいてん》という。②色界《しきかい》は、欲望からは離《はな》れたが、物質的《ぶっしつてき》な制約《せいやく》がある衆生が住む世界。十八層からなり、大きく四つの禅天《ぜんてん》に分かれる。③無色界《むしきかい》は、欲望も物質的な制約も離れた高度に精神的な世界、境地《きょうち》のこと。四種からなる。最高は非想非非想処《ひそうひひそうしょ》。それに次ぐのが無所有処《むしょうしょ》。仏伝《ぶつでん》によると、釈尊《しゃくそん》が出家後《しゅっけご》に師事《しじ》したというウドラカ・ラーマプトラは無所有処という境地であり、ア

ーラーダ・カーラーマは非想非非想処という境地であったという。

〈注14〉【天台座主《てんだいざす》】座主とは、①学徳《がくとく》ともに優《すぐ》れて一座中《いちざちゅう》の指導者となる者のこと。②大寺《だいじ》の管長《かんちょう》（行政《ぎょうせい》を管轄《かんかつ》する長）を呼ぶ公称《こうしょう》。日本天台宗では、天長元年《てんちょうがんねん》（八二四年）に就《しゅう》任《にん》した義真《ぎしん》を初代《しょだい》とする。

〈注15〉【癩病《らいびょう》】重い皮膚病《ひふびょう》。当時は不治《ふじ》の病とされ、社会的な差別を受けた。

〈注16〉【梁の武帝《りょうのぶてい》】四六四年〜五四九年。中国・南北朝《なんぼくちょう》時代、梁《りょう》の初代皇帝《しょだいこうてい》。仏教を保護《ほご》した。

〈注17〉【無間地獄《むけんじごく》】阿鼻《あび》地獄のこと。阿鼻はサンスクリットのアヴィーチの音写で、苦しみが間断なく襲《おそ》ってくるとして、「無間」と漢訳《かんやく》された。五逆罪《ごぎゃくざい》や謗法《ほうぼう》といった最《もっと》も重い罪《つみ》を犯《おか》した者が生まれる最悪《さいあく》の地獄。

〈注18〉【欝頭羅弗《うずらんほつ》】サンスクリットのウドラカラーマプトラの音写。マガダ国の首都・王《おう》舎城《しゃじょう》（ラージャグリハ）の近郊《きんこう》に住んでいた出家修行者《しゅっけしゅぎょうしゃ》。釈尊《しゃくそん》は成仏《じょうぶつ》する前、彼から教えを受けたが、その教えはまだ不十分《ふじゅうぶん》なものであると考え、彼の下を去《さ》った。釈尊が覚《さと》りを開く前に亡《な》くなったとされる。

第7段　正法《しょうほう》時代の前半の五百年の弘教《ぐきょう》

（御書二六〇ジペー十三行目～二六一ジペー二行目）

問う。竜樹《りゅうじゅ》〈注1〉・天親《てんじん》〈注2〉などといった大学者の中に、こうした教えはあるのか。

答える。竜樹《りゅうじゅ》・天親《てんじん》らは心の中ではそのことをご存《ぞん》じだったが、言葉の上ではこの教えを述べられていない。

さらに問う。どのような理由によって述べられていないのか。

答える。多くの理由がある。一つには竜樹《りゅうじゅ》・天親《てんじん》の時代には、衆生《しゅじょう》に法華経の教えを受け入れる機根《きこん》がなかった。二つにはそれを説《と》く時ではなかった。三つには彼らは迹仏《しゃくぶつ》〈注3〉から教えを受けた菩薩《ぼさつ》なので、法華経の肝心《かんじん》である南《な》無《ん》妙法蓮華経《みょうほうれんげきょう》の付嘱《ふぞく》〈注4〉を受けていない。

さらに問う。ぜひともこのことについてしっかりと聞きたいと思う。

答える。そもそも仏が亡《な》くなられた後（翌日《よくじつ》の）二月十六日から正法《しょうほう》時代が始まる。迦葉尊者《かしょうそんじゃ》〈注5〉が仏の付嘱《ふぞく》を受けてから二十年、次に阿難尊者《あなんそんじゃ》〈注6〉が二十年、次に商那和修《しょうなわしゅ》〈注7〉が二十年、次に優婆崛多《うばくった》〈注8〉が二十年、次に提《だい》多迦《たか》〈注9〉が二十年、以上百年の間はただ小乗経《しょうじょうきょう》の法門だけを広めて、諸大乗《しょだいじょう》経《きょう》には一言《ひとこと》も触《ふ》れなかった。まして法華経を広めるはずがあるだろうか。

その次には弥遮迦《みしゃか》・仏陀難提《ぶっだなんだい》・仏駄密多《ぶっだみった》・脇比丘《きょうびく》・富那奢《ふなしゃ》〈注10〉らの四、五人が登場した。正法《しょうほう》時代の前半の五百年余《あま》りの間は大乗経《だいじょうきょう》の法門が少しは出てきたが、その大乗経を取り上げて広めるということはなかった。ただ小乗経《しょうじょうきょう》を前面に出すだけで終わった。以上は、大集経《だいじっきょう》に説《と》く五つの五百年のうち第一の五百年、解脱堅固《げだつけんご》の時に相当している。

◇注　解◇

〈注1〉【竜樹《りゅうじゅ》】一五〇年～二五〇年ごろ。インドの仏教思想家ナーガールジュナのこと。新訳《しんやく》経典では竜猛《りゅうみょう》と訳される。『中論《ちゅうろん》』などで、大乗《だいじょう》仏教の「空《くう》」の思想にもとづいて実在《じつざい》論《ろん》を批判《ひはん》し、以後の仏教思想・インド思想に大きな影響を与えた。付法蔵《ふほうぞう》の二十四人の第十三とされる。

〈注2〉【天親《てんじん》】天親はサンスクリットのヴァスバンドゥの訳《やく》。新訳《しんやく》経典では、「世親《せしん》」とする。四～五世紀ごろのインドの仏教思想家。無著《むじゃく》の弟で、唯識《ゆいしき》思想（実在《じつざい》するのは認識主体の識《しき》だけであって、外界は心に立《た》ち現《あらわ》れているだけで実在しないという思想）を大成《たいせい》した。主著に『倶舎論《くしゃろん》』『唯識三十論頌《ゆいしきさんじゅうろんじゅ》』など。

〈注3〉【迹仏《しゃくぶつ》】「迹」は、影《かげ》・跡《あと》、本体から派生《はせい》したものの意。法華経如来寿量品《にょらいじゅりょうほん》第十六で釈尊《しゃくそん》は久遠実成《くおんじつじょう》という本地《ほんじ》を明かしたが、この久遠の本仏《ほんぶつ》が衆生《しゅじょう》を教化《きょうけ》するために現《あらわ》した一時的なさまざまな仏を迹仏という。

〈注4〉【付嘱《ふぞく》】教えを広めるように託《たく》すこと。

〈注5〉【迦葉尊者《かしょうそんじゃ》】迦葉はサンスクリットのカーシャパの音写。釈尊《しゃくそん》の十大弟子《じゅうだいでし》の一人で、頭陀《ずだ》（欲望《よくぼう》を制《せい》する修行《しゅぎょう》）第一といわれた。釈尊の教団《きょうだん》を支《ささ》え、釈尊滅後《めつご》の教団の中心となった。釈尊の言行《げんこう》を経典として集成《しゅうせい》したとされる。

第7・8段では、迦葉《かしょう》以下、付法蔵《ふほうぞう》を列挙《れっきょ》されている。付法蔵とは、釈尊《しゃくそん》から付嘱《ふぞく》された教え（法蔵）を次々に付嘱し、布教《ふきょう》していった正法《しょうほう》時代の正師《しょうし》のこと。『付法蔵因縁伝《ふほうぞういんねんでん》』では二十三人とするが、『摩訶止観《まかしかん》』では阿難《あなん》から傍出《ぼうしゅつ》した末田地《までんじ》を加えて二十四人ともする。

〈注6〉【阿難尊者《あなんそんじゃ》】阿難はサンスクリットのアーナンダの音写。付法蔵《ふほうぞう》の第二祖《そ》。釈尊《しゃくそん》の十大弟子《じゅうだいでし》の一人で、釈尊の従兄弟《いとこ》に当たる。釈尊の侍者《じしゃ》として、多くの説法《せっぽう》を聞き、多聞《たもん》第一とされる。

〈注7〉【商那和修《しょうなわしゅ》】サンスクリットのシャーナヴァーシンの音写。付法蔵《ふほうぞう》の第三祖《そ》。中《ちゅう》インド（ガンジス川中流域の古代インドの文化の中心）の王舎城《おうしゃじょう》（ラージャグリハ）の長《ちょう》者《じゃ》。釈尊滅後《しゃくそんめつご》に阿難《あなん》の弟子となり阿羅漢果《あらかんか》を得て、摩突羅《まとっら》（マトゥラー）、梵衍那《ぼんえんな》（バーミヤーン）、罽賓《けいひん》（カシュミール）の地に遊行《ゆぎょう》し仏法を広めた。優婆崛多《うばくった》に法を付嘱《ふぞく》した。

〈注8〉【優婆崛多《うばくった》】サンスクリットのウパグプタの音写。優波毱多《うぱきくた》などとも音写する。付《ふ》法蔵《ほうぞう》の第四祖《そ》。紀元前《きげんぜん》三世紀ごろの人。古代インドの摩突羅国《まとっらこく》（マトゥラー）の崛多長者《くったちょうじゃ》の子とされ、商那和修《しょうなわしゅ》に師事《しじ》した。衆生《しゅじょう》を教化《きょうけ》することでは第一人者とされ、「無相好仏《むそうごうぶつ》」とも呼ばれた。提多迦《だいたか》に法を付嘱《ふぞく》した。

〈注9〉【提多迦《だいたか》】サンスクリットのディーティカの音写。付法蔵《ふほうぞう》の第五祖《そ》。古代インドの摩突羅国《まとっらこく》（マトゥラー）の長者《ちょうじゃ》の家に生まれる。三明六通《さんみょうろくつう》をそなえた阿羅漢《あらかん》となり、優婆《うば》崛多《くった》が入滅《にゅうめつ》の際《さい》に付嘱《ふぞく》を受け、小乗教《しょうじょうきょう》を大いに広めたという。入滅の時に法を弥遮迦《みしゃか》に付嘱した。

〈注10〉【弥遮迦《みしゃか》・仏陀難提《ぶっだなんだい》・仏駄密多《ぶっだみった》・脇比丘《きょうびく》・富那奢《ふなしゃ》】弥遮迦は付法蔵《ふほうぞう》の第六祖《そ》。中《ちゅう》インドの人。初《はじ》めバラモンの師《し》で八千の弟子をもっていたが、提多迦《だいたか》の教化《きょうけ》によって弟子とともに仏法に帰依《きえ》し、小乗教《しょうじょうきょう》の宣揚《せんよう》に努《つと》めた。

仏陀難提《ぶっだなんだい》は、サンスクリットのブッダナンディヤの音写。付法蔵《ふほうぞう》の第七祖《そ》。北インドの迦摩羅国《かまらこく》の人。弥遮迦《みしゃか》の教化《きょうけ》によって出家《しゅっけ》し、たちまち声聞《しょうもん》の四果《しか》を得たという。頭の頂《いただき》に肉髻《にっけい》があって弁説《べんぜつ》に優《すぐ》れ、主に小乗教《しょうじょうきょう》を広く弘通《ぐつう》した。仏駄密多《ぶっだみった》に法を付嘱《ふぞく》した。

仏駄密多《ぶっだみった》は、サンスクリットのブッダミトラの音写。付法蔵《ふほうぞう》の第八祖《そ》。インドの提迦国《だいかこく》の人。仏陀難提《ぶっだなんだい》に師事《しじ》して付嘱《ふぞく》を受ける。巧《たく》みな方便《ほうべん》を駆使《くし》して衆生《しゅじょう》を教化《きょうけ》し、もろもろの外道《げどう》を論破《ろんぱ》し、その名声は高かったという。脇比丘《きょうびく》に法を付嘱した。

脇比丘《きょうびく》は、二世紀初頭《しょとう》、中《ちゅう》インドの説一切有部《せついっさいうぶ》の僧《そう》。脇尊者《きょうそんじゃ》ともいう。サンスクリット名はパールシュヴァ。付法蔵《ふほうぞう》の第九祖《そ》。カニシカ王のもとで脇比丘ら五百人の比丘が、カシュミールで第四回の仏典結集《けつじゅう》を行い、『大毘婆沙論《だいびばしゃろん》』を編纂《へんさん》したとされる。

富那奢《ふなしゃ》は、サンスクリットのプニヤヤシャスの音写。付法蔵《ふほうぞう》の第十祖《そ》。中《ちゅう》インドのマガダ国の華氏城《けしじょう》（パータリプトラ）の人。脇比丘《きょうびく》に師事《しじ》して付嘱《ふぞく》を受け、巧《たく》みな方便《ほうべん》で衆生《しゅじょう》を教化《きょうけ》した。馬鳴《めみょう》（アシュヴァゴーシャ）に法を付嘱した。

第8段　正法《しょうほう》時代の後半の五百年の弘教《ぐきょう》

（御書二六一ジペー二行目～二六一ジペー九行目）

正法《しょうほう》時代の後半、釈尊《しゃくそん》が亡《な》くなってからの六百年以後、一千年より前の時期には、その間に、馬鳴菩薩《めみょうぼさつ》・毘羅尊者《びらそんじゃ》・竜樹菩薩《りゅうじゅぼさつ》・提婆菩薩《だいばぼさつ》・羅睺尊者《らごそんじゃ》・僧佉《そうぎゃ》難提《なんだい》・僧伽耶奢《そうぎゃやしゃ》・鳩摩羅駄《くまらだ》・闍夜那《じゃやな》・盤陀《ばんだ》・摩奴羅《まぬら》・鶴勒夜那《かくろくやな》・師子《しし》〈注1〉などの十人余《あま》りの人々が登場し、初《はじ》めは仏教以外の学者に入門し、次には仏教の小乗経《しょうじょうきょう》を完全に理解し、後《のち》には諸大乗経《しょだいじょうきょう》によって諸小乗経を徹底的に否定した。

これらの菩薩《ぼさつ》たちは、諸大乗経《しょだいじょうきょう》によって諸小乗経《しょしょうじょうきょう》を否定なさったが、諸大乗経と法華経の勝劣《しょうれつ》については明確にはお書きにならなかった。たとえその勝劣を少し書かれたようではあっても、本門《ほんもん》の十妙《じゅうみょう》と迹門《しゃくもん》の十妙〈注2〉、二乗作《にじょうさ》仏《ぶつ》、久遠実成《くおんじつじょう》、已説《いせつ》・今説《こんせつ》・当説《とうせつ》〈注3〉の中で最《もっと》も優《すぐ》れた妙法、百界千如《ひゃっかいせんにょ》〈注4〉・一念三千《いちねんさんぜん》など、重要な法門は明確ではない。

それらの法門については指によって月を指し示すようにほのめかしている場合もあれば、経文に即《そく》してその一部分だけをお書きになっているという場合もあるが、わずかにそれだけにとどまり、化導《けどう》の始終《しじゅう》〈注5〉、師弟の遠近《おんごん》〈注6〉、得道《とくどう》の有無《うむ》〈注7〉については、まったく言及《げんきゅう》がない。これらは正法《しょうほう》時代の後半の五百年、大集経《だいじっきょう》で説《と》く禅定堅固《ぜんじょうけんご》の時に相当している。

◇注　解◇

〈注1〉【馬鳴《めみょう》菩薩《ぼさつ》……師子《しし》】馬鳴菩薩の「馬鳴」はサンスクリットのアシュヴァゴーシャの訳《やく》。付法蔵《ふほうぞう》の第十一祖《そ》。二～三世紀ごろに活躍したインドの仏教思想家・詩人《しじん》。釈尊《しゃくそん》の一生を美文で綴《つづ》った『仏所行讃《ぶっしょぎょうさん》』などの作品がある。

毘羅尊者《びらそんじゃ》の「毘羅」は、サンスクリットのカピマーラの音写。迦毘摩羅《かびまら》ともいう。付法蔵《ふほうぞう》の第十二祖《そ》。二世紀ごろ、インド・マガダ国の華氏城《けしじょう》（パータリプトラ）の人。初《はじ》めは外道《げどう》の師《し》だったが馬鳴《めみょう》（アシュヴァゴーシャ）に論破《ろんぱ》され、三千人の弟子とともに仏法に帰依《きえ》した。馬鳴の滅後《めつご》、その付嘱《ふぞく》を受けて正法流布《しょうほうるふ》に活躍し、南インドでは無我論《むがろん》一百偈《げ》をもって外道を論破したという。

竜樹菩薩《りゅうじゅぼさつ》は、付法蔵《ふほうぞう》の第十三祖《そ》。第7段〈注1〉を参照。

提婆菩薩《だいばぼさつ》は、聖提婆《しょうだいば》（アーリヤデーヴァ）、迦那提婆《かなだいば》ともいう。付法蔵《ふほうぞう》の第十四祖《そ》。三世紀ごろの南インドの人で、竜樹《りゅうじゅ》（ナーガールジュナ）の弟子。南インドで外道《げどう》に帰依《きえ》していた王を破折《はしゃく》したり、他学派《たがくは》の論師《ろんじ》を多数破折したが、一人の凶悪《きょうあく》な外道に恨《うら》まれて殺《ころ》された。主著『百論《ひゃくろん》』は、三論宗《さんろんしゅう》のよりどころとされた。

羅睺尊者《らごそんじゃ》の「羅睺」は、サンスクリットのラーフラバドラを音写した羅睺羅跋陀羅《らごらばっだら》の略《りゃく》。付法蔵《ふほうぞう》の第十五祖《そ》。竜樹《りゅうじゅ》と同時代、インドの人。釈尊《しゃくそん》の十大弟子《じゅうだいでし》の一人である羅睺羅《らごら》とは別人《べつじん》。提婆菩薩《だいばぼさつ》を師《し》とし、聡明《そうめい》で智慧《ちえ》があり、種々の方便《ほうべん》によって多くの衆生《しゅじょう》を化導《けどう》し、僧佉難提《そうぎゃなんだい》に法を付嘱《ふぞく》したとされる。

僧佉難提《そうぎゃなんだい》は、サンスクリットのサンガナンディの音写。付法蔵《ふほうぞう》の第十六祖《そ》。インドの室《しつ》羅筏城《らばつじょう》（舎衛城《しゃえじょう》、シュラーヴァスティー）の宝荘厳王《ほうしょうごんのう》の子。羅睺尊者《らごそんじゃ》より付嘱《ふぞく》を受け、後に僧伽耶奢《そうぎゃやしゃ》に法を付嘱した。

僧伽耶奢《そうぎゃやしゃ》は、サンスクリットのサンガヤシャスの音写。付法蔵《ふほうぞう》の第十七祖《そ》。マガダ国の人で、智慧《ちえ》が優《すぐ》れ弁舌《べんぜつ》さわやかだったといわれる。僧佉難提《そうぎゃなんだい》より付嘱《ふぞく》を受け、後に鳩摩羅《くまら》駄《だ》に法を付嘱した。

鳩摩羅駄《くまらだ》は、サンスクリットのクマーララータの音写。付法蔵《ふほうぞう》の第十八祖《そ》。三世紀末《まつ》、北インドの呾叉始羅《たつさしら》国（タクシャシラー）の人。聡明《そうめい》で学道に優《すぐ》れ、多くの人を教化《きょうけ》し、名声が高かったという。闍夜那《じゃやな》に法を付嘱《ふぞく》した。

闍夜那《じゃやな》は、サンスクリットのジャヤナの音写。付法蔵《ふほうぞう》の第十九祖《そ》。鳩摩羅駄《くまらだ》の弟子。北インドの人。初《はじ》め外道《げどう》を学び、次に小乗教《しょうじょうきょう》を究《きわ》め、後に諸大乗教《しょだいじょうきょう》を広めて諸小乗教を打《う》ち破《やぶ》ったとされる。盤陀《ばんだ》に法を付嘱《ふぞく》した。

盤陀《ばんだ》は、サンスクリットのヴァスバンドゥの音写である婆修槃陀《ばすばんだ》の略《りゃく》。付法蔵《ふほうぞう》の第二十祖《そ》。世親《せしん》と訳《やく》され、『倶舎論《くしゃろん》』を著《あらわ》した世親（天親《てんじん》）と同一人物とする説《せつ》もある。インドの羅閲国《らえつこく》の人。闍夜那《じゃやな》に師事《しじ》し、仏法を深く理解して広く衆生《しゅじょう》を救《すく》った。

摩奴羅《まぬら》は、サンスクリットのマドゥラの音写。付法蔵《ふほうぞう》の第二十一祖《そ》。三～四世紀の人。インドの那提国《なだいこく》の王子。盤陀《ばんだ》より付嘱《ふぞく》を受け、三蔵《さんぞう》の義《ぎ》に通達《つうだつ》し、南インドを中心に外道《げどう》を論破《ろんぱ》して大乗《だいじょう》を広めた。鶴勒夜那《かくろくやな》に法を付嘱《ふぞく》した。

鶴勒夜那《かくろくやな》は、サンスクリットのハクレーナヤシャの音写。付法蔵《ふほうぞう》の第二十二祖《そ》。月氏国《がっしこく》のバラモン出身。摩奴羅《まぬら》から付嘱《ふぞく》を受け、中《ちゅう》インドで弘教《ぐきょう》に励《はげ》み、やがて師子尊者《ししそんじゃ》に法を付嘱した。

師子《しし》は付法蔵《ふほうぞう》の最後の人（第二十三祖《そ》）。六世紀ごろの中《ちゅう》インドの人。罽賓国《けいひんこく》（カシュミール）で仏法を流布《るふ》していた時、国王・檀弥羅《だんみら》の仏教弾圧により首を斬《き》られたが、師子《しし》の首からは一滴《てき》の血も流れず、ただ白い乳《ちち》のみが流れ出たという。

〈注2〉**【本門《ほんもん》の十妙《じゅうみょう》と迹門《しゃくもん》の十妙】** 天台大師智顗《てんだいだいしちぎ》が『法華玄義《ほっけげんぎ》』に説《と》き明かしたもので、法華経が他経に比《くら》べて優《すぐ》れていることを本門・迹門からそれぞれ十妙をあげて説いたもの。

〈注3〉**【已説《いせつ》・今説《こんせつ》・当説《とうせつ》】** 已は過去、今は現在、当は未来をさす。法華経法師品《ほっしほん》第十に「我《わ》が説《と》く所の経典は無量千万億にして、已《すで》に説き、今《いま》説き、当《まさ》に説くべし。而《しか》も其《そ》の中に於《お》いて、此《こ》の法華経は最《もっと》も為《こ》れ難信難解《なんしんなんげ》なり」（法華経三六二㌻）とある。これについて、天台大師《てんだいだいし》は『法華文句《ほっけもんぐ》』で、過去の説法《せっぽう》（已説）とは、法華経以前に説かれた、いわゆる爾前《にぜん》の諸経、現在の説法（今説）とは法華経と同時期の無量義経《むりょうぎきょう》、未来の説法（当説）とは法華経より後に説かれた涅槃経《ねはんぎょう》などをさすと解釈している。

〈注4〉**【百界千如《ひゃっかいせんにょ》】** 法華経に基《もと》づいて明かされた万物の真実の姿《すがた》を表す語。百界とは、衆《しゅ》生《じょう》の境涯《きょうがい》を十に分類した十界《じっかい》のいずれにも、それ自身と他の九界《きゅうかい》が潜在的《せんざいてき》な可能性としてそなわっている十界互具《じっかいごぐ》のこと。十界それぞれが十界をそなえているので、百界となる。さらに、この百界それぞれに、あらゆる事物（諸法《しょほう》）が共通にそなえている特性《とくせい》である十《じゅう》如是《にょぜ》があるので、千如となる。

〈注5〉**【化導《けどう》の始終《しじゅう》】** 仏が衆生《しゅじょう》を成仏《じょうぶつ》へと教え導《みちび》く過程《かてい》の始まりと終わり、また全過程のこと。

〈注6〉**【師弟の遠近《おんごん》】** 爾前迹門《にぜんしゃくもん》では仏と衆生《しゅじょう》との師弟関係が今世《こんぜ》（近《ごん》）の縁《えん》であったが、法華経の本門《ほんもん》では久遠《くおん》以来（遠《おん》）の縁であることが明かされた。

〈注7〉**【得道《とくどう》の有無《うむ》】** 仏道修行《ぶつどうしゅぎょう》を完成させて仏の覚《さと》り（道《どう》）を獲得《かくとく》できるかどうかということ。法華経方便品《ほうべんぼん》第二では「具足《ぐそく》の道」（法華経一一五ページ）が法華経で明かされていると説《と》く。

第9段　像法《ぞうほう》時代の前半の五百年の弘教《ぐきょう》

（御書二六一ジペー九行目〜二六二ジペー四行目）

正法《しょうほう》時代一千年の後は、インドの隅々《すみずみ》に仏法が広まったが、小乗経《しょうじょうきょう》によって大乗経《だいじょうきょう》を否定したり、権経《ごんきょう》〈注1〉を用いて実経《じっきょう》〈注2〉をないがしろにするなど、仏法がさまざまに乱《みだ》れたので、成仏《じょうぶつ》する者は次第に少なくなり、仏法をきっかけとしてかえって悪道《あくどう》に堕《お》ちた者は数知れない。

正法《しょうほう》時代一千年の後、像法《ぞうほう》時代に入って十五年という時に、仏法が東に伝わり中国に到達《とうたつ》した〈注3〉。像法《ぞうほう》時代の前半五百年の内《うち》、初《はじ》めの百年余《あま》りの間は、中国の道士《どうし》〈注4〉とインドの仏法が論争《ろんそう》し、決着がつくに至《いた》らなかった。

たとえ決着がついていたとしても、仏法を信じる人はまだ信心《しんじん》が深くなかった。それにもかかわらず、仏法の中で大乗《だいじょう》・小乗《しょうじょう》、権教《ごんきょう》・実教《じっきょう》〈注5〉、顕教《けんきょう》・密教《みっきょう》〈注6〉といった区別《くべつ》を行《おこな》ったなら、仏の教えは一つではないということから、疑《うたが》いが起こって、かえって中国の諸思想の聖典《せいてん》に従《したが》う者が出てくるにちがいない。このような心配があったためだろうか、摩騰迦《まとうが》・竺法蘭《じくほうらん》〈注7〉は自分では知っていたけれども、仏の教えを大乗・小乗に区別《くべつ》せず、権教・実教の違いを言わずに済《す》ませた。

その後、中国では魏《ぎ》・晋《しん》・宋《そう》・斉《せい》・梁《りょう》と五つの王朝〈注8〉が変遷《へんせん》する間、仏法の中で大乗《だいじょう》・小乗《しょうじょう》、権教《ごんきょう》・実教《じっきょう》、顕教《けんきょう》・密教《みっきょう》それぞれの勝劣《しょうれつ》を争《あらそ》ったので、どれが正しい説《せつ》だとも分からなくなり、国王から民衆に至《いた》るまでのすべての人の間で疑問《ぎもん》に思うことが少なくなかった。

それで、南三北七《なんさんほくしち》〈注9〉といって仏法は十派《じっぱ》に分裂《ぶんれつ》した。すなわち、仏教経

(262)

典の分類に関して、南には三時教《さんじきょう》・四時教《しじきょう》・五時教《ごじきょう》という三つの説《せつ》〈注10〉があり、北には五時教・半満二教《はんまんにきょう》・四宗教《ししゅうきょう》・五宗教・六宗教・二種《しゅ》の大乗教《だいじょうきょう》・一音《いっとん》教《きょう》などという七つの説〈注11〉があり、それぞれ自派《じは》の考えを主張《しゅちょう》し、自派に固《こ》執《しゅう》して、水と火のように対立していた。

しかし、これら十派《じっぱ》の主張《しゅちょう》は大綱《たいこう》においては同じである。すなわち「釈尊《しゃくそん》のすべての教えの中では華厳経《けごんぎょう》第一、涅槃経《ねはんぎょう》〈注12〉第二、法華経第三である。法華経は、阿含経《あごんぎょう》・般若経《はんにゃきょう》〈注13〉・浄名経《じょうみょうきょう》（維摩経《ゆいまきょう》）〈注14〉・思益経《しやくきょう》〈注15〉などの諸経と対比《たいひ》すれば真実であり、了義経《りょうぎきょう》〈注16〉であり、正しい思想である。そうではあるが、法華経は、涅槃経と対比すれば無常《むじょう》の教え〈注17〉であり、不了義経《ふりょうぎきょう》〈注18〉であり、間違った思想を説《と》く経である」というのである。

仏教が中国に伝わった後漢《ごかん》の時代から四百年余《あま》りが過《す》ぎ、五百年に入って、陳《ちん》・隋《ずい》という二つの王朝〈注19〉の時代に智顗《ちぎ》という一介《いっかい》の僧《そう》がいた。後《のち》には天《てん》台智者大師《だいちしゃだいし》とお呼び申し上げた。智顗は、南北十派《なんぼくじっぱ》の邪義《じゃぎ》を否定して、「釈尊《しゃくそん》のすべての教えの中では法華経第一、涅槃経《ねはんぎょう》第二、華厳経《けごんぎょう》第三である」と言った。これは像法《ぞうほう》時代の前半の五百年、大集経《だいじっきょう》で説《と》く読誦多聞堅固《どくじゅたもんけんご》の時に相当している。

◇注　解◇

〈注1〉**【権経《ごんきょう》】** 仏が衆生《しゅじょう》を、仏の覚《さと》りの真実を説《と》いた実経《じっきょう》に導《みちび》き入《い》れるために、衆生の受《じゅ》容能力《ようのうりょく》に応《おう》じた権《かり》の教えを説いた経典のこと。実経《じっきょう》に対する語。「権《ごん》」は一時的・便宜的《べんぎてき》なものの意。

〈注2〉**【実経《じっきょう》】** 仏が自《みずか》らの覚《さと》りの真実をそのまま説《と》いた経典のこと。天台宗《てんだいしゅう》の教判《きょうはん》では、法華経のみを実経と位置づける。

〈注3〉**【仏法が東に伝わり中国に到達《とうたつ》した】** 中国への仏教初伝《しょでん》について、「開目抄《かいもくしょう》」には「後漢《ごかん》の第二・明帝《めいてい》の永平《えいへい》十年丁卯《ひのとう》の年・仏法・漢土《かんど》にわたる」（御書二二六ページ）とあり、日蓮大聖人は永平十年（六七年）とされている。

「四条金吾殿御返事《しじょうきんごどのごへんじ》」でも「中国には、後漢《ごかん》の第二代の明帝《めいてい》が、永平《えいへい》七年（六四年）に金神の夢を見て、博士蔡愔《はかせさいいん》・王遵《おうじゅん》などの十八人を月氏《がっし》に派遣《はけん》して仏法を求めさせたところ、中《ちゅう》インドの摩騰迦《まとうが》と竺法蘭《じくほうらん》という二人の聖人《しょうにん》を同十年丁卯《ひのとう》の歳《とし》（六七年）に迎《むか》え入《い》れ、崇《すう》重《ちょう》した」（御書一一六七ページ、趣意）と述べられている。

また、前漢《ぜんかん》の哀帝《あいてい》の元寿元年《げんじゅがんねん》（紀元前《きげんぜん》二年）、大月氏王《だいげっしおう》の使者・伊存《いそん》が景盧《けいろ》なる人物に浮《ふ》屠経《ときょう》（仏典）を口伝《くでん》したという説《せつ》もある。仏教が確実に伝来《でんらい》したことを示す史料《しりょう》としては、

『後漢書《ごかんじょ》』楚王英伝《そおうえいでん》に後漢の明帝《めいてい》の詔《みことのり》があり、ここから永平《えいへい》八年（六五年）の時点で、楚王英が仏を祭っていたことが読み取れる。いずれにせよ、紀元前後に西域《せいいき》からの朝貢《ちょうこう》や通商にともない、徐々《じょじょ》に伝来《でんらい》したと考えられる。

二世紀半ばから仏典が本格的《ほんかくてき》に伝訳《でんやく》されるようになる。安息国《あんそくこく》（パルティア）の太子・安世高《あんせいこう》は、後漢《ごかん》の桓帝《かんてい》の建和《けんわ》年間（一四七年～一四九年）の初《はじ》めに洛陽《らくよう》に来て、部派《ぶは》仏教の経典を中心に漢訳《かんやく》した。同時期の後漢の支婁迦讖《しるかせん》は、大乗《だいじょう》経典を最初に漢訳したとされる。

〈注4〉【中国の道士《どうし》】道教《どうきょう》の修行者《しゅぎょうしゃ》のことで、中国では儒教《じゅきょう》や仏教と対立してきた。道教は中国固有《こゆう》の宗教で、主に不老長寿《ふろうちょうじゅ》や現世利益《げんぜりやく》をめざし、長生術《ちょうせいじゅつ》・養生法《ようじょうほう》・呪《のろ》い・占《うらな》い・易《えき》などを行う。中国古来《こらい》の鬼神観念《きじんかんねん》や神仙《しんせん》思想などを基《もと》に、道家《どうか》の老荘《ろうそう》思想、仏教教理《きょうり》などを取《と》り入《い》れて発展した。

〈注5〉【権教《ごんきょう》・実教《じっきょう》】それぞれ権経、実経に基《もと》づく教えのこと。

〈注6〉【顕教《けんきょう》・密教《みっきょう》】インドの伝統的《でんとうてき》な民間《みんかん》信仰を取《と》り入《い》れ呪術《じゅじゅつ》や秘密の儀礼《ぎれい》を実践の中核《ちゅうかく》にすえて七世紀ごろに成立した仏教は密教と呼ばれる。これに対しそれ以前の通常の仏教は顕教と呼ばれる。

〈注7〉【摩騰迦《まとうが》・竺法蘭《じくほうらん》】ともにインドの人で、後漢《ごかん》の明帝《めいてい》の時代に中国に初《はじ》めて仏教を伝えたとされる。摩騰迦は迦葉摩騰《かしょうまとう》のこと。迦葉摩騰は、サンスクリットのカーシャパマータンガの音写で、大小乗《だいしょうじょう》の経典に通じていたとされる。竺法蘭のサンスクリット名は不《ふ》明《めい》。経典・論書《ろんしょ》数万章を暗誦《あんしょう》し、インドの学者の師匠格《ししょうかく》だったという。

〈注8〉【魏《ぎ》・晋《しん》・宋《そう》・斉《せい》・梁《りょう》と五つの王朝】いずれも中国・魏晋南北朝《ぎしんなんぼくちょう》時代の王朝。二二〇年に後漢《ごかん》が滅《ほろ》び、五八九年に隋《ずい》が陳《ちん》を滅ぼして再び統一《とういつ》するまで、中国では王朝の分裂《ぶんれつ》や交替《こうたい》が続いた。

〈注9〉【南三北七《なんさんほくしち》】中国・南北朝《なんぼくちょう》時代（四四〇年～五八九年）にあった仏教における十の学派のことで、長江《ちょうこう》（揚子江《ようすこう》）流域《りゅういき》の南地の三師《し》と黄河《こうが》流域の北地の七師。天台大師《てんだいだいし》智顗《ちぎ》が『法華玄義《ほっけげんぎ》』巻《まき》十上で分類した。

南三《なんさん》とは、①虎丘山《こきゅうざん》の笈師《ぎゅうし》の三時教《さんじきょう》②宗愛《しゅうあい》（白馬寺曇愛《はくばじどんあい》と大昌寺僧宗《だいしょうじそうしゅう》の二人とする説もある）の四時教《しじきょう》③定林寺《じょうりんじ》の僧柔《そうにゅう》・慧次《えじ》と道場寺《どうじょうじ》の慧観《えかん》の五時教《ごじきょう》。

北七《ほくしち》とは、①五時教《ごじきょう》②菩提流支《ぼだいるし》の半満二教《はんまんにきょう》③慧光《えこう》の四宗教《ししゅうきょう》④五宗教⑤六宗教⑥北地の禅《ぜん》師《じ》の二種大乗教《にしゅだいじょうきょう》⑦北地の禅師の一音教《いっとんきょう》。①および④～⑦は個人名が明かされていない。

天台大師《てんだいだいし》は、これら南三北七《なんさんほくしち》の主張《しゅちょう》を批判《ひはん》し、五時《ごじ》の教判《きょうはん》を立て、釈尊《しゃくそん》一代の教えについて法華経第一、涅槃経《ねはんぎょう》第二、華厳経《けごんぎょう》第三であるとし、法華経の正義《しょうぎ》を宣揚《せんよう》した。

〈注10〉【三時教《さんじきょう》・四時教《しじきょう》・五時教《ごじきょう》という三つの説《せつ》】南北の諸学派《しょがくは》は、釈尊《しゃくそん》一代の教えを、その説《と》き方《かた》によって①頓教《とんぎょう》（真実を直ちに説く）②漸教《ぜんきょう》（順《じゅん》を追って高度な教えに導《みちび》いていく）③不定教《ふじょうきょう》（頓教・漸教に当てはまらず、しかも仏性《ぶっしょう》の常住《じょうじゅう》を明かす）の三つに分類した。頓教は華厳経《けごんぎょう》、漸教は三蔵教《さんぞうきょう》（小乗《しょうじょう》）の有相教《うそうきょう》とその後に説かれた大乗《だいじょう》の教えである無相教《むそうきょう》、不定教は勝鬘経《しょうまんぎょう》・金光明経《こんこうみょうきょう》とされた。

このうち漸教《ぜんきょう》に関して、江南《こうなん》で見解《けんかい》が三時教《さんじきょう》・四時教《しじきょう》・五時教《ごじきょう》の三つに分かれていた（南三《なんさん》）。ただし、南三のいずれも、法華経は涅槃経《ねはんぎょう》に劣《おと》るとみなすことにおいて共通している。

①三時教《さんじきょう》は、有相教《うそうきょう》（有《う》を見て得道《とくどう》することを明かす教え）を三蔵教《さんぞうきょう》（小乗《しょうじょう》の教え）とし、無相教《むそうきょう》（空《くう》を見て得道することを明かす教え）を法華経までの大乗《だいじょう》の教えとし、常住《じょうじゅう》教《きょう》（一切衆生《いっさいしゅじょう》に仏性《ぶっしょう》があることや一闡提《いっせんだい》の成仏《じょうぶつ》を明かす教え）を涅槃経《ねはんぎょう》とする。

②四時教《しじきょう》は、前の三時教《さんじきょう》のうち、無相教《むそうきょう》と常住教《じょうじゅうきょう》の間に法華経を立てて同帰教《どうききょう》（万善《まんぜん》が同じく成仏《じょうぶつ》という一果《いっか》に帰着する教え）とする。すなわち、有相教《うそうきょう》・無相教・同帰教・常住教の四つ。

③五時教《ごじきょう》は、前の四時教《しじきょう》のうち、無相教《むそうきょう》と同帰教《どうききょう》の間に維摩経《ゆいまきょう》・思益経《しやくきょう》を立てて褒貶抑《ほうへんよく》揚教《ようきょう》（小乗《しょうじょう》を貶《けな》し抑《おさ》え、大乗《だいじょう》を褒《ほ》め宣揚《せんよう》する教え）としている。すなわち、有相教《うそうきょう》・無相教・褒貶抑揚教・同帰教・常住教《じょうじゅうきょう》の五つ。

〈注11〉**【五時教《ごじきょう》・半満二教《はんまんにきょう》……という七つの説《せつ》】** いずれも南三北七《なんさんほくしち》のうち、北地の一派による教判。

①五時教《ごじきょう》。諸経典を頓教《とんぎょう》と漸教《ぜんきょう》に分け、華厳経《けごんぎょう》を頓教とした。漸教を人天教《にんてんきょう》（提謂波利《だいいばり》

経《きょう》）、有相教《うそうきょう》（阿含経《あごんぎょう》など）、無相教《むそうきょう》（維摩経《ゆいまきょう》・般若経《はんにゃきょう》など）、同帰教《どうききょう》（法華経）、常住教《じょうじゅうきょう》（涅槃経《ねはんぎょう》）の五つに分けた。

②半満二教《はんまんにきょう》は、釈尊《しゃくそん》の成道《じょうどう》から十二年間説《と》かれた小乗《しょうじょう》の教えを半字教《はんじきょう》とし、十二年以後を満字教《まんじきょう》とする。

③四宗教《ししゅうきょう》は、諸経論を因縁宗《いんねんしゅう》（毘曇《びどん》）、仮名宗《けみょうしゅう》（成実《じょうじつ》）、誑相宗《おうそうしゅう》（般若《はんにゃ》・三論《さんろん》）、常宗《じょうしゅう》（涅《ね》槃《はん》・華厳《けごん》など）の四つに分けた。

④五宗教《ごしゅうきょう》は、前の四宗のうち、法界宗《ほっかいしゅう》（華厳経《けごんぎょう》）を取り分けて立てる。

⑤六宗教《ろくしゅうきょう》は、前の四宗のうち、真宗《しんしゅう》（法華経）、円宗《えんしゅう》（大集経《だいじっきょう》）を取り分けて立てる。

⑥二種《しゅ》の大乗教《だいじょうきょう》は、大乗を有相《うそう》・無相《むそう》の二種に分け、有相大乗を修行《しゅぎょう》の段階とその功徳《くどく》行相を説《と》く華厳経《けごんぎょう》・菩薩瓔珞本業経《ぼさつようらくほんぎょうきょう》・大品般若経《だいぼんはんにゃきょう》などの諸経とし、無相大乗を衆生《しゅじょう》に仏性《ぶっしょう》があると説く楞伽経《りょうがきょう》・思益経《しやくきょう》などの諸経とした。

⑦一音教《いっとんきょう》は、釈尊《しゃくそん》一代の教えはさまざまな説《と》かれ方をするが、実は仏の同一の音声、つまり同一の教えから出たものであるとする。

〈注12〉**【涅槃経《ねはんぎょう》】**大般涅槃経《だいはつねはんぎょう》のこと。釈尊《しゃくそん》の臨終《りんじゅう》を舞台《ぶたい》にした大乗《だいじょう》経典。中国・北涼《ほくりょう》の曇《どん》無讖《むしん》訳《やく》の四十巻本（北本）と、北本をもとに改編《かいへん》した三十六巻本（南本）がある。釈尊滅《めつ》後《ご》の仏教教団《きょうだん》の乱《みだ》れや正法《しょうほう》を誹謗《ひぼう》する者を予言し、その中にあって、仏身《ぶっしん》が常住《じょうじゅう》であるとともに、あらゆる衆生《しゅじょう》に仏性《ぶっしょう》がある（一切衆生悉有仏性《いっさいしゅじょうしつうぶっしょう》）と説《と》いている。

〈注13〉**【般若経《はんにゃきょう》】**「般若波羅蜜《はんにゃはらみつ》（智慧《ちえ》の完成）」を題名とする長短さまざまな経典の総称《そうしょう》。漢訳《かんやく》には、中国・後秦《こうしん》の鳩摩羅什《くまらじゅう》訳《やく》の大品般若経《だいぼんはんにゃきょう》二十七巻、同じく羅什訳の小品般若経《しょうぼんはんにゃきょう》十巻、唐《とう》の玄奘訳《げんじょうやく》の大般若経《だいはんにゃきょう》六百巻など多数ある。般若波羅蜜を中心とする菩薩《ぼさつ》の修行《しゅぎょう》を説《と》き、あらゆるものに常住不変《じょうじゅうふへん》の実体《じったい》はないとする「空《くう》」の思想を明かしている。天台教学《てんだいきょうがく》では、方等部《ほうどうぶ》の経典の後に説いたとされ、二乗《にじょう》を排除《はいじょ》し菩薩だけを対象《たいしょう》とした教え（別教《べっきょう》）とされる。

〈注14〉**【浄明経《じょうみょうきょう》（維摩経《ゆいまきょう》）】**漢訳《かんやく》には、中国・呉《ご》の支謙《しけん》が訳した維摩詰経《ゆいまきつきょう》三巻や鳩摩羅什訳《くまらじゅうやく》の維摩詰所説経《ゆいまきつしょせつきょう》三巻などがある。天台教学《てんだいきょうがく》における五時《ごじ》のうち方等時《ほうどうじ》に属《ぞく》し、大乗《だいじょう》仏教の「空《くう》」の思想を覚《さと》らせる精神が貫《つらぬ》かれる。大乗を持《たも》つ在家《ざいけ》の仏弟子《ぶつでし》であり大富豪《だいふごう》でもある維摩詰が、声聞《しょうもん》の小乗観《しょうじょうかん》を論破《ろんぱ》するさまが、文学性豊かに描《えが》かれている。

〈注15〉**【思益経《しやくきょう》】**思益梵天所問経《しやくぼんてんしょもんぎょう》のこと。中国・後秦《こうしん》の鳩摩羅什訳《くまらじゅうやく》。四巻。思益梵天に対して菩薩行《ぼさつぎょう》や四諦《したい》、如来《にょらい》の五力《ごりき》が説《と》かれ、網明菩薩《もうみょうぼさつ》に対して凡夫《ぼんぷ》と賢聖《けんしょう》の行に差別がないことが明かされる。天台教学《てんだいきょうがく》の教判《きょうはん》である五時《ごじ》のうち方等時《ほうどうじ》に属《ぞく》する。

〈注16〉**【了義経《りょうぎきょう》】**意味が明瞭《めいりょう》な経典の意。釈尊《しゃくそん》が真意を説《と》いた経をいう。

〈注17〉**【無常《むじょう》の教え】**南三北七《なんさんほくしち》のうち五時教《ごじきょう》では、法華経を無常教《むじょうきょう》と位置づける。如来《にょらい》（法身《ほっしん》）の常住《じょうじゅう》を説《と》く涅槃経《ねはんぎょう》と比較《ひかく》すれば、法華経の如来は応身《おうじん》であるから無常であり、無常教であるとする。

〈注18〉【不了義経《ふりょうぎきょう》】意味が不明瞭《ふめいりょう》な経典の意。真意を完全に明かしていない方便《ほうべん》の教えを説《と》いた経をいう。

〈注19〉【陳《ちん》・隋《ずい》という二つの王朝】天台大師《てんだいだいし》は、陳の宣帝《せんてい》と後主叔宝《こうしゅしゅくほう》、隋の文帝《ぶんてい》と煬帝《ようだい》（晋王楊広《しんおうようこう》）の帰依《きえ》を受けた。

第10段　像法《ぞうほう》時代の後半の五百年の弘教《ぐきょう》

（御書二六二ジ四行目～二六三ジ二行目）

像法《ぞうほう》時代後半の五百年になると、唐《とう》〈注1〉の初《はじ》め、太宗皇帝《たいそうこうてい》〈注2〉の時代に、玄奘三蔵《げんじょうさんぞう》〈注3〉がインドに入って十七年〈注4〉の間、百三十カ国の寺院《じいん》や仏塔《ぶっとう》を見聞して多くの学者に会って、八万法蔵《はちまんほうぞう》〈注5〉と言われ、十二種類〈注6〉に分類されるすべての経典の中の最《もっと》も高度な教えまでも完全に習得《しゅうとく》したが、その中に二宗《しゅう》があった。すなわち法相宗《ほっそうしゅう》〈注7〉と三論宗《さんろんしゅう》〈注8〉である。

この二宗《しゅう》のうち法相大乗宗《ほっそうだいじょうしゅう》は、淵源《えんげん》をたどれば弥勒《みろく》〈注9〉・無著《むじゃく》〈注10〉から受け、直接には戒賢論師《かいげんろんじ》〈注11〉から玄奘《げんじょう》に伝えられ、中国へ帰って、太宗皇帝《たいそうこうてい》にお授《さず》けになった。

この法相宗《ほっそうしゅう》の趣旨は、「仏教は衆生《しゅじょう》の機根《きこん》に従《したが》うのがよい。一乗《いちじょう》の機根の衆生にとっては、三乗《さんじょう》〈注12〉の教えは方便《ほうべん》であって、一乗の教えが真実である。すなわち法華経などである。三乗の機根の衆生にとっては、三乗の教えが真実であり、一乗の教えは方便である。すなわち深密経《じんみっきょう》〈注13〉・勝鬘経《しょうまんぎょう》〈注14〉などがこれである。天台智者大師《てんだいちしゃだいし》などはこのことを立て分けていない」というのである。

しかも、太宗皇帝《たいそうこうてい》は賢王《けんおう》である。当時、その名声は中国全土に鳴り響《ひび》いていただけでなく、古代の三皇《さんこう》・五帝《ごてい》〈注15〉よりも優《すぐ》れているとの評判《ひょうばん》が国中に轟《とどろ》いていた。中国を支配するだけでなく、近隣《きんりん》の高昌《こうしょう》〈注16〉・高句麗《こうくり》〈注17〉などの一千八百余《あま》りの国を服属《ふくぞく》させ、国内・国外に最大の版図《はんと》を実現した賢王であった。玄奘《げんじょう》はこの賢王が最高の帰依《きえ》をささげた僧《そう》である。天台宗《てんだいしゅう》を学ぶ者の中でもあえて異《い》を唱える人は一人もいなかった。そのために、法華経の真義《しんぎ》は、中国の中ですでに消えうせてしまった。

同じ唐《とう》の時代の、この太宗《たいそう》の皇太子《こうたいし》である高宗《こうそう》〈注18〉、および高宗の継母《けいぼ》である則天武后《そくてんぶこう》〈注19〉の時代に、法蔵《ほうぞう》〈注20〉という法師《ほっし》がいた。法相宗《ほっそうしゅう》に天台宗《てんだいしゅう》が攻撃《こうげき》されているのを見て、以前、天台大師《だいし》の時代に批判《ひはん》された華厳経《けごんぎょう》を再び持ち出して、釈尊《しゃくそん》一代の教えの中では華厳経第一、法華経第二、涅槃経《ねはんぎょう》第三であると主張《しゅちょう》した。

太宗《たいそう》から数えて第四代になる玄宗皇帝《げんそうこうてい》〈注21〉の時代、開元《かいげん》四年（七一六年）と同八年（七二〇年）に、西方《さいほう》にあるインドから善無畏三蔵《ぜんむいさんぞう》〈注22〉・金剛智三蔵《こんごうちさんぞう》〈注23〉・不空三蔵《ふくうさんぞう》〈注24〉が、大日経《だいにちきょう》・金剛頂経《こんごうちょうきょう》〈注25〉・蘇悉地経《そしつじきょう》〈注26〉を持《たも》って中国に渡《わた》り、真言宗《しんごんしゅう》を立てた〈注27〉。

この宗《しゅう》の主張《しゅちょう》では、「仏の教えには二種類ある。一つには釈迦如来《しゃかにょらい》を教主《きょうしゅ》とする顕教《けんきょう》である。すなわち華厳経《けごんぎょう》や法華経などである。二つには大日如来《だいにちにょらい》〈注28〉を教主とする密教《みっきょう》である。すなわち大日経《だいにちきょう》などである。法華経は顕教の中では第一である。この法華経は大日如来を教主とする密教と対比《たいひ》すれば、説《と》かれている真理そのものは部分的に一致《いっち》するが、事相《じそう》である印契《いんげい》と真言《しんごん》〈注29〉はまったくない。法華経は、身《しん》・口《く》・意《い》の三密《さんみつ》〈注30〉が一致していないから不了義経《ふりょうぎきょう》である」というのである。

これまで述べてきた法相《ほっそう》・華厳《けごん》〈注31〉・真言《しんごん》の三宗《しゅう》は、三者とも天台法華宗《てんだいほっけしゅう》を否定したが、天台大師《だいし》ほどの智慧《ちえ》ある人が天台法華宗の中にはいなかったということのためか、天台宗の人々は、心の中では三宗の批判《ひはん》が不当《ふとう》だと思っていたようだが、天台大師のように公《おおやけ》の場で論《ろん》じなかったので、国王・大臣《だいじん》から一切《いっさい》の人民《じんみん》に至《いた》るまでのすべての人は、みな仏法について正しい判断ができず、成仏《じょうぶつ》する衆生《しゅじょう》はまったくいなくなってしまった。こうしたことは、像法《ぞうほう》時代後半の五百年の初《はじ》めの二百年余《あま》りのことであった。

◇注　解◇

〈注1〉【唐《とう》】六一八年～九〇七年。隋《ずい》に続く中国の王朝。律令制度《りつりょうせいど》を軸《じく》とした中央集権的《ちゅうおうしゅうけんてき》な国家体制を築《きず》いて全国を統一《とういつ》し、強大な勢力《せいりょく》をもって東アジアに支配を広げた。儒教《じゅきょう》が低調《ていちょう》で道教《どうきょう》と仏教が盛《さか》んだったが、第十五代皇帝《こうてい》・武宗《ぶそう》の廃仏《はいぶつ》（八四五年）によって仏教は衰《おとろ》えた。遣唐使《けんとうし》の往来《おうらい》などにより、仏教各派《かくは》の教えや大陸《たいりく》の多様な文化が日本に伝えられた。

〈注2〉【太宗皇帝《たいそうこうてい》】五九八年～六四九年。中国・唐《とう》の第二代皇帝。姓名《せいめい》は李世民《りせいみん》。高祖《こうそ》・李淵《りえん》の次子。唐王朝繁栄《はんえい》の基礎《きそ》を確立し、その治世《ちせい》は「貞観《じょうがん》の治《ち》」と呼ばれ、後世の模範《もはん》とされた。インドから諸経典を伝えた玄奘《げんじょう》は、太宗《たいそう》の命を受け国家事業として、多くの経《きょう》論《ろん》を漢訳《かんやく》し、後の法相宗《ほっそうしゅう》の教義《きょうぎ》となる唯識《ゆいしき》思想を広めた。

〈注3〉【玄奘三蔵《げんじょうさんぞう》】六〇二年～六六四年（生年には六〇〇年説《せつ》など諸説《しょせつ》ある）。中国・唐《とう》の初期の僧《そう》。唯識《ゆいしき》思想を究《きわ》めようとインドへ経典を求めて旅し、多くの経典を伝えるとともに翻訳《ほんやく》を一新した。主著に旅行記《りょこうき》『大唐西域記《だいとうさいいきき》』がある。弟子の基《き》（慈恩《じおん》）が立てた法相《ほっそう》宗《しゅう》で祖《そ》とされる。彼以後の漢訳《かんやく》仏典を「新訳《しんやく》」といい、それ以前の旧訳《くやく》と区別される。後世、経《きょう》・律《りつ》・論《ろん》の三蔵に通暁《つうぎょう》している訳経僧《やっきょうそう》としてたたえられ、「玄奘三蔵」「三蔵法師《ほうし》」

と通称されるようになった。

〈注4〉【十七年】御書本文は「十九年」（二六二ページ）。御真筆《ごしんぴつ》も「十九年」。「開目抄《かいもくしょう》」に「尸那国《しなこく》の玄奘三蔵《げんじょうさんぞう》・月氏《がっし》にいたりて十七年」（御書一九八ページ）、また「報恩抄《ほうおんしょう》」に「貞観《ていかん》三年に始めて月氏に入《い》りて同十九年にかへりし」（御書三〇一ページ）とあるように、史実《しじつ》は「十七年」。貞観《じょうがん》十九年（六四五年）に帰国したことと混同《こんどう》されたと考えられる。

〈注5〉【八万法蔵《はちまんほうぞう》】釈尊《しゃくそん》が一代で説《と》いたすべての教えのこと。「八万」とは実際の数字ではなく、多数であることを意味する。

〈注6〉【十二種類】経典を形式・内容によって十二種に分類したもので、十二部経という。

①修多羅《しゅたら》。契経《かいきょう》と訳《やく》す。法義《ほうぎ》を説《と》いた散文《さんぶん》。②祇夜《ぎや》。応頌《おうじゅ》・重頌《じゅうじゅ》と訳す。修多羅に応《おう》じて重ねてその義を述べた韻文《いんぶん》。③伽陀《かだ》。諷頌《ふじゅ》・孤起頌《こきじゅ》と訳す。散文によらずに韻文だけで説いたもの。④尼陀那《にだな》。因縁《いんねん》と訳す。説法教化《せっぽうきょうけ》のいわれを説く。⑤伊帝目多伽《いたいもくたか》。本事《ほんじ》・如《にょ》是語《ぜご》と訳す。過去世《かこせ》の因縁《いんねん》を説く。⑥闍多伽《じゃたか》。本生《ほんしょう》と訳す。仏が昔、菩薩《ぼさつ》であった時の行いなどを説く。⑦阿浮陀達磨《あぶだだつま》。未曾有法《みぞうほう》と訳す。仏の神通力《じんずうりき》を説く。⑧阿波陀那《あばだな》。譬喩《ひゆ》と訳す。譬喩を借りて説いたもの。⑨優婆提舎《うばだいしゃ》。論議《ろんぎ》と訳す。法理の解説《かいせつ》・注解《ちゅうかい》。⑩優陀《うだ》那《な》。自説《じせつ》・無問自説《むもんじせつ》と訳す。問いを待たずに仏が自《みずか》ら説いた。⑪毘仏略《びぶつりゃく》。方広《ほうこう》・方等《ほうどう》と訳す。広大な理義《りぎ》を説いたもの。⑫和伽羅那《わがらな》。授記《じゅき》と訳す。弟子に対して未来世《みらいせ》の成仏《じょうぶつ》の保《ほ》証《しょう》を与えること。

〈注7〉【法相宗《ほっそうしゅう》】玄奘《げんじょう》が唐《とう》に伝えた唯識《ゆいしき》思想に基《もと》づき、その弟子の基《き》（慈恩《じおん》）が確立した学派《がくは》。法相とは、諸法《しょほう》（あらゆる事物・事象《じしょう》）がそなえる真実の相のことで、この法相のあり方を明かすので法相宗という。また、あらゆる事物・事象は心の本体である識《しき》が変化して仮《かり》に現《あらわ》れたもので、ただ識のみがあるとする唯識思想を主張《しゅちょう》するので唯識宗ともいう。日本には、四次にわたって伝来《でんらい》したが、六五三年に道昭《どうしょう》が唐に渡って玄奘《げんじょう》から学び、帰朝して元興寺《がんごうじ》を拠点《きょてん》に弘通《ぐつう》したのが初伝《しょでん》とされる。

〈注8〉【三論宗《さんろんしゅう》】竜樹《りゅうじゅ》（ナーガールジュナ）の『中論《ちゅうろん》』『十二門論《じゅうにもんろん》』と提婆《だいば》（アーリヤデーヴァ）の『百論《ひゃくろん》』の三つの論に基《もと》づく学派《がくは》。鳩摩羅什《くまらじゅう》が三論を訳《やく》して、門下の僧肇《そうじょう》が研究《けんきゅう》し、隋《ずい》に吉蔵《きちぞう》（嘉祥《かじょう》）が大成《たいせい》した。日本には六二五年、吉蔵の弟子で高句麗僧《こうくりそう》の慧灌《えかん》が伝え、奈良《なら》時代に興隆《こうりゅう》する。平安《へいあん》時代に聖宝《しょうぼう》が東大寺《とうだいじ》に東南院《とうなんいん》を建立《こんりゅう》して本拠《ほんきょ》とした。般若《はんにゃ》経《きょう》の一切皆空無所得《いっさいかいくうむしょとく》（あらゆるものに実体はなく、また実体として得られるものはない）の思想に基づき、八不中道《はっぷちゅうどう》（八種の否定を通じて明らかになる中道）を観《かん》ずることで、一《いっ》切《さい》の偏見《へんけん》を排《はい》して真理を顕《あらわ》すとする。

〈注9〉【弥勒《みろく》】法相宗《ほっそうしゅう》の依《よ》って立つ唯識学派《ゆいしきがくは》では、『瑜伽師地論《ゆがしじろん》』を著《あらわ》したとされるマイトレーヤ（弥勒）という名の大乗《だいじょう》の学者を祖《そ》と仰《あお》ぐ。この人物と、釈尊《しゃくそん》滅後に人々を救済《きゅうさい》する仏としてこの世界に登場するとされた弥勒菩薩《みろくぼさつ》（第1段〈注4〉を参照）とが混同《こんどう》して伝承《でんしょう》されていった。

〈注10〉【無著《むじゃく》】サンスクリットのアサンガの訳《やく》。四〜五世紀ごろのインドの仏教思想家。『摂大乗論《しょうだいじょうろん》』などを著《あらわ》し、唯識《ゆいしき》思想の体系化を推進《すいしん》した。世親《せしん》の兄。

〈注11〉【戒賢論師《かいげんろんじ》】五二九年〜六四五年。戒賢はサンスクリットのシーラバドラの訳《やく》。唯識学派《ゆいしきがくは》の論師。東インド出身で、ナーランダー寺で護法《ごほう》（ダルマパーラ）を師《し》として出家《しゅっけ》した。護法の後を継《つ》ぎ、同寺の学頭となる。玄奘《げんじょう》を迎《むか》え、彼に唯識説を伝えた。

〈注12〉【三乗《さんじょう》】二乗《にじょう》（声聞《しょうもん》と縁覚《えんがく》）に菩薩《ぼさつ》を加えたもの。

〈注13〉【深密経《じんみっきょう》】解深密経《げじんみっきょう》のこと。中国・唐《とう》の玄奘訳《げんじょうやく》。五巻。唯識説《ゆいしきせつ》を体系的に説《と》き明かし、法相宗《ほっそうしゅう》では根本経典とされた。

〈注14〉【勝鬘経《しょうまんぎょう》】中国・南北朝《なんぼくちょう》時代の宋《そう》の求那跋陀羅訳《ぐなばっだらやく》。一巻。勝鬘夫人《ふじん》が一乗真実《いちじょうしんじつ》・如来蔵法身《にょらいぞうほっしん》の義《ぎ》を説《と》き、仏がそれを承認《しょうにん》している。異訳《いやく》に北涼《ほくりょう》の曇無讖訳《どんむしんやく》、唐《とう》の菩提流志訳《ぼだいるしやく》がある。

〈注15〉【三皇《さんこう》・五帝《ごてい》】古代中国の伝説上《でんせつじょう》の理想的な王たち。それぞれに諸説《しょせつ》があり、三皇《さんこう》は伏羲《ふっき》・神農《しんのう》・黄帝《こうてい》などの説、五帝《ごてい》は少昊《しょうこう》・顓頊《せんぎょく》・帝嚳《ていこく》・唐尭《とうぎょう》・虞舜《ぐしゅん》などの説がある。

〈注16〉【高昌《こうしょう》】五〜七世紀に中央アジアのトゥルファン（新疆《しんきょう》ウイグル自治区《じちく》の東部）を支配した王国の総称《そうしょう》。中国・北涼《ほくりょう》の滅亡《めつぼう》に伴《ともな》い沮渠氏《そきょし》がこの地に亡命《ぼうめい》したのが始まり。支配層は漢族《かんぞく》だが、イラン系《けい》のソグド人を中心に多彩《たさい》な文化が栄《さか》えた。西域《せいいき》の中でも特に仏教が盛《さか》んだった。

〈注17〉【高句麗《こうくり》】御書本文は「高麗《こま》」（二六二㌻）。日蓮大聖人の時代では、韓《かん》・朝鮮《ちょうせん》半島の国を指す語として用《もち》いられた。ここでは高麗《こうらい》（九一八年～一三九二年）ではなく、高句《こうく》麗《り》（?～六六八年）のこと。韓・朝鮮半島北部から中国東北部を支配した王朝。隣国《りんごく》の新《しん》羅《ら》・百済《ひゃくさい》と対抗《たいこう》したが、六六八年に唐《とう》と新羅の連合軍《れんごうぐん》に滅《ほろ》ぼされた。

〈注18〉【高宗《こうそう》】六二八年～六八三年。中国・唐《とう》の第三代皇帝《こうてい》。太宗《たいそう》の第九子。西域《せいいき》を配下におさめ領土《りょうど》を最大にしたが、晩年《ばんねん》は病に倒《たお》れ、則天武后《そくてんぶこう》に実権《じっけん》を奪《うば》われた。

〈注19〉【則天武后《そくてんぶこう》】六二四年または六二八年～七〇五年。高宗《こうそう》の皇后《こうごう》で、中国史上唯一《しじょうゆいいつ》の女帝《じょてい》。病に倒《たお》れた高宗から実権《じっけん》を奪《うば》い、六九〇年に自《みずか》ら帝位《ていい》につき、国号を周《しゅう》（～七〇五年）と改《あらた》めた。各州《かくしゅう》に大雲寺《だいうんじ》を設置《せっち》するなど、仏教を利用して統治《とうち》を進めた。

〈注20〉【法蔵《ほうぞう》】六四三年～七一二年。中国・唐《とう》の僧《そう》。華厳教学《けごんきょうがく》の大成者《たいせいしゃ》で、華厳宗第三祖《そ》とされる。

〈注21〉【玄宗皇帝《げんそうこうてい》】六八五年～七六二年。中国・唐《とう》の第六代皇帝《こうてい》。治世《ちせい》の前半は「開元《かいげん》の治《ち》」と呼ばれる善政《ぜんせい》を行ったが、晩年《ばんねん》は楊貴妃《ようきひ》を寵愛《ちょうあい》し政治を怠《おこた》ったことから安史《あんし》の乱《らん》（七五五年～七六三年）を招《まね》き、これが王朝衰退《すいたい》のきっかけとなった。善無畏《ぜんむい》が七一六年に唐に渡って伝えた密教《みっきょう》を保護《ほご》した。

〈注22〉【善無畏三蔵《ぜんむいさんぞう》】六三七年～七三五年。東インドの王族出身の密教僧《みっきょうそう》。唐《とう》に渡《わた》り、大《だい》日経《にちきょう》・蘇悉地経《そしつじきょう》などを訳《やく》し、中国に初《はじ》めて体系的な密教をもたらした。

〈注23〉【金剛智三蔵《こんごうちさんぞう》】六七一年〜七四一年。中《ちゅう》インドあるいは南インド出身の密教僧《みっきょうそう》。唐《とう》に渡《わた》り、金剛頂経《こんごうちょうきょう》などを訳《やく》し、中国に初《はじ》めて金剛頂経系統《けいとう》の密教をもたらした。

〈注24〉【不空三蔵《ふくうさんぞう》】七〇五年〜七七四年。北インド（一説《いっせつ》にスリランカ）出身の密教僧《みっきょうそう》。金剛智《こんごうち》の弟子。唐《とう》に渡《わた》り、金剛頂経《こんごうちょうきょう》など百部百四十三巻におよぶ多くの経典を訳《やく》した。

〈注25〉【金剛頂経《こんごうちょうきょう》】漢訳《かんやく》は三種あるが、一般には中国・唐《とう》の不空《ふくう》が訳した金剛頂一切如来《こんごうちょういっさいにょらい》真実摂大乗現証大教王経《しんじつしょうだいじょうげんしょうだいきょうおうぎょう》をさす。三巻。金剛界《こんごうかい》を説《と》いた経とされ、大日経《だいにちきょう》とともに密教《みっきょう》の根本聖典《せいてん》とされる。金剛界三十七尊《こんごうかいさんじゅうしちそん》が明かされ、金剛界曼荼羅《こんごうかいまんだら》とその供養法《くようほう》などが説かれている。

〈注26〉【蘇悉地経《そしつじきょう》】詳《くわ》しくは蘇悉地羯羅経《そしつじからきょう》という。中国・唐《とう》の善無畏訳《ぜんむいやく》。三巻。成立史《せいりつし》の上からは、大日経《だいにちきょう》に先行する経典と考えられており、さまざまな密教儀礼《みっきょうぎれい》や行者《ぎょうじゃ》の規範《きはん》を説《と》いている。

〈注27〉【真言宗《しんごんしゅう》を立てた】善無畏《ぜんむい》は開元《かいげん》四年（七一六年）に唐《とう》の都《みやこ》・長安《ちょうあん》に入り、金剛智《こんごうち》は同八年（七二〇年）に広州《こうしゅう》に到着《とうちゃく》している。善無畏・金剛智・不空《ふくう》の三人はともに玄宗《げんそう》皇帝《こうてい》の保護《ほご》を受けた。

〈注28〉【大日如来《だいにちにょらい》】大日は、サンスクリットのマハーヴァイローチャナの訳《やく》。音写は摩訶《まか》毘盧遮那《びるしゃな》。大日経《だいにちきょう》・金剛頂経《こんごうちょうきょう》などに説《と》かれる密教《みっきょう》の教主《きょうしゅ》で、密厳浄土《みつごんじょうど》の仏。胎蔵《たいぞう》・金剛界《こんごうかい》の両曼荼羅《まんだら》の中心尊格。真理そのものである法身仏《ほっしんぶつ》として、すべての仏・菩薩《ぼさつ》を生み出す根本の仏とされる。

〈注29〉【印契《いんげい》と真言《しんごん》】印契は仏などを象徴《しょうちょう》する指の組み合わせ方や手の置《お》き方。真言は経典に説《と》かれる一種《いっしゅ》の呪文《じゅもん》。密教《みっきょう》では印契と真言によって仏と同一化し、仏の境地《きょうち》が得られると説いた。

〈注30〉【身《しん》・口《く》・意《い》の三密《さんみつ》】身密《しんみつ》・語密《ごみつ》・意密《いみつ》。密教《みっきょう》で説《と》く身・口・意によって行われる修行《しゅぎょう》。手に印《いん》を結び（身密）、口に真言《しんごん》を唱え（語密）、意に本尊《ほんぞん》を念《ねん》ずること（意密）。この三密の修行によって即身成仏《そくしんじょうぶつ》するとしている。

〈注31〉【華厳《けごん》】華厳経《けごんぎょう》に基《もと》づく学派《がくは》。中国・唐《とう》の初《はじ》めに杜順《とじゅん》が一宗《しゅう》を開いたとされ、弟子の智儼《ちごん》が継承《けいしょう》し、法蔵《ほうぞう》が大成《たいせい》した。日本では七四〇年、審祥《しんじょう》が初《はじ》めて華厳経を講《こう》じ、日本華厳宗の始祖《しそ》とされる。第二祖の良弁《ろうべん》は聖武天皇《しょうむてんのう》の帰依《きえ》を得て、東大寺《とうだいじ》を建立《こんりゅう》し別当《べっとう》になった。華厳の思想は時代や地域によって変容《へんよう》してきたが、鎌倉《かまくら》時代に華厳教学《きょうがく》を体系化した凝然《ぎょうねん》（一二四〇年～一三二一年）は、五教十宗《じっしゅう》の教判《きょうはん》によって華厳宗の教えを最高位の円教《えんぎょう》とし、その特徴《とくちょう》を事事無礙法界《じじむげほっかい》（あらゆる事物・事象《じしょう》が互《たが》いに妨《さまた》げることなく交流しあっているという世界観）とした。

第11段　日本に六宗《ろくしゅう》が伝来《でんらい》

（御書二六三㌻三行目～十一行目）

像法《ぞうほう》時代に入って四百年余《あま》りという時に、百済国《ひゃくさいこく》〈注1〉から一切経《いっさいきょう》〈注2〉および教主釈尊《きょうしゅしゃくそん》の木像《もくぞう》、男女の出家者《しゅっけしゃ》などが日本国へ渡《わた》ってきた〈注3〉。中国では梁《りょう》の末《すえ》で陳《ちん》の初《はじ》めに当たる。日本では神武天皇《じんむてんのう》〈注4〉から数えて第三十代の欽明天皇《きんめいてんのう》〈注5〉の時代である。欽明天皇の御子息《ごしそく》である用明天皇《ようめいてんのう》〈注6〉の皇太子《こうたいし》として上宮王子《じょうぐうおうじ》（聖徳太子《しょうとくたいし》）〈注7〉が仏法を広められただけではなく、併《あわ》せて法華経・浄名経《じょうみょうきょう》（維摩経《ゆいまきょう》）・勝鬘経《しょうまんぎょう》を鎮護国家《ちんごこっか》〈注8〉の法とお定めになった。

その後、第三十七代孝徳天皇《こうとくてんのう》〈注9〉の時代に、三論宗《さんろんしゅう》と成実宗《じょうじつしゅう》〈注10〉を観勒《かんろく》僧正《そうじょう》〈注11〉が百済国《ひゃくさいこく》から伝えた。また同じ孝徳天皇の時代に道昭法師《どうしょうほっし》〈注12〉が中国から法相宗《ほっそうしゅう》と倶舎宗《くしゃしゅう》〈注13〉を伝えた。第四十四代元正天皇《げんしょうてんのう》〈注14〉の時代に、ある僧《そう》がインドから大日経《だいにちきょう》を伝えたことがあったが、その後は弘通《ぐつう》しないで中国へ帰った。この僧は善無畏三蔵《ぜんむいさんぞう》であると言われている〈注15〉。

第四十五代聖武天皇《しょうむてんのう》〈注16〉の時代に、審祥大徳《しんじょうだいとく》〈注17〉は新羅国《しんらこく》〈注18〉から華厳宗《けごんしゅう》を伝え、良弁僧正《ろうべんそうじょう》〈注19〉と聖武天皇にお授《さず》け申し上げて、聖武天皇は東大寺《とうだいじ》〈注20〉の大仏《だいぶつ》を建立《こんりゅう》なさった。同じ聖武天皇の時代に唐《とう》の鑑真和尚《がんじんわじょう》〈注21〉が天台宗《てんだいしゅう》〈注22〉と律宗《りっしゅう》を伝えた。そのうち律宗については弘通《ぐつう》し、小乗《しょうじょう》の戒壇《かいだん》〈注23〉を東大寺に建立したが、法華宗《ほっけしゅう》のことについては、一言《ひとこと》も触《ふ》れずにお亡《な》くなりになった。

◇注　解◇

〈注1〉【百済国《ひゃくさいこく》】四世紀前半～六六〇年。韓《かん》・朝鮮《ちょうせん》半島南西部を支配した王朝。六世紀ごろに日本に仏教を公式に伝えたとされる。

〈注2〉【一切経《いっさいきょう》】仏教にかかわる経典を総称《そうしょう》する語。大蔵経《だいぞうきょう》ともいう。また一切の経・律《りつ》・論《ろん》のほか、中国、韓《かん》・朝鮮《ちょうせん》半島、日本などに渡《わた》った経文の解釈・伝記《でんき》・史録《しろく》などを編《へん》纂《さん》・結集《けつじゅう》したものをいう。

〈注3〉【日本へ渡《わた》ってきた】日本への仏教初伝《しょでん》は六世紀とされる。出典《しゅってん》により諸説《しょせつ》あるが、特に、欽明天皇《きんめいてんのう》の時代の、五五二年と五三八年の二説が知られている。

日蓮大聖人は、「千日尼御前御返事《せんにちあまごぜんごへんじ》」に「日本国には、人王《にんのう》第三十代・欽明天皇《きんめいてんのう》の御代《みよ》、同天皇の統治《とうち》十三年（五五二年）、この日本より西の百済国《ひゃくさいこく》という国から聖明王《せいめいおう》が日本国に仏法を渡《わた》した」（御書一三〇九ページ、趣意）と仰《おお》せであるのをはじめ、諸御抄《しょごしょう》で、欽明天皇十三年＝五五二年説《せつ》を用いられている。

この五五二年説《せつ》は、日本最初の勅撰《ちょくせん》の歴史書《れきししょ》である『日本書紀《にほんしょき》』に見られる。五五二年は、当時、中国で用いられていた正法《しょうほう》千年・像法《ぞうほう》五百年説にしたがうと、末法元年《まっぽうがんねん》となる。この点を指摘《してき》する学説《がくせつ》もある。『日本書紀』は、大聖人御在世《ございせ》当時から二十世紀にいたるまで、仏教伝来《でんらい》を語る史料《しりょう》として広く用いられてきた。

一方、五三八年説《せつ》は、「元興寺縁起《がんごうじえんぎ》」（伝教大師《でんぎょうだいし》の『顕戒論《けんかいろん》』で引用）や『上宮聖徳法王《じょうぐうしょうとくほうおう》帝説《ていせつ》』に見られ、近年の研究《けんきゅう》ではこちらの説が有力視《ゆうりょくし》されている。

この公伝《こうでん》以前にも、韓《かん》・朝鮮《ちょうせん》半島や中国からの渡来人《とらいじん》が私的に仏教を伝えたと考えられる。その他、継体天皇《けいたいてんのう》十六年（五二二年）に来朝した漢人の司馬達等《しばたつと》が大和国坂田原《やまとのくにさかたはら》に草堂《そうどう》を結んで本尊《ほんぞん》を安置《あんち》・礼拝《らいはい》したという記事（『扶桑略記《ふそうりゃっき》』）や、朝鮮史料《ちょうせんしりょう》から五四八年とする説《せつ》もある。

『日本書紀《にほんしょき》』によると、仏教公伝当初《こうでんとうしょ》、崇仏派《すうぶつは》の蘇我氏《そがし》と排仏派《はいぶつは》の物部氏《もののべし》が争《あらそ》い、用明天皇《ようめいてんのう》二年（五八七年）に物部氏が滅《ほろ》びて正式に仏教が受容《じゅよう》された。そして、用明天皇の皇子《おうじ》である聖徳太子《しょうとくたいし》が仏教を手厚《てあつ》く保護《ほご》し、『法華義疏《ほっけぎしょ》』などを著《あらわ》すとともに、法隆寺《ほうりゅうじ》や四天王寺《してんのうじ》などを建立《こんりゅう》したとされる。

日本仏教の興隆《こうりゅう》は寺院の建立《こんりゅう》に負《お》うところが多く、これが飛鳥《あすか》文化・天平《てんぴょう》文化の中心をなした。奈良《なら》初期には三論《さんろん》・成実《じょうじつ》・法相《ほっそう》・倶舎《くしゃ》・律《りつ》・華厳《けごん》の南都六宗《なんとろくしゅう》が出そろった。

〈注4〉【神武天皇《じんむてんのう》】日本の神話で、日本に降《お》り立った天の神の子孫《しそん》で初代天皇になったとされる。

〈注5〉【第三十代の欽明天皇《きんめいてんのう》】第二十九代とされるが、中世《ちゅうせい》では第三十代とするのが一般的であった。欽明天皇（五一〇年〜五七一年）は継体天皇《けいたいてんのう》の嫡子《ちゃくし》。在位中《ざいいちゅう》に百済《ひゃくさい》から仏法が公式に伝えられた。〈注3〉を参照。

〈注6〉**【用明天皇《ようめいてんのう》】**　第三十一代天皇。欽明天皇《きんめいてんのう》の第四皇子《おうじ》。在位《ざいい》、五八五年～五八七年。仏教を信仰することを群臣《ぐんしん》に協議《きょうぎ》させたところ、崇仏派《すうぶつは》の蘇我《そが》氏と廃仏派《はいぶつは》の物部《もののべ》氏の対立が激化《げきか》したと伝えられる。聖徳太子《しょうとくたいし》は同天皇の第二皇子《おうじ》である。

〈注7〉**【上宮王子《じょうぐうおうじ》（聖徳太子《しょうとくたいし》）】**　五七四年～六二二年。飛鳥《あすか》時代の政治家。厩戸皇子《うまやどのおうじ》・豊聡耳皇子《とよとみみのみこ》・上宮王ともいう。聖徳太子とは後代における呼称《こしょう》。用明天皇《ようめいてんのう》の第二皇子。四天王寺《してんのうじ》や法隆寺《ほうりゅうじ》を造営《ぞうえい》し、法華経・勝鬘経《しょうまんぎょう》・維摩経《ゆいまきょう》の注釈書《ちゅうしゃくしょ》である三経義疏《さんきょうぎしょ》を作ったと伝えられている。これらの業績《ぎょうせき》が、実際に聖徳太子自身の手によるものであるか否《いな》かは、今後の研究《けんきゅう》に委《ゆだ》ねられている。ただし、妃《ひ》の橘大郎女《たちばなのおおいらつめ》に告《つ》げた、「世間は虚仮《こけ》なり、唯《ただ》、仏のみ是《こ》れ真なり」という太子の言葉が残されていて、ここから仏教への深い理解とたどり着いた境地《きょうち》がうかがわれる。

〈注8〉**【鎮護国家《ちんごこっか》】**　仏法によって災難《さいなん》を鎮《しず》め国家を護《まも》ること。国王がその経を受持《じゅじ》すれば諸天善神《しょてんぜんじん》に守護《しゅご》されるとする護国《ごこく》思想を説《と》く経典が、朝廷《ちょうてい》や貴族《きぞく》の間で重視《じゅうし》され、講説《こうせつ》・祈禱《きとう》に用《もち》いられた。

〈注9〉**【孝徳天皇《こうとくてんのう》】**　五九七年～六五四年。中臣鎌足《なかとみのかまたり》や中大兄皇子《なかのおおえのおうじ》とともに大化《たいか》の改新《かいしん》を行い、中央集権的《ちゅうおうしゅうけんてき》な国家体制を築《きず》いた。初《はじ》めて元号《げんごう》を定め、六四五年から「大化」とした。

〈注10〉**【成実宗《じょうじつしゅう》】**　インドの訶梨跋摩《かりばつま》（ハリーヴァルマン）の『成実論《じょうじつろん》』に基《もと》づく学派。鳩《く》摩羅什《まらじゅう》によって『成実論』が漢訳《かんやく》されると、羅什門下の僧叡《そうえい》・僧導《そうどう》らによって研究《けんきゅう》が盛《さか》んに行われた。日本では南都六宗《なんとろくしゅう》の一つであるが、三論宗《さんろんしゅう》に付随《ふずい》する寓宗《ぐうしゅう》（他に寄寓《きぐう》する宗《しゅう》）である。

〈注11〉【観勒僧正《かんろくそうじょう》】生没年不詳《せいぼつねんふしょう》。百済《ひゃくさい》出身の僧《そう》。六〇二年に来日して元興寺《がんごうじ》に住み、三論宗《さんろんしゅう》・成実宗《じょうじつしゅう》を伝えた。国家が仏教を統制《とうせい》するため任命《にんめい》した僧官《そうかん》を僧綱《そうごう》というが、六二四年に日本最初の僧綱として僧正《そうじょう》に任命《にんめい》された。

〈注12〉【道昭法師《どうしょうほっし》】六二九年〜七〇〇年。日本法相宗《ほっそうしゅう》の開祖《かいそ》。唐《とう》に渡《わた》り玄奘《げんじょう》に師事《しじ》し、法相教学《そうきょうがく》（または摂論《しょうろん》）を学んだ。経論《きょうろん》を携《たずさ》えて帰朝し、元興寺《がんごうじ》で法相宗を広めた。弟子に行基《ぎょうき》がいる。

〈注13〉【倶舎宗《くしゃしゅう》】世親《せしん》（ヴァスバンドゥ）の『倶舎論《くしゃろん》』に基《もと》づく学派。南都六宗《なんとろくしゅう》の一つに数えられるが、法相宗《ほっそうしゅう》に付随《ふずい》する寓宗《ぐうしゅう》である。

〈注14〉【元正天皇《げんしょうてんのう》】六八〇年〜七四八年。第四十四代天皇。元明天皇《げんめいてんのう》の娘。在位中《ざいいちゅう》の七二〇年、日本最初の勅撰《ちょくせん》の歴史書である『日本書紀《にほんしょき》』が完成した。

〈注15〉【この僧《そう》は善無畏三蔵《ぜんむいさんぞう》であると言われている】中世に広く知られていた伝承《でんしょう》であるが、年代も合わず史実《しじつ》ではない。中世の歴史書『扶桑略記《ふそうりゃっき》』などにも記されている。

〈注16〉【聖武天皇《しょうむてんのう》】七〇一年〜七五六年。第四十五代天皇。鎮護国家《ちんごこっか》の思想に基《もと》づき、国立寺院《こくりつじいん》として国分寺《こくぶんじ》・国分尼寺《こくぶんにじ》を諸国《しょこく》に建立《こんりゅう》し、また東大寺《とうだいじ》の大仏《だいぶつ》を造営《ぞうえい》させた。奈良《なら》時代の平城京《へいじょうきょう》を中心とした貴族《きぞく》文化を、聖武天皇の時代の元号《げんごう》をとって天平《てんぴょう》文化という。

〈注17〉【審祥大徳《しんじょうだいとく》】?～七四二年。奈良《なら》時代の学僧《がくそう》。日本華厳宗《けごんしゅう》の初祖《しょそ》とされる。「新羅《しんら》学生」と記録されていることから、新羅に学びにいった日本僧と推測される。唐《とう》の法蔵《ほうぞう》に華厳教学《きょうがく》を学び、帰国して大安寺《だいあんじ》に居住する。七四〇年、良弁《ろうべん》の請《こ》いにより金鐘寺《きんしょうじ》（東大寺《とうだいじ》の前身）で華厳経《けごんぎょう》を講義《こうぎ》し、聖武天皇《しょうむてんのう》の外護《げご》を受けて華厳宗を広めた。「大徳」は大いなる徳《とく》を有する人の意で、僧への敬称《けいしょう》。

〈注18〉【新羅国《しんらこく》】?～九三五年。四世紀ごろから韓《かん》・朝鮮《ちょうせん》半島の南東部を支配した王朝。建国《けんこく》以来、隣国《りんごく》の百済《ひゃくさい》・高句麗《こうくり》と対抗《たいこう》してきたが、七世紀後半に初《はじ》めて半島に統一《とういつ》国家をつくった。

〈注19〉【良弁僧正《ろうべんそうじょう》】六八九年～七七三年。奈良《なら》時代の華厳宗《けごんしゅう》第二祖《そ》。審祥《しんじょう》を招《まね》いて華厳経講《けごんぎょうこう》を開き、大仏造立《だいぶつぞうりゅう》の機縁《きえん》をつくった。また金光明最勝王経講《こんこうみょうさいしょうおうきょうこう》や法華会《ほっけえ》を開いて仏教の宣揚《せんよう》をはかり、聖武天皇《しょうむてんのう》の保護《ほご》を受けた。東大寺《とうだいじ》の創建《そうけん》に尽力《じんりょく》し、初代《しょだい》の別当《べっとう》に任《にん》じられている。

〈注20〉【東大寺《とうだいじ》】奈良市雑司町《ならしぞうしちょう》にある華厳宗《けごんしゅう》の総本山《そうほんざん》。金光明四天王護国之寺《こんこうみょうしてんのうごこくのてら》ともいう。南都七大寺《なんとしちだいじ》の一つ。七四三年、聖武天皇《しょうむてんのう》の詔《みことのり》により大仏造立《だいぶつぞうりゅう》が開始されたが、この事業と国分寺建立《こくぶんじこんりゅう》が一体となり、総国分寺《そうこくぶんじ》としての東大寺に発展した。

大仏造立《だいぶつぞうりゅう》は、初代別当《しょだいべっとう》であった良弁《ろうべん》の総指揮《そうしき》のもと行基《ぎょうき》を勧進僧《かんじんそう》とし、七五二年に菩提僊那《ぼだいせんな》の導師《どうし》で開眼供養《かいげんくよう》が行われた。これが本尊《ほんぞん》の毘盧遮那仏《びるしゃなぶつ》で、像高《ぞうこう》約一五メートル（現在）、鋳造《ちゅうぞう》の金銅仏《こんどうぶつ》である。七五四年には大仏殿《だいぶつでん》の西に鑑真《がんじん》が戒壇院《かいだんいん》を造営《ぞうえい》した。

〈注21〉【鑑真和尚《がんじんわじょう》】六八八年〜七六三年。中国・唐《とう》の僧《そう》で、日本律宗《りっしゅう》の開祖《かいそ》。天平勝宝《てんぴょうしょうほう》五年（七五三年）に来日し、律（出家教団《しゅっけきょうだん》の規則《きそく》）にもとづく正式な授戒《じゅかい》出家の方式を伝えた。また、天台大師智顗《てんだいだいしちぎ》の著作を含《ふく》むさまざまな文献《ぶんけん》をもたらした。

〈注22〉【天台宗《てんだいしゅう》】「天台宗」とは、ここでは、来日した鑑真《がんじん》によって伝えられた天台宗の教えのこと。日本における一宗派《しゅうは》としての天台宗は、平安《へいあん》初期、伝教大師最澄《でんぎょうだいしさいちょう》の時代に公認《こうにん》された。

〈注23〉【小乗《しょうじょう》の戒壇《かいだん》】戒とは、仏道修行者《ぶつどうしゅぎょうしゃ》が自《みずか》ら誓《ちか》い課《か》した戒《いまし》め。教団規則《きょうだんきそく》である律《りつ》（ヴイナヤ）とは異なるが、東アジアでは同一視された。そして戒壇とは、沙弥《しゃみ》（見習い僧《そう》）が正式な僧となるために戒を受ける儀式を行う場所のこと。この戒壇で、受戒する者は戒師の前で戒律の遵守《じゅんしゅ》を誓う。

日本では、聖武天皇《しょうむてんのう》の時代に鑑真《がんじん》が招来《しょうらい》されて、東大寺《とうだいじ》に戒壇《かいだん》が建立《こんりゅう》されて授戒《じゅかい》が始まり、律《りつ》の規定《きてい》に基《もと》づく正式な僧《そう》を作れるようになった。伝教大師《でんぎょうだいし》は、この戒壇が『四分律《しぶんりつ》』に基づく小乗《しょうじょう》の戒壇であるとし、大乗《だいじょう》の菩薩《ぼさつ》の僧を作るために具足戒《ぐそくかい》を用《もち》いず梵網経《ぼんもうきょう》に基づく菩薩戒の授戒を主張《しゅちょう》した。そして、比叡山延暦寺《ひえいざんえんりゃくじ》に大乗戒壇の建立を訴《うった》え、死の直後に勅許《ちょっきょ》され、法華円頓《ほっけえんどん》戒壇が建立された。日蓮大聖人はこれを法華経迹門《しゃくもん》の戒壇と位置づけられた。

第12段　天台法華宗《てんだいほっけしゅう》の弘通《ぐつう》

（御書二六三ジペー十一行目〜二六四ジペー十三行目）

その後、第五十代、像法《ぞうほう》時代に入って八百年に当たる桓武天皇《かんむてんのう》〈注1〉の時代に、最澄《さいちょう》という一介《いっかい》の僧《そう》が現《あらわ》れた。後《のち》には伝教大師《でんぎょうだいし》とお呼び申し上げた。最澄《さいちょう》は、初《はじ》めは三論《さんろん》・法相《ほっそう》・華厳《けごん》・倶舎《くしゃ》・成実《じょうじつ》・律《りつ》の六宗《ろくしゅう》および禅宗《ぜんしゅう》〈注2〉などを、行表僧正《ぎょうひょうそうじょう》〈注3〉らに学ばれたが、自分でお建《た》てになった国昌寺《こくしょうじ》（後《のち》に比《ひ》叡山《えいざん》と呼ばれた）〈注4〉で、六宗のよりどころである経典や論書《ろんしょ》とそれぞれの宗で重んじられている高僧《こうそう》たちの注釈《ちゅうしゃく》とを照《て》らし合わせてご覧《らん》になったところ、それら各宗《かくしゅう》で重んじられている高僧たちの注釈が、根拠《こんきょ》としている経典や論書に相違《そうい》していることが多い上、誤《あやま》った考えが多く、このようなものを信受《しんじゅ》する人はみな悪道《あくどう》に堕《お》ちるにちがいないとお考えになった。その上、法華経の真義《しんぎ》については、それぞれの宗派《しゅうは》の人々が、わが宗も覚《さと》った、わが宗も覚ったと自画自賛《じさん》しているが、そうした主張《しゅちょう》は真実ではなかった。

最澄《さいちょう》は、このことを言えば、騒動《そうどう》が起きるだろうし、また黙《だま》って何も言わなければ、仏の制止《せいし》〈注5〉に背《そむ》くことになる、と思い悩まれたが、ついに仏の戒《いまし》めに背くことを恐《おそ》れて桓武天皇《かんむてんのう》にこのことを申し上げたところ、天皇は驚《おどろ》かれ、六宗《ろくしゅう》の学識豊《がくしきゆた》かな僧《そう》を招《まね》いて最澄に対面させた。

六宗《ろくしゅう》の学者たちは、初《はじ》めは慢心《まんしん》が山のように高く、反感と憎悪《ぞうお》は毒蛇《どくじゃ》のようであったが、ついに天皇《てんのう》の前で最澄《さいちょう》に屈服《くっぷく》させられ、六宗・七寺《しちじ》はそろって最澄の弟子となった。同様の例《れい》を挙《あ》げれば、中国の南三北七《なんさんほくしち》の諸師《しょし》が、陳《ちん》の国王の宮殿《きゅうでん》で天台大師《てんだいだいし》に屈服させられ、その弟子となったようなものである。

しかし、六宗《ろくしゅう》の人々が最澄《さいちょう》の弟子になったといっても、まだ円定《えんじょう》・円慧《えんね》〈注

6〉を受け入れただけであった。最澄は、天台大師《てんだいだいし》がまだ批判《ひはん》されていなかった小乗《しょうじょう》の別受戒《べつじゅかい》〈注7〉について、大乗《だいじょう》の戒よりも劣《おと》ったものであることを認《みと》めさせ、六宗の八人の高僧《こうそう》に梵網経《ぼんもうきょう》の大乗別受戒〈注8〉を授《さず》けられただけではなく、法華経に基《もと》づく円頓戒《えんどんかい》の別受戒〈注9〉を比叡山《ひえいざん》に創始《そうし》されたので、延暦寺《えんりゃくじ》の円頓戒の別受戒は日本第一であるだけではなく、仏が亡《な》くなられた後一千八百年余《あま》りの間、インド・中国・全世界にそれまでなかった、霊鷲山《りょうじゅせん》で説《と》かれた法華経に基づく大戒《だいかい》が日本国に始まったのである。

それ故《ゆえ》、伝教大師《でんぎょうだいし》は、その功績《こうせき》を論ずるなら、竜樹《りゅうじゅ》・天親《てんじん》にも超え、天台《てんだい》・妙楽《みょうらく》よりも優《すぐ》れていらっしゃる聖人《しょうにん》である。

それ故《ゆえ》、日本国の現在の東寺《とうじ》・園城寺《おんじょうじ》・七大寺《しちだいじ》、諸国《しょこく》の八宗《はっしゅう》〈注10〉・浄土《じょうど》宗《しゅう》・禅宗《ぜんしゅう》・律宗《りっしゅう》などのあらゆる僧《そう》たちのうち、誰が、伝教大師《でんぎょうだいし》の円戒《えんかい》に背《そむ》くことがあるだろうか。中国全土のあらゆる僧たちは、円定《えんじょう》と円慧《えんね》については天台《てんだい》の弟子のようであるが、円頓戒《えんどんかい》に統一《とういつ》して授《さず》ける戒壇《かいだん》は中国にないので、戒においては天台の弟子にならない者もいただろう。しかし、この日本国では、伝教大師の弟子でない者は外道《げどう》であり、悪人である。

しかしながら、中国・日本の天台宗《てんだいしゅう》と真言《しんごん》の教え〈注11〉の勝劣《しょうれつ》については、伝教大師《でんぎょうだいし》は内心ではご存知《ぞんじ》であったようだが、六宗《ろくしゅう》と天台宗の勝劣を論じた時のように公《おおやけ》の場で勝負を決することがなかったためか、伝教大師以後は東寺《とうじ》・七寺《しちじ》・園城寺《おんじょうじ》といった諸寺《しょじ》、さらに日本全国で一様に、「真言宗は天台宗より優《すぐ》れている」と、天皇《てんのう》から民衆に至《いた》るまでのすべての人が思うようになった。

そういうわけで、天台法華宗《てんだいほっけしゅう》が実際に存在していたのは、伝教大師《でんぎょうだいし》の時だけであったのである。この伝教大師の時は、像法《ぞうほう》時代の末《すえ》であり、大集経《だいじっきょう》で説《と》く多造塔寺堅固《たぞうとうじけんご》の時である。これはまだ「私が説いた教えの中で、争《あらそ》いや口論《こうろん》が起きて、白法《びゃくほう》が消えうせるだろう〔於我法中《おがほうちゅう》・闘諍言訟《とうじょうごんしょう》・白法隠没《びゃくほうおんもつ》〕」と仏が予言された時には該当《がいとう》しない。

◇注　解◇

〈注1〉【桓武天皇《かんむてんのう》】七三七年〜八〇六年。第五十代天皇。光仁《こうにん》天皇の第一皇子《おうじ》。律令《りつりょう》政治を立て直すため、長岡京《ながおかきょう》、平安京《へいあんきょう》への遷都《せんと》を行《おこな》った。

〈注2〉【禅宗《ぜんしゅう》】座禅《ざぜん》によって無念無想《むねんむそう》となることで覚《さと》りを得られると主張《しゅちょう》する宗派《しゅうは》。菩提《ぼだい》達磨《だるま》を祖《そ》とし、中国・唐《とう》以後に盛《さか》んになり、多くの派が生まれた。日本には奈良《なら》時代に伝えられたが伝承《でんしょう》が途絶《とだ》え、平安末期《へいあんまっき》にいたって大日能忍《だいにちのうにん》や栄西《えいさい》によって宗派として樹立《じゅりつ》された。

〈注3〉【行表僧正《ぎょうひょうそうじょう》】七二四年〜七九七年。奈良末期《ならまっき》の三論宗《さんろんしゅう》の学僧《がくそう》。近江国《おうみのくに》（滋賀県《しがけん》）で、その国の僧尼《そうに》を監督《かんとく》する国師《こくし》を務《つと》めた。伝教大師《でんぎょうだいし》最澄《さいちょう》の授戒《じゅかい》の師でもある。

〈注4〉【国昌寺《こくしょうじ》（比叡山《ひえいざん》）】伝教大師《でんぎょうだいし》が出家《しゅっけ》・得度《とくど》し所属《しょぞく》していた寺で、近江国分寺《おうみこくぶんじ》とされる。日蓮大聖人の時代には、伝教大師が比叡山に建《た》てた草庵《そうあん》であり、延暦寺《えんりゃくじ》の前身である比叡山寺であるという伝承《でんしょう》があったと思われる。

〈注5〉【仏の制止《せいし》】御書本文は「仏誓《ぶっせい》」（二六三㌻）。「仏誓」とは仏の誓願《せいがん》をいう。しかし、文脈《ぶんみゃく》から言えば、この「仏誓」は、次下《つぎしも》の「仏《ほとけ》の誡《いましめ》」と同じ意味であり、仏の定めた戒《かい》という意味をもつ「仏制《ぶっせい》」の音通《おんつう》と考えられる。

実際、日蓮大聖人は、「制」の字を「誓」の字で記されている場合がある。「これ偏《ひとえ》に依《え》法《ほう》不《ふ》依《え》人《にん》の仏の誓戒《せいかい》をそむいて……」（御真筆《ごしんぴつ》の断簡《だんかん》）、「鈍根《どんこん》は持戒之《じかいこれ》を誓止《せいし》す」（「常忍《じょうにん》抄《しょう》」、御真筆が現存《げんそん》）などがその例である。ちなみに「常忍抄」の「誓止す」は、御書全集では「制止《せいし》す」（九八二㌻）と改《あらた》められている。

〈注6〉【円定《えんじょう》・円慧《えんね》】戒《かい》・定《じょう》・慧《え》の三学《さんがく》のうち、法華経の円教《えんぎょう》に基《もと》づく定・慧のこと。定は瞑想《めいそう》の実践で、慧は真理を思索《しさく》すること。天台大師智顗《てんだいだいしちぎ》の説《と》いた止観《しかん》の修行《しゅぎょう》では、止が定にあたり、観が慧にあたる。

〈注7〉【別受戒《べつじゅかい》】大乗《だいじょう》の菩薩戒《ぼさつかい》には、①摂律儀戒《しょうりつぎかい》（仏の定めた一切《いっさい》の戒律《かいりつ》を守って悪を防ぐこと）②摂善法戒《しょうぜんぼうかい》（身口意《しんくい》にわたり進んで一切の善法《ぜんぼう》を修《おさ》めること）③摂衆生戒《しょうしゅじょうかい》（一切衆生を教化《きょうけ》し利益《りやく》を施《ほどこ》すよう努《つと》めること）の三聚浄戒《さんじゅじょうかい》がある。これら三つをまとめて受けることを通受《つうじゅ》、摂律儀戒だけを受けることを別受という。ここで述べられた「小乗の別受戒」とは、『四分律《しぶんりつ》』に定められた二百五十戒などの具足戒《ぐそくかい》を、この大乗受戒の通別をふまえて表現されたものと考えられる。

〈注8〉【梵網経《ぼんもうきょう》の大乗別受戒《だいじょうべつじゅかい》】伝教大師《でんぎょうだいし》は別受戒において、梵網経に説《と》かれる戒を用《もち》いることを主張《しゅちょう》した。梵網経は大乗の菩薩《ぼさつ》が守るべき戒を説き、中国・日本で重視された。下巻には、不殺生《ふせっしょう》など十の重大な戒として十重禁戒《じゅうじゅうごんかい》、不飲酒戒《ふおんじゅかい》など軽微《けいび》な四十八の罪に対する戒として四十八軽戒《しじゅうはちきょうかい》が説かれる。

〈注9〉【円頓戒《えんどんかい》の別受戒《べつじゅかい》】法華経に基《もと》づく天台宗独自《てんだいしゅうどくじ》の戒のこと。伝教大師《でんぎょうだいし》が主張《しゅちょう》した大《だい》乗戒壇《じょうかいだん》では、円融円満《えんゆうえんまん》な（完全な）頓極頓証《とんごくとんしょう》（速やかに覚《さと》りを開く）である法華経の教えに基《もと》づき、法華経の結経《けっきょう》である普賢経《ふげんぎょう》によって受戒《じゅかい》の儀式《ぎしき》を行ったので、円頓戒と呼ばれた。ただし、具体的な戒の項目《こうもく》は梵網戒《ぼんもうかい》（前注参照）を用いた。

〈注10〉【諸国《しょこく》の八宗《はっしゅう》】三論《さんろん》・成実《じょうじつ》・法相《ほっそう》・倶舎《くしゃ》・華厳《けごん》・律《りつ》の南都六宗《なんとろくしゅう》に天台《てんだい》・真言《しんごん》を加えた八宗。

〈注11〉【真言《しんごん》の教え】御書本文は「真言」（二六四㌻、御真筆《ごしんぴつ》に同じ）。真言の教え（密教《みっきょう》）は、断片的《だんぺんてき》には奈良《なら》時代から日本に伝えられていたが、体系的には空海《くうかい》（弘法《こうぼう》）によって伝来《でんらい》された。伝教大師《でんぎょうだいし》は、真言の教えを学んだが、独立《どくりつ》した「宗《しゅう》」とはせず、密教は法華経を根本とする天台法華宗《てんだいほっけしゅう》の中で仏教を体系的に学ぶための一要素《いちようそ》として用《もち》いた。それ故《ゆえ》、日蓮大聖人もここでは「真言宗」ではなく「真言」とのみ記されている。伝教大師の没後、空海が真言密教を独立《どくりつ》した真言宗として確立し、天皇《てんのう》や貴族《きぞく》などにも広く重んじられるようになっていった。天台宗の中でも、密教を重んじる傾向《けいこう》が強まり、第三代座主《ざす》の円仁《えんにん》（慈覚《じかく》）や第五代座主の円珍《えんちん》（智証《ちしょう》）らが天台宗の重要な柱として重んじ、天台宗の密教化が進んでいった。

第13段　大白法《だいびゃくほう》が流布《るふ》するのは必然《ひつぜん》

（御書二六四ジペー十四行目～二六五ジペー八行目）

今は末法《まっぽう》に入って二百年余《あま》りが過《す》ぎ、大集経《だいじっきょう》で「私が説《と》いた教えの中で、争《あらそ》いや口論《こうろん》が起きて、白法《びゃくほう》が消えうせるだろう」と予言された時に当たっている。仏の言葉が真実であるなら、間違いなくこの世界に争いが起こるはずの時期である。

伝え聞くところによれば、中国の三百六十カ国、二百六十余《あま》りの州はすでに蒙古国《もうここく》〈注1〉との戦いに敗北《はいぼく》したという。都《みやこ》はすでに征服《せいふく》されて徽宗《きそう》〈注2〉・欽宗《きんそう》〈注3〉の二人の皇帝《こうてい》は北方《ほっぽう》の異民族《いみんぞく》〈注4〉に生《い》け捕《ど》りにされ、韃靼《だったん》の地

〈注5〉でそのままお亡《な》くなりになった。徽宗の孫である高宗皇帝《こうそうこうてい》〈注6〉は長安《ちょうあん》をも陥落《かんらく》させられ、田舎《いなか》である臨安行在府《りんあんあんざいふ》〈注7〉にお逃《に》げになり、その後の宋《そう》〈注8〉の皇帝は現在まで何年もの間、かつての都を見たことがない〈注9〉。高麗《こうらい》の六百カ国余《あま》りも新羅《しんら》や百済《ひゃくさい》などの諸国《しょこく》もみな、大蒙古国《だいもうここく》の皇帝《こうてい》〈注10〉に攻《せ》められた。今の日本国の壱岐《いき》・対馬《つしま》〈注11〉および九州《きゅうしゅう》のようなものである。「闘諍堅固《とうじょうけんご》」と予言された仏の言葉は決してうそではなかった。まるで大海《たいかい》の潮《しお》の満《み》ち干《ひ》は、その時になれば必ず起こるようなものである。

このことから考えると、大集経《だいじっきょう》で説《と》く白法隠没《びゃくほうおんもつ》の時に続いて、法華経の大白《だいびゃく》法《ほう》が、日本国および全世界に広宣流布することも疑《うたが》いないことではないか。

この大集経《だいじっきょう》は、仏の説《と》いた教えの中では権大乗《ごんだいじょう》の経なのである。生死《しょうじ》の苦悩から脱《のが》れる道としては、法華経との結縁《けちえん》〈注12〉がない者にとってはまだ真実が明かされてはいないが、六道《ろくどう》や四生《ししょう》〈注13〉、三世《さんぜ》のことについて記されていることは、少しの間違いもなかったのである。

まして法華経について言えば、釈尊《しゃくそん》は「これから真実を説《と》く〈要当説真実《ようとうせっしんじつ》〉」（方便品《ほうべんぽん》）と明らかにし、多宝仏《たほうぶつ》はその説法《せっぽう》を「真実である」（見宝塔品《けんほうとうほん》）と保証《ほしょう》し、十方《じっぽう》の世界の仏たちは広く長い舌《した》を梵天《ぼんてん》まで伸《の》ばして「真実である」とはっきり示し、釈尊《しゃくそん》は先の言葉に加えて、うそを語ることのない舌を色究竟天《しきくきょうてん》〈注14〉にまで伸ばされて「後《のち》の五百年に仏法がすべて滅《ほろ》びる時、上行菩薩《じょうぎょうぼさつ》〈注15〉に妙法蓮華経《みょうほうれんげきょう》の五字《ごじ》をもたせて、謗法《ほうぼう》・一闡提《いっせんだい》〈注16〉という白癩病《びゃくらいびょう》の者たちの良薬《りょうやく》にしよう」と、梵天・帝釈天《たいしゃくてん》・日天《にってん》・月天《がってん》・四天王《してんのう》・竜神《りゅうじん》などに命じられたお言葉が、うそであることがあるだろうか。大地がひっくりかえったとしても、高山《こうざん》が崩《くず》れ落ちたとしても、春の後に夏が来なかったとしても、太陽が東に沈《しず》んだとしても、月が大地に落下したとしても、このことは確実なのである。

◇注　解◇

〈注1〉【蒙古国《もうここく》】モンゴル帝国《ていこく》のことであるが、直接的には元《げん》（大元《だいげん》）のこと。チンギス・カンによって創始《そうし》されたモンゴル帝国《ていこく》はユーラシア全域にわたる広大な領域《りょういき》を支配したが、フビライ（クビライ）が第五代皇帝《こうてい》に即位《そくい》したのを機に分裂《ぶんれつ》した。フビライの支配領域は中国を中心とするようになり、一二七一年に国の名前を「大元」とした。

〈注2〉【徽宗《きそう》】一〇八二年～一一三五年。中国・北宋《ほくそう》の第八代皇帝《こうてい》。子の欽宗《きんそう》とともに金《きん》の軍《ぐん》に捕《と》らえられた。金は、ツングース系《けい》の女真人《じょしんじん》が北東アジアに建国《けんこく》した王国で、華北《かほく》地域に進出し北宋を滅《ほろ》ぼした。

〈注3〉【欽宗《きんそう》】一一〇〇年～一一六一年。中国・北宋《ほくそう》の第九代皇帝《こうてい》。金軍《きんぐん》に都《みやこ》・開封《かいほう》を包《ほう》囲《い》された際《さい》、父の徽宗《きそう》から帝位《ていい》を譲《ゆず》られた。

〈注4〉【北方《ほっぽう》の異民族《いみんぞく》】中国東北部を本拠《ほんきょ》とするツングース系《けい》の女真族《じょしんぞく》のこと。金《きん》（一一一五年～一二三四年）を建国《けんこく》し、南下して宋《そう》の北半分を占領《せんりょう》した。これを受けて宋の欽宗《きんそう》の弟・高宗《こうそう》は、江南《こうなん》の臨安《りんあん》（後《のち》の杭州《こうしゅう》）に都《みやこ》を移《うつ》して南宋《なんそう》を建国した。

〈注5〉【韃靼《だったん》の地】韃靼とは、タタールの音写。八～十三世紀初期にかけてモンゴル高原に住んでいたモンゴル系《けい》民族の一部族の名であるが、ここでは、広く北方の異民族をいい、具体的にはツングース系の女真人《じょしんじん》のことで、その王朝である金《きん》の支配地域を指している。

〈注6〉**【高宗皇帝《こうそうこうてい》】**一一〇七年～一一八七年。中国・南宋《なんそう》の初代《しょだい》皇帝。徽宗《きそう》の第九子。徽宗および欽宗《きんそう》が金《きん》の軍勢《ぐんぜい》に捕《と》らえられたために即位《そくい》した。臨安《りんあん》を暫定的《ざんていてき》に首都《しゅと》とし、金と和議《わぎ》を結び、南宋の基礎《きそ》を築《きず》いた。

〈注7〉**【臨安行在府《りんあんあんざいふ》】**中国・南宋《なんそう》の都《みやこ》。浙江省杭州《せっこうしょうこうしゅう》。行在府は臨時《りんじ》の都のこと。

〈注8〉**【宋《そう》】**九六〇年～一二七九年。中国・唐《とう》以降の五代十国《ごだいじっこく》による分裂《ぶんれつ》を統一《とういつ》した王朝。建国《けんこく》から都《みやこ》が開封《かいほう》にあった時代を北宋《ほくそう》、一一二七年に金《きん》の侵入《しんにゅう》（靖康《せいこう》の変《へん》）を受け江南《こうなん》の臨安《りんあん》に遷都《せんと》した時代を南宋《なんそう》という。文治《ぶんち》主義による君主独裁制《くんしゅどくさいせい》で内政《ないせい》の安定を図ったが、対外的《たいがいてき》には軍事力《ぐんじりょく》の低下《ていか》から周辺《しゅうへん》民族に圧迫《あっぱく》され、一二七九年、蒙古《もうこ》に滅《ほろ》ぼされた。仏教では浄土教《じょうどきょう》や禅宗《ぜんしゅう》が栄《さか》えた。また宋初期の太祖《たいそ》・太宗《たいそう》などが大蔵経《だいぞうきょう》を刊行《かんこう》し、唐《とう》の仏教文化の再興《さいこう》を図った。

〈注9〉**【徽宗《きそう》の孫である高宗皇帝《こうそうこうてい》は長安《ちょうあん》をも陥落《かんらく》……かつての都《みやこ》を見たことがない】**高宗は徽宗の第九子であるが、徽宗、欽宗《きんそう》、高宗と続く即位《そくい》の順《じゅん》から「孫」と言われたものか。また、北宋《ほくそう》時代の都は開封《かいほう》である。長安《ちょうあん》は唐《とう》の時代の都であるが、都の別称《べっしょう》として用《もち》いられたものと考えられる。南宋《なんそう》の都は臨安《りんあん》であるが、ここでは「開封」を指すと考えられるため、「かつての都」と意訳《いやく》した。

〈注10〉**【大蒙古国《だいもうここく》の皇帝《こうてい》】**元《げん》の初代《しょだい》皇帝、モンゴル帝国《ていこく》の第五代皇帝であるフビライ・ハン（一二一五年～一二九四年）のこと。高麗《こうらい》は元の属国《ぞっこく》となり、元の日本遠征《えんせい》の拠点《きょてん》となった。

〈注11〉**【壱岐《いき》・対馬《つしま》】** 壱岐は長崎県《ながさきけん》北部にある島。さらにその北西にある島が対馬である。二島は、九州《きゅうしゅう》と韓《かん》・朝鮮《ちょうせん》半島の中間に位置し、大陸《たいりく》との交易《こうえき》の窓口《まどぐち》となった。文永《ぶんえい》十一年（一二七四年）十月の蒙古襲来《もうこしゅうらい》（文永の役《えき》）で、壱岐は守護代《しゅごだい》の平景隆《たいらのかげたか》、対馬は守護代の宗資国《そうすけくに》はじめほとんど全滅《ぜんめつ》し、九州も大きな被害《ひがい》を受けた。

〈注12〉**【結縁《けちえん》】** 仏法に縁《えん》を結ぶこと。未来に得道《とくどう》するための縁を作ること。

〈注13〉**【六道《ろくどう》や四生《ししょう》】** 六道は、十界《じっかい》の境涯《きょうがい》のうち、地獄《じごく》・餓鬼《がき》・畜生《ちくしょう》・修羅《しゅら》・人《にん》・天《てん》の六つのこと。仏教の修行《しゅぎょう》を行わない凡夫《ぼんぷ》は、この迷《まよ》いに満《み》ちた六道で生死《しょうじ》を繰《く》り返《かえ》すとされ、これを六道輪廻《ろくどうりんね》という。

四生《ししょう》は、生き物の四つの生まれ方のことで、これであらゆる生き物のことを指す。①胎生《たいしょう》（母胎《ぼたい》から生まれる）②卵生《らんしょう》（卵《たまご》から生まれる）③湿生《しっしょう》（蛆《うじ》などのように湿《しめ》ったところに発生する）④化生《けしょう》（神々などのように、過去の自《みずか》らの業《ごう》の力《ちから》によって身体を形成《けいせい》して生まれる）の四つ。

〈注14〉**【色究竟天《しきくきょうてん》】** 色界《しきかい》は十八の階層からなり、かつ四つの禅定《ぜんじょう》の修行《しゅぎょう》に応《おう》じて四層《そう》（四禅天《しぜんてん》）に分類されるが、その最上に位置する天を色究竟天という。色究竟天を超えると、物質的《ぶっしつてき》な領域《りょういき》（色《しき》）を超越《ちょうえつ》した精神的な世界である無色界《むしきかい》に入る。第6段〈注13〉を参照。

〈注15〉【上行菩薩《じょうぎょうぼさつ》】法華経従地涌出品《じゅうじゆじゅっぽん》第十五で出現した地涌《じゆ》の菩薩の上首《じょうしゅ》（リーダー）の一人。釈尊《しゃくそん》が亡《な》くなった後の法華経の弘通《ぐつう》を託《たく》された。

〈注16〉【一闡提《いちせんだい》】サンスクリットのイッチャンティカの音写。誤《あやま》った欲望《よくぼう》や考えにとらわれて正しい教えを信じようとしない人。

第14段　法華経の行者《ぎょうじゃ》の師徳《しとく》

（御書二六五㌻八行目～二六六㌻十四行目）

このことが確実であるなら、闘諍堅固《とうじょうけんご》の時、日本国の王や臣下《しんか》、さらには民衆に至るまでの人々が、仏の使者として南無妙法蓮華経《なんみょうほうれんげきょう》を広めようとする者を、罵倒《ばとう》したり、悪口《わるくち》を言ったり、流罪《るざい》に処《しょ》したり、棒《ぼう》でたたいたり、石を投《な》げたりし、さらにその弟子や従者《じゅうしゃ》たちをさまざまな苦難《くなん》にあわせる。そうした人々が、どうして安穏《あんのん》であるだろうか。

このように言えば、愚《おろ》かな者は、私が敵対《てきたい》する人々のことを呪《のろ》っていると思うにちがいない。

法華経を広める者は、日本国のあらゆる衆生《しゅじょう》の父母である。章安大師《しょうあんだいし》は「その人のために悪を取《と》り除《のぞ》いてあげる者は、その人にとって本当の意味で親《した》しい者である」（『涅槃経疏《ねはんぎょうしょ》』）と言っている。それ故《ゆえ》、私は、現在の帝王《ていおう》の父母であり、念仏者《ねんぶつしゃ》や禅僧《ぜんそう》、真言師《しんごんし》らの師範《しはん》であり、また主君《しゅくん》である。ところが、国王から民衆に至《いた》るまでのすべての人が、私に敵対《てきたい》しているのであるから、日天《にってん》・月天《がってん》がどうして彼らの頭上を照《て》らすことがあるだろうか。地神《ちじん》がどうして彼らの足を載《の》せることがあるだろうか。

提婆達多《だいばだった》は仏に岩を投《な》げ落としたために、大地が揺《ゆ》れ動《うご》き火炎《かえん》が発生した。檀弥羅王《だんみらおう》〈注1〉は師子尊者《ししそんじゃ》〈注2〉の首を斬《き》ったので、右の手が刀とともに落ちた。徽宗皇帝《きそうこうてい》は法道三蔵《ほうどうさんぞう》〈注3〉の顔に焼《や》き印《いん》を押《お》して〈注4〉江南《こうなん》に配流《はいる》したので、半年の内《うち》に異民族に捕《と》らえられた。

日本への蒙古《もうこ》の攻《せ》めもこのようなものとなるにちがいない。たとえ五天竺《ごてんじく》〈注5〉の兵《へい》を集め、鉄囲山《てっちせん》〈注6〉を城《しろ》としたとしても、防《ふせ》ぎきれるはずがない。

必ず日本国のすべての衆生《しゅじょう》は、戦争という災難《さいなん》にあうにちがいない。それ故《ゆえ》、私が法華経の行者《ぎょうじゃ》であるかそうでないかは、このことによって分かるだろう。教主釈尊《きょうしゅしゃくそん》は未来を予言して「末代悪世《まつだいあくせ》に、法華経を広める者に悪口《わるくち》を言ったり罵倒《ばとう》したりといったことをした者は、私に一劫《いっこう》の間、敵対《てきたい》した者の罪《つみ》よりも百千万億倍《ひゃくせんまんのくばい》も重い罪を作ることになる」とお説《と》きになっている。

ところが、今の日本国の国主や民衆などは、自分の感情のおもむくままに、父母の敵《かたき》や過去世《かこせ》からの敵よりもひどく私を憎《にく》み、謀反人《むほんにん》や人殺しよりも強く私を責《せ》めたのだから、彼らが生きた身のままで大地が割《わ》れて地獄《じごく》に堕《お》ち、雷《かみなり》に身を引《ひ》き裂《さ》かれても当然なのに、そうならないのは不審《ふしん》である。

私が法華経の行者《ぎょうじゃ》ではないのだろうか。もしそうであるとすれば、大いに嘆《なげ》かわしいことである。今世《こんぜ》においてはあらゆる人に責《せ》められて片時《かたとき》も安穏《あんのん》ではなく、来世《らいせ》には悪道《あくどう》に堕《お》ちることとは、情《なさ》けないと言うほかない。

また、私が法華経の行者《ぎょうじゃ》でないなら、誰が一乗《いちじょう》の教えを持《たも》っている者であるのか。

法然《ほうねん》は「法華経をなげすてよ」といい、善導《ぜんどう》は「千人のうち一人も往生《おうじょう》する者はいない」（『往生礼讃偈《おうじょうらいさんげ》』）といい、道綽《どうしゃく》は「まだ一人も成仏《じょうぶつ》した者がいない」（『安楽集《あんらくしゅう》』）といっているが、こういう者たちが、法華経の行者《ぎょうじゃ》であるはずがあるだろうか。

また弘法大師《こうぼうだいし》（空海《くうかい》）〈注7〉は「法華経を行《ぎょう》ずるというのは言葉の上だけの空論《くうろん》である」と書いているが、こうした人が法華経の行者《ぎょうじゃ》であるはずがあるだろうか。

経文にはまさに「よくこの経を持《たも》つ」（分別功徳品《ふんべつくどくほん》）、「よくこの経を説《と》く」（見宝塔品《けんほうとうほん》）などと説かれているのである。

この「よく説《と》く」というのは、どういうことかと言えば、経文に「あらゆる経の中で、その最上位にある」（安楽行品《あんらくぎょうぼん》）と説かれていて、「大日経《だいにちきょう》・華《け》厳経《ごんぎょう》・

涅槃経《ねはんぎょう》・般若経《はんにゃきょう》などより法華経が優《すぐ》れているのである」と主張《しゅちょう》する者こそ法華経の行者《ぎょうじゃ》であると、説かれているのである。もし経文の通りであるなら、日本国に仏法が伝わって七百年余《あま》り、伝教大師《でんぎょうだいし》と私以外には一人も法華経の行者はいないのである。

一体どういうことかと考えてみると、私を誹謗《ひぼう》する者に「頭が七つに割《わ》れる」(陀羅尼品《だらにほん》)、「口《くち》がふさがってしまう」(安楽行品《あんらくぎょうぼん》)という罰《ばち》がなかったのは道理であったのである。

これらは軽い罰《ばち》である。ただ一人か二人ぐらいの人が受ける罰である。私はこの世界第一の法華経の行者《ぎょうじゃ》である。この行者を謗《そし》り、敵対《てきたい》する人を重用《ちょうよう》する者は、この世界で最大の大難《だいなん》にあうにちがいない。日本国を揺《ゆ》り動《うご》かす正嘉《しょうか》の大地震《おおじしん》〈注8〉や空《そら》一面に現《あらわ》れて日本国を罰する文永《ぶんえい》の大彗星《だいすいせい》〈注9〉などがそれである。

これらの事実を見なさい。仏が亡《な》くなられた後、仏法を行《ぎょう》ずる者に敵対《てきたい》することがあったといっても、今述べたような大難《だいなん》は一度もないのである。「南無《なん》妙法蓮華経《みょうほうれんげきょう》」とすべての衆生《しゅじょう》に勧《すす》めた人は一人もいない。この功績《こうせき》は、全世界で誰か私と対等に向かい合い肩《かた》を並べることのできる者がいるだろうか。

◇注　解◇

〈注1〉**【檀弥羅王《だんみらおう》】** 北インドの罽賓国《けいひんこく》（カシュミール）の王。『付法蔵因縁伝《ふほうぞういんねんでん》』巻《まき》六によると、付法蔵の第二十三である師子尊者《ししそんじゃ》は、罽賓国で布教《ふきょう》していた時、仏教を弾圧した国王・弥羅掘《みらくつ》によって首を斬《き》られたが、乳《ちち》が流れるだけで、血が出なかったという。『摩訶止観《まかしかん》』巻一では、弥羅掘王を檀弥羅王としている。『景徳伝灯録《けいとくでんとうろく》』巻二によると、師子尊者を斬った後、王の右手は地に落ち、七日のうちに王も死んだという。

〈注2〉**【師子尊者《ししそんじゃ》】** 第8段〈注1〉を参照。

〈注3〉**【法道三蔵《ほうどうさんぞう》】** 一〇八六年～一一四七年。中国・北宋《ほくそう》の僧《そう》である永道《えいどう》のこと。一一一九年、徽宗《きそう》が仏教を弾圧した際《さい》、上書《じょうしょ》して徽宗を諫《いさ》めたが、かえって帝《みかど》の怒《いか》りを買い、道《どう》州《しゅう》（湖南省《こなんしょう》）に流された（なお、徽宗の仏教弾圧は翌年撤回《よくねんてっかい》された）。その後、赦免《しゃめん》され、護法《ごほう》の功績《こうせき》により「法道」の名を与えられた。

「三蔵《さんぞう》」は三蔵法師《さんぞうほうし》の略《りゃく》。一般には三蔵（経《きょう》・律《りつ》・論《ろん》）に通じた僧侶《そうりょ》のことで、訳経僧《やっきょうそう》の称号《しょうごう》であるが、宋代《そうだい》では元豊《げんぽう》三年（一〇八〇年）に試鴻臚卿少卿《しこうろけいしょうけい》を「三蔵法師」と改称《かいしょう》しており（『釈氏稽古略《しゃくしけいこりゃく》』巻《まき》四）、ここでは後者の意。法道《ほうどう》（永道《えいどう》）は、「宝覚大師《ほうかくだいし》」という大《だい》師号《しごう》を与えられており、これが試鴻臚卿《しこうろけい》に対応する（『雲臥紀譚《うんがきだん》』巻二）ので、「三蔵」と称《しょう》されたらしい。

〈注4〉**【顔に焼《や》き印《いん》を押《お》して】** 刑罰《けいばつ》として顔などに焼き印を押し、罪人《ざいにん》であることを知らしめること。ただし、『仏祖統紀《ぶっそとうき》』（一二六九年成立）巻《まき》四十七によると、法道《ほうどう》は「黥涅《げいでつ》（入《い》れ墨《ずみ》）」を入れられたことになっており、焼き印ではない。

〈注5〉**【五天竺《ごてんじく》】** 天竺とはインドの古称《こしょう》で、東天竺《とうてんじく》・西天竺《さいてんじく》・南天竺《なんてんじく》・北天竺《ほくてんじく》・中天竺《ちゅうてんじく》の五つをいう。

〈注6〉**【鉄囲山《てっちせん》】** 須弥山《しゅみせん》を中心とする九山八海《くせんはっかい》の一番外側《そとがわ》にある鉄山《てっせん》のこと。また三千大《さんぜんだい》千世界《せんせかい》を囲《かこ》む鉄山を指すこともあり、この時は前者を小鉄囲山、後者を大鉄囲山という。

〈注7〉**【弘法大師《こうぼうだいし》（空海《くうかい》）】** 七七四年～八三五年。平安《へいあん》初期の僧《そう》で、真言宗《しんごんしゅう》の開祖《かいそ》。唐《とう》で密《みっ》教《きょう》を学び、帰国後《きこくご》、大日経《だいにちきょう》と金剛頂経《こんごうちょうきょう》を根本とする真言宗の教団《きょうだん》の基礎《きそ》を築《きず》いた。高野山《こうやさん》に金剛峯寺《こんごうぶじ》を開創《かいそう》するとともに、京都《きょうと》の東寺《とうじ》（教王護国寺《きょうおうごこくじ》）を嵯峨天皇《さがてんのう》より与えられた。

〈注8〉**【正嘉《しょうか》の大地震《おおじしん》】** 正嘉元年《がんねん》（一二五七年）八月二十三日戊亥《いぬい》の刻《こく》、すなわち午後九時ごろ鎌倉《かまくら》地方を襲《おそ》った大地震のこと。この時の惨状《さんじょう》が「立正安国論《りっしょうあんこくろん》」を著《あらわ》される契機《けいき》となった。鎌倉時代の歴史書『吾妻鏡《あずまかがみ》』には、当時の様子が次のように記されている。「廿三《にじゅうさん》日乙巳《きのとみ》。晴。戌尅《いぬのこく》に大いに地震《ふる》う。音有り。神社仏閣《ぶっかく》一宇《いちう》として全《まった》きは無《な》し。山岳頽崩《さんがくたいほう》し、人屋顚倒《じんおくてんどう》し、築地《ついじ》皆悉《みなことごと》く破損《はそん》す。所々地裂《さ》け、水涌《わ》き出《い》で、中下馬橋《なかのげばばし》の辺《へん》は地裂《さ》け破《やぶ》れ、其《そ》の中より火炎《かえん》燃《も》え出《い》ず。色青し云云《うんぬん》」

〈注9〉【文永《ぶんえい》の大彗星《だいすいせい》】文永元年《がんねん》（一二六四年）七月五日の大彗星を指す。日蓮大聖人の御在世当時、彗星は時代・社会を一掃《いっそう》する変革をもたらすできごとの兆《きざし》と考えられていた。

第15段　機根《きこん》ではなく時によって法を説《と》く

（御書二六六ジペー十五行目〜二六七ジペー八行目）

疑問《ぎもん》を述べる。仮《かり》に、正法《しょうほう》時代は、仏が存命中《ぞんめいちゅう》の時に比《くら》べれば、衆生《しゅじょう》の機根《きこん》が劣《おと》っているとしても、後の像法《ぞうほう》時代や末法《まっぽう》時代の衆生に比《くら》べれば、最高に優《すぐ》れた機根である。どうして、正法時代の初《はじ》めにまさに最上の経である法華経を用《もち》いないことがあるだろうか。

したがって、馬鳴《めみょう》・竜樹《りゅうじゅ》・提婆《だいば》・無著《むじゃく》らも、まさに正法《しょうほう》時代一千年の間に出現されたのである。天親菩薩《てんじんぼさつ》は千篇《せんぺん》の著作《ちょさく》を著《あらわ》した大学者であるが、『法華論《ほっけろん》』〈注1〉を著して、法華経は諸経の中で第一であるとの教えを説《と》いた。

真諦三蔵《しんだいさんぞう》〈注2〉が紹介する西域《せいいき》の伝承《でんしょう》には「インドで法華経を弘通《ぐつう》した流派《りゅうは》には五十余《あま》りの流派がある。天親《てんじん》はそのうちの一派《いっぱ》である」とある。以上は正《しょう》法《ほう》時代のことである。

像法《ぞうほう》時代に入ってからは、天台大師《てんだいだいし》が像法の半《なか》ばに中国に出現して、『法華《ほっけ》玄義《げんぎ》』〈注3〉『法華文句《ほっけもんぐ》』『摩訶止観《まかしかん》』〈注4〉の三十巻を著《あらわ》して、法華経の究極を究《きわ》めた。

像法《ぞうほう》の末《すえ》に、伝教大師《でんぎょうだいし》が日本に出現して、天台大師《てんだいだいし》の円慧《えんね》・円定《えんじょう》の二法を、わが国に弘通《ぐつう》されただけではなく、円頓戒《えんどんかい》の大戒壇《だいかいだん》〈注5〉を比叡山《ひえいざん》に建立《こんりゅう》して、日本全国をみな等しく円戒《えんかい》の地となし、国王から民衆に至《いた》るまですべての人が、延暦寺《えんりゃくじ》を師範《しはん》として尊重《そんちょう》した。どうして、これが、像法時代の法華経の広宣流布ではないのか。

答える。如来《にょらい》の教えは必ず衆生《しゅじょう》の機根《きこん》にしたがって説《と》かれるということは、世間の学者が心得《こころえ》ていることである。しかしながら、仏の教えはそうではない。

機根《きこん》や智慧《ちえ》が優《すぐ》れた人に対して必ず優れた法を説くのであれば、釈尊《しゃくそん》が今世《こんぜ》で成仏《じょうぶつ》したその時に、どうして法華経をお説きにならなかったのか。また、正法《しょうほう》時代前半の五百年余《あま》りに、大乗経《だいじょうきょう》を弘通《ぐつう》しなければならないということになるだろう。

仏と深い関わりがある人に対して優《すぐ》れた法をお説《と》きになるのであれば、父の浄飯王《じょうぼんのう》や母の摩耶夫人《まやふじん》〈注6〉に対して観仏三昧経《かんぶつざんまいきょう》や摩耶経《まやきょう》などを説くことはなかったにちがいない。

仏と深い関わりのない悪人や謗法《ほうぼう》の者に秘法《ひほう》を与えないなら、覚徳比丘《かくとくびく》〈注7〉は無数《むすう》の破戒《はかい》の者に涅槃経《ねはんぎょう》を授《さず》けてはならないだろう〈注8〉。不軽菩薩《ふきょうぼさつ》は誹謗《ひぼう》する出家《しゅっけ》・在家《ざいけ》の男女に向かって、どうしてまさにこの法華経を弘通《ぐつう》されたのか。それ故《ゆえ》、衆生《しゅじょう》の機根《きこん》にしたがって法を説《と》くというのは、非常《ひじょう》に誤《あやま》った考えである。

◇注　解◇

〈注1〉【『法華論《ほっけろん》』】世親《せしん》の著作『妙法蓮華経憂波提舎《みょうほうれんげきょううばだいしゃ》』のこと。インドにおける法華経の注釈書《ちゅうしゃくしょ》として唯一現存《ゆいいつげんそん》する。

〈注2〉【真諦三蔵《しんだいさんぞう》】四九九年～五六九年。真諦は、サンスクリットのパラマールタの訳《やく》。中国・南北朝《なんぼくちょう》時代に活躍した訳経僧《やっきょうそう》で、摂論宗《しょうろんしゅう》の祖《そ》とされる。

〈注3〉【『法華玄義《ほっけげんぎ》』】天台大師智顗《てんだいだいしちぎ》が法華経の題名《だいめい》である「妙法蓮華経《みょうほうれんげきょう》」について講義《こうぎ》したものを、章安大師灌頂《しょうあんだいしかんじょう》が編集整理《へんしゅうせいり》したもの。十巻。「妙法蓮華経」に秘《ひ》められている深玄《しんげん》な奥義《おうぎ》を、名《みょう》・体《たい》・宗《しゅう》・用《ゆう》・教《きょう》の五つの観点《かんてん》（五重玄義《ごじゅうげんぎ》）から示し、法華経こそあらゆる経典で最高の教えであることを明かしている。

〈注4〉【『摩訶止観《まかしかん》』】『止観』と略《りゃく》される。十巻。中国の陳《ちん》・隋《ずい》の天台大師智顗《てんだいだいしちぎ》が講述《こうじゅつ》し、弟子の章安大師灌頂《しょうあんだいしかんじょう》が記した。天台大師の出世《しゅっせ》の本懐《ほんかい》とされる。『法華玄義《ほっけげんぎ》』『法華文句《ほっけもんぐ》』とともに天台三大部《てんだいさんだいぶ》とされる。本書で天台大師は、仏教の実践修行《しゅぎょう》を「止観」として詳細《しょうさい》に体系化した。それが前代未聞《ぜんだいみもん》のすぐれたものであるので、サンスクリットで〝偉大な〟という意の「摩訶」がつけられている。「止」とは心を外界や迷《まよ》いに動かされずに静止《せいし》させることで、それによって正しい智慧《ちえ》を起こして対象《たいしょう》を観察《かんさつ》することを「観」という。特に天台大師は、止観の対象を凡夫《ぼんぷ》自身の心に定め（この観法《かんぽう》を観心《かんじん》という）、普通の人々が成《じょう》仏《ぶつ》を実現するための実践とし、その仕方を一念三千《いちねんさんぜん》として明かした。

〈注5〉【円頓戒《えんどんかい》の大戒壇《だいかいだん》】第12段〈注9〉を参照。

〈注6〉【摩耶夫人《まやふじん》】摩耶はサンスクリットのマーヤの音写。迦毘羅衛国《かびらえこく》（カピラヴァストウ）の浄飯王《じょうぼんのう》（シュッドーダナ）の妃《きさき》。釈尊《しゃくそん》の生母《せいぼ》で、釈尊生誕《せいたん》七日後に亡《な》くなり、かわりに妹の摩訶波闍波提《まかはじゃはだい》（マハープラジャーパティー）が釈尊を養育《よういく》したと伝えられる。

〈注7〉【覚徳比丘《かくとくびく》】涅槃経巻《ねはんぎょうまき》三に説《と》かれている過去世《かこせ》の正法護持《しょうほうごじ》の比丘《びく》。次注を参照。

〈注8〉【無数《むすう》の破戒《はかい》の者に涅槃経《ねはんぎょう》を授《さず》けてはならないだろう】この箇所《かしょ》は、涅槃経に引かれる有徳王《うとくおう》と覚徳比丘《かくとくびく》の話を踏《ふ》まえられている。すなわち、釈尊《しゃくそん》が過去世《かこせ》で有徳王であった時、破戒の悪比丘《あくびく》たちが覚徳比丘を迫害《はくがい》した。この時に、有徳王がこの悪比丘たちと戦って、覚徳比丘は助けられたが有徳王は殺害《さつがい》された。この話をもって、正法《しょうほう》が消滅《しょうめつ》しようとしている時は、有徳王や覚徳比丘のように仏敵《ぶってき》の殺害をも辞《じ》さず正法を守護《しゅご》すべきであると説《と》かれている。このことから、涅槃経という優《すぐ》れた教えは、破戒の者という劣《おと》った機《き》根《こん》に対して説かれており、法の勝劣《しょうれつ》と機根の勝劣との間に関係はないことがわかる。

第16段　竜樹《りゅうじゅ》・世親《せしん》の弘通《ぐつう》

（御書二六七ジペー九行目〜二六九ジペー十二行目）

問う。竜樹《りゅうじゅ》・世親《せしん》（天親《てんじん》）らは法華経の真義《しんぎ》をお説《と》きにならなかったのか。

答える。お説きになっていない。

問う。どのような教えをお説《と》きになったのか。

答える。華厳《けごん》・方等《ほうどう》・般若《はんにゃ》・大日経《だいにちきょう》などといった権大乗《ごんだいじょう》の顕教《けんきょう》・密教《みっきょう》の諸経についてお説《と》きになって、法華経の法門についてはお説きになっていない。

問う。何によってそのことが分かるのか。

答える。竜樹菩薩《りゅうじゅぼさつ》が著《あらわ》した論書《ろんしょ》は三十万偈《げ》である。しかしながら、それらがすべて中国・日本に伝わっているというわけではないので、竜樹の真意は容易《ようい》には分からないとはいうものの、中国に伝わった『十住毘婆沙論《じゅうじゅうびばしゃろん》』『中論《ちゅうろん》』〈注1〉『大智度論《だいちどろん》』〈注2〉などによって、インドにある論書の内容も推《お》しはかって、先ほど述べたことが分かるのである。

疑問《ぎもん》を述べる。インドに残っている論書《ろんしょ》の中に、中国へ伝わった論書よりも優《すぐ》れている論書があるかもしれないではないか。

答える。竜樹菩薩《りゅうじゅぼさつ》のことは、個人《こじん》の見解《けんかい》を述べる必要はない。釈尊《しゃくそん》が予言されている。

「私が亡《な》くなった後に竜樹菩薩《りゅうじゅぼさつ》という人が南インドに出現する。この人の主張《しゅちょう》の要点《ようてん》は『中論《ちゅうろん》』という論書《ろんしょ》にある」と。

この仏の予言の通り、竜樹菩薩《りゅうじゅぼさつ》を祖師《そし》とする流派《りゅうは》がインドに七十派あって、七十人がいずれも優《すぐ》れた大学者であるが、この七十派の人々はみな、『中論《ちゅうろん》』を根本としている。

『中論《ちゅうろん》』四巻二十七品《ほん》の肝心《かんじん》は「原因があって生ずるものを、空《くう》であると説《と》く。これは仮《け》であり、中道《ちゅうどう》である」と説く四句《しく》の偈《げ》〈注3〉である。この四句の偈は、華厳《けごん》・般若《はんにゃ》などの四教《しきょう》〈注4〉で説かれる三諦《さんたい》〈注5〉の法門である。ここではまだ、法華経によって開会《かいえ》〈注6〉された三諦の法門はお述べになっていない。

（268）

疑問《ぎもん》を述べる。あなたのように判断した人はいるのか。

答える。天台《てんだい》（智顗《ちぎ》）は「（法華経を）『中論《ちゅうろん》』と同列に並べてはならない」（『法華玄義《ほっけげんぎ》』）と言い、また「天親《てんじん》（世親《せしん》）や竜樹《りゅうじゅ》は内心には一念三千《いちねんさんぜん》を明らかに覚《さと》っていた。しかし、外に対しては時代に適《てき》した教えを説《と》いた」（『摩訶止観《まかしかん》』）と言っている。
また妙楽《みょうらく》（湛然《たんねん》）は「諸教《しょきょう》を否定し妙法へと統合《とうごう》するという観点《かんてん》から見た場合、『中論《ちゅうろん》』はまだ法華経に及《およ》ばないからである」（『法華玄義釈籤《ほっけげんぎしゃくせん》』〈注7〉）と指摘《してき》し、従義法師《じゅうぎほっし》〈注8〉は「竜樹《りゅうじゅ》・天親《てんじん》は、まだ天台《てんだい》に及《およ》ばない」と言っている。

問う。中国・唐代《とうだい》の末《すえ》に不空三蔵《ふくうさんぞう》が一巻の論書《ろんしょ》をインドから伝えた。『菩提《ぼだい》心論《しんろん》』〈注9〉という名の書である。竜猛菩薩《りゅうみょうぼさつ》〈注10〉が著《あらわ》したものという。弘法《こうぼう》大師《だいし》は「この論書は竜猛が著した千篇《せんぺん》の書の中で最《もっと》も肝心《かんじん》のものである」と言っている。

答える。この論書《ろんしょ》は全部で七丁《ちょう》ある。竜猛《りゅうみょう》の言葉ではない内容があちこちにあり、その数も多い。故《ゆえ》に、仏教書の目録《もくろく》でも竜猛の著作《ちょさく》とするものもあれば、不空《ふくう》の著作とするものもあり〈注11〉、両方の説《せつ》がある。どちらが正しいかはまだ決着《けっちゃく》がついていない。

その上、この論書《ろんしょ》は、釈尊《しゃくそん》のすべての教えを総括《そうかつ》した論書でもなく、でたらめな説《せつ》が多い。

まず「唯真言《ただしんごん》の実践の中でだけ即身成仏《そくしんじょうぶつ》ができる」という肝心《かんじん》の文《もん》が誤《あやま》りである。その理由は、経文の裏付《うらづ》けも現実の証拠《しょうこ》もある法華経の即身成仏を無視《むし》して、経文の裏付けも現実の証拠もその形跡《けいせき》すらない真言の経に即身成仏があると主張《しゅちょう》しているからである。また「唯真言の実践の中でだけ」という「唯」の一字が最大の誤りである。

こうしたありさまを見ると、不空三蔵《ふくうさんぞう》が自分の考えでつくった『菩提心論《ぼだいしんろん》』を当時の人たちに尊重《そんちょう》させるために、竜猛《りゅうみょう》が作ったことにしたのだろうか。

その上、不空三蔵《ふくうさんぞう》は間違うことが多かった。すなわち、彼が訳《やく》した『法華経《ほけきょう》観智儀軌《かんちぎき》』〈注12〉で寿量品《じゅりょうほん》の仏を阿弥陀仏《あみだぶつ》と書いている〈注13〉のは、誰でも気が付く大間違《おおまちが》いの解釈である。

さらに、法華経の諸品《しょほん》の順序《じゅんじょ》に関して陀羅尼品《だらにほん》を神力品《じんりきほん》の次に置《お》いたり、嘱《ぞく》累品《るいほん》を経の最後に置いたりしている〈注14〉のは口《くち》にするだけの値打《ねう》ちもない。

そうかと思えば、天台《てんだい》の大乗戒《だいじょうかい》を盗《ぬす》み、唐《とう》の代宗皇帝《だいそうこうてい》〈注15〉に宣旨《せんじ》を申請《しんせい》して、大乗戒壇《だいじょうかいだん》を五台山《ごだいさん》の五つの寺〈注16〉に立てている。しかも一方では、真言《しんごん》の教相判釈《きょうそうはんじゃく》〈注17〉には天台宗の教相を用《もち》いるのがよいと言っている。いずれにしても人を欺《あざむ》くものである。他の人の訳《やく》であれば用いることもあるだろうが、この人の訳した経典や論書《ろんしょ》は信じられない。

インドから中国に経典や論書《ろんしょ》を訳《やく》して伝えた人は、旧訳《くやく》と新訳《しんやく》〈注18〉を合計して百八十六人いる。羅什三蔵《らじゅうさんぞう》（鳩摩羅什《くまらじゅう》）〈注19〉一人を除《のぞ》いては、どの人も間違いのないことはなかった。その中でも不空三蔵《ふくうさんぞう》は、特に誤《あやま》りが多いうえに、人を欺《あざむ》く心が歴然《れきぜん》としている。

疑問《ぎもん》を述べる。羅什三蔵《らじゅうさんぞう》以外の人々に間違いがあるとは、何によって分かるのか。あなたは禅宗《ぜんしゅう》・念仏宗《ねんぶつしゅう》・真言宗《しんごんしゅう》などの七宗〈注20〉を否定するだけではなく、中国・日本に伝わってきた経論《きょうろん》のすべての翻訳者《ほんやくしゃ》を用《もち》いないのか。どうなのか。

答える。このことは私にとって最大の秘蔵《ひぞう》の教えである。詳《くわ》しくは私に直接

会って問いなさい。とはいえ、少し述べておこう。

羅什三蔵《らじゅうさんぞう》は「私は中国で翻訳《ほんやく》されたあらゆる経典を見てみたが、みな、梵語《ぼんご》

（サンスクリット）で読む時とは意味の食《く》い違《ちが》いがある。どうしたら、このことを

はっきりさせることができるだろうか。しかし、私には一つの大願《だいがん》がある。身

を不浄《ふじょう》にして妻帯《さいたい》をすることはあっても、ただ舌《した》だけは清浄《せいじょう》にして仏法につい

て偽《いつわ》りを語ることはしない。もし私が死んだら、必ず遺体《いたい》を焼《や》きなさい。焼い

た時に舌が焼けたなら、私の訳した経を捨《す》てなさい」と、常に高座《こうざ》でお述べに

なっていた。皇帝《こうてい》から民衆に至《いた》るまでのすべての人は、誰もが「どうにかして

羅什三蔵より後《のち》に死にたいものだ」と願《ねが》っていた。

ついに羅什《らじゅう》が亡《な》くなった後、遺体《いたい》を火葬《かそう》に付《ふ》したところ、不浄《ふじょう》の身はみな、

灰《はい》となったが、舌《した》だけは火の中に生じた青蓮華《しょうれんげ》の上にあった。それは五色《ごしき》の光を放《はな》って、夜は昼のように明るく、昼は太陽の光もかすむほどであった。

このようなことがあったからこそ、羅什《らじゅう》以外のあらゆる翻訳者《ほんやくしゃ》が訳した諸経典は価値が下がり、羅什三蔵《さんぞう》が訳された諸経典、特に法華経は中国で容易《ようい》に広まったのである。

疑問《ぎもん》を述べる。羅什《らじゅう》以前は、その通りだろう。羅什以後の善無畏《ぜんむい》・不空《ふくう》らはどうなのか。

答える。羅什《らじゅう》以後であったとしても、舌《した》が焼《や》けた翻訳者《ほんやくしゃ》については、誤《あやま》りがあったのだと分かる。それ故《ゆえ》、日本国で法相宗《ほっそうしゅう》がもてはやされていたのを、伝《でん》教大師《ぎょうだいし》（最澄《さいちょう》）が「羅什三蔵《さんぞう》は舌が焼けなかったのに、玄奘《げんじょう》や慈恩《じおん》（基《き》）〈注21〉は舌が焼けた」と批判《ひはん》なさったので、桓武天皇《かんむてんのう》は伝教大師の主張《しゅちょう》を道理だとお考えになって、法相宗への帰依《きえ》を止《や》め、天台法華宗《てんだいほっけしゅう》に帰依されたのである。

涅槃経《ねはんぎょう》の第三巻や第九巻などを拝見《はいけん》すると、「私（釈尊《しゃくそん》）の説《と》いた仏法が、インドから他国に伝えられる際《さい》に、多くの誤《あやま》りが発生するために、成仏《じょうぶつ》できる衆《しゅ》生《じょう》は少ないだろう」と説《と》かれている。

それ故《ゆえ》、妙楽大師《みょうらくだいし》は「翻訳《ほんやく》によって経文のある箇所《かしょ》があったりなかったりすることは、経典を訳した人の責任《せきにん》である。どうして仏のお考えに関係があるだろうか」（『法華文句記《ほっけもんぐき》』）と明確におっしゃっている。

仮《かり》に今の時代の人々がどんなに経に説《と》かれている通りに来世《らいせ》の安穏《あんのん》を願《ねが》ったとしても、誤《あやま》った経文のまま願ったら、成仏《じょうぶつ》できるはずがない。だからといって、それは仏の罪《つみ》ではないと妙楽大師《みょうらくだいし》は書かれているのである。

仏教を習得《しゅうとく》する場合の決まりとして、大乗《だいじょう》と小乗《しょうじょう》、権教《ごんきょう》と実教《じっきょう》、顕教《けんきょう》と密教《みっきょう》の相違《そうい》は別として、このことこそ最《もっと》も大事なのだろう。

◇注　解◇

〈注1〉【『中論《ちゅうろん》』】竜樹《りゅうじゅ》の著作。鳩摩羅什訳《くまらじゅうやく》。四巻。一切《いっさい》のものには実体がないという「空《くう》」の思想を展開し、特に当時有力だった説一切有部《せついっさいうぶ》の説《せつ》を批判《ひはん》した。大乗《だいじょう》思想の理論的基礎《きそ》となり、インドでは本書に基《もと》づく中観派《ちゅうがんは》が起こり、中国では三論宗《さんろんしゅう》のよりどころとされた。

〈注2〉【『大智度論《だいちどろん》』】竜樹著《りゅうじゅちょ》とされ、鳩摩羅什《くまらじゅう》によって漢訳《かんやく》された。百巻。摩訶般若波羅《まかはんにゃはら》蜜経《みつきょう》（大品般若経《だいぼんはんにゃきょう》）に対する詳《くわ》しい注釈書《ちゅうしゃくしょ》。法華経などの諸大乗経《しょだいじょうきょう》に基《もと》づいて、大乗の菩《ぼ》薩《さつ》思想や六波羅蜜行《ろくはらみつぎょう》などの意義を解明《かいめい》しており、後のあらゆる大乗思想の展開の母胎《ぼたい》となった。

〈注3〉【「原因があって……中道《ちゅうどう》である」と説《と》く四句《しく》の偈《げ》】御書本文は「因縁所生法《いんねんしょしょうぼう》の四句の偈」（二六七㌻）。この「因縁所生法の四句の偈」とは、具体的には『中論《ちゅうろん》』の「因縁所生法は、我即《われすなわ》ち是《こ》れ空《くう》なりと説き、亦名《またな》づけて仮名《けみょう》と為《な》し、亦中道の義《ぎ》と名づく」の四句である。

ここでは天台大師智顗《てんだいだいしちぎ》の『法華玄義《ほっけげんぎ》』巻《まき》二上で引用された文《もん》によったが、吉蔵《きちぞう》（嘉祥《かじょう》）の『法華玄論《ほっけげんろん》』などを参照すると、論書《ろんしょ》によって語句《ごく》に若干《じゃっかん》の異同《いどう》がある。なお『大正新脩大蔵経《たいしょうしんしゅうだいぞうきょう》』では「衆因縁生法《しゅいんねんしょうぼう》は　我即《われすなわ》ち是《こ》れ無《む》なりと説《と》く　亦是《またこれ》を仮名《けみょう》と為《な》す　亦是中道《ちゅうどう》の義《ぎ》なり」（第三十巻三三ページ）と記されている。

〈注4〉【四教《しきょう》】天台大師《てんだいだいし》が諸経に説《と》かれる教えを内容から四つに分類した「化法《けほう》の四教」のこと。蔵教《ぞうきょう》・通教《つうぎょう》・別教《べっきょう》・円教《えんぎょう》の四つ。①蔵教とは三蔵教《さんぞうきょう》で小乗《しょうじょう》の教え。②通教とは大《だい》乗《じょう》の初歩的《しょほてき》な教えで三乗《さんじょう》すべてに通用するもの。③別教とは菩薩《ぼさつ》のためだけの大乗の高度な教え。④円教とは完全な最《もっと》も優《すぐ》れた教え。法華経は、この四つのうち完全で誤《あやま》りのない教えである円教に分類されるが、これらの四つを超えた究極の教えと位置づけられることもある。ここでは後者の立場。

〈注5〉【三諦《さんたい》】仏が覚《さと》った究極の真理を三つの側面《そくめん》から捉《とら》えたもの。諦とは、明らかな真実・真理のこと。天台大師《てんだいだいし》は『法華玄義《ほっけげんぎ》』『摩訶止観《まかしかん》』で、空諦《くうたい》・仮諦《けたい》・中諦《ちゅうたい》の三つを挙《あ》げている。

①空諦《くうたい》は、あらゆる事物・事象《じしょう》（諸法《しょほう》）には不変的《ふへんてき》・固定的《こていてき》な実体はなく空であるという真理。②仮諦《けたい》は、あらゆる事物・事象は空なるものであって、因縁《いんねん》によって仮《かり》に生起する（縁起《えんぎ》）ものであるという真理。③中諦《ちゅうたい》は、中道第一義諦《ちゅうどうだいいちぎたい》ともいい、空と仮をふまえながら、それらにとらわれない根源的・超越的《ちょうえつてき》な面をいう。

天台大師《てんだいだいし》は法華経の教説《きょうせつ》に基《もと》づいて三諦《さんたい》の法門を確立した。蔵《ぞう》・通《つう》・別《べつ》・円《えん》の四教《しきょう》に即《そく》していえば、蔵・通の二教は中道《ちゅうどう》を明かさないので三諦が成立せず、別教《べっきょう》と円教《えんぎょう》には三諦が説《と》かれる。

別教《べっきょう》の三諦《さんたい》は、「但空《たんくう》・但仮《たんけ》・但中《たんちゅう》」として互《たが》いに隔《へだ》たりがあり、融和《ゆうわ》することがない。また修行《しゅぎょう》において、初《はじ》めに空《くう》を観《かん》じて見思惑《けんじわく》を破《は》し、次に仮《け》を観じて塵沙惑《じんじゃわく》を破し、さらに中道《ちゅうどう》を観じて無明惑《むみょうわく》を破すという段階的な方法を取り、順《じゅん》に歴《へ》ていくことが求められる。それ故《ゆえ》、隔歴《きゃくりゃく》の三諦という。

これに対し、円教《えんぎょう》の三諦《さんたい》は、三諦のそれぞれが他の二諦を踏《ふ》まえたものであり、三諦は常に「即空《そくくう》・即仮《そくけ》・即中《そくちゅう》」の関係にある。究極的真実を中諦《ちゅうたい》にのみ見るのではなく、空諦《くうたい》も仮諦《けたい》も究極的真実を示すものである。したがって、一は三に即《そく》し、三は一に即して相即《そうそく》相入《そうにゅう》する。これを円融三諦《えんゆうさんたい》という。この円融三諦の法門は、個別と全体、具体と抽象《ちゅうしょう》、差別と平等などの対立する諸原理《しょげんり》が相互《そうご》に対立による緊張《きんちょう》をはらみながら同時に融即《ゆうそく》するという、一側面《そくめん》に固執《こしゅう》することのない融通無礙《ゆうずうむげ》の世界観を開くものである。本文中の「法華経によって開会《かいえ》された三諦の法門」とは、この円融三諦の法門をさす。

この三諦《さんたい》を一心に観《かん》ずることを一心三観《いっしんさんがん》といい、天台大師《てんだいだいし》は一心三観の中核《ちゅうかく》として一念《いちねん》三千《さんぜん》の観法《かんぼう》を立てた。

〈注6〉**【開会《かいえ》】**もともと、一乗《いちじょう》（唯一《ゆいいつ》の仏の教え）を三乗《さんじょう》（声聞《しょうもん》・縁覚《えんがく》・菩薩《ぼさつ》に対応した教え）に分けて示すのが「開」、三乗を一乗に統一《とういつ》するのが「会」だが、後には「開会」で一つの熟語《じゅくご》となり、さまざまなものを、より高い立場から位置づけ、真実の意味を明かすことをいう。

〈注7〉**【『法華玄義釈籤《ほっけげんぎしゃくせん》』】**　妙楽大師湛然《みょうらくだいしたんねん》による『法華玄義《ほっけげんぎ》』の注釈書《ちゅうしゃくしょ》。十巻（または二十巻）。

〈注8〉**【従義法師《じゅうぎほっし》】**　一〇四二年～一〇九一年。中国・北宋《ほくそう》の天台宗《てんだいしゅう》の学僧《がくそう》。主著に『法華《ほっけ》三大部補注《さんだいぶほちゅう》』十四巻など。

〈注9〉**【『菩提心論《ぼだいしんろん》』】**　竜樹《りゅうじゅ》（竜猛《りゅうみょう》）作、中国・唐《とう》の不空訳《ふくうやく》と伝えられる。一巻。即身成仏《そくしんじょうぶつ》を説《と》いて真言《しんごん》の優位性《ゆういせい》を明かした書として空海《くうかい》（弘法《こうぼう》）が重用したが、今日《こんにち》では竜樹作ではないとするのが一般的である。日蓮大聖人も不空自身の作であろうと諸御書《しょごしょ》で指摘《してき》されている。

〈注10〉**【竜猛菩薩《りゅうみょうぼさつ》】**　竜樹《りゅうじゅ》（ナーガールジュナ）のこと。玄奘《げんじょう》らの新訳《しんやく》では竜猛という訳を用《もち》いる。

〈注11〉**【仏教書の目録《もくろく》……ものもあり】**　円珍《えんちん》（智証《ちしょう》）の『青竜寺求法目録《せいりゅうじぐほうもくろく》』では「金剛頂《こんごうちょう》三藐三菩提心論《さんみゃくさんぼだいしんろん》一巻　三蔵不空集《さんぞうふくうしゅう》」とある。

〈注12〉**【『法華経観智儀軌《ほけきょうかんちぎき》』】**　不空《ふくう》が訳《やく》した『成就妙法蓮華経王瑜伽観智儀軌《じょうじゅみょうほうれんげきょうおうゆがかんちぎき》』のこと。一巻。法華経を密教《みっきょう》の立場から解釈した修行法《しゅぎょうほう》を説《と》いている。

〈注13〉**【寿量品《じゅりょうほん》の仏を阿弥陀仏《あみだぶつ》と書いている】**　不空訳《ふくうやく》の『法華経観智儀軌《ほけきょうかんちぎき》』には「即《すなわ》ち跏《か》趺坐《ふざ》して定印《じょういん》を結び、如来寿量品《にょらいじゅりょうほん》を誦《じゅ》せよ。或《ある》いは、但《た》だ品《ほん》の中の妙義《みょうぎ》を思惟《しゆい》せよ。『深く如来は常住《じょうじゅう》にして世に在《まします》と信じ、無量《むりょう》の菩薩《ぼさつ》・縁覚《えんがく》・声聞《しょうもん》と与《とも》に以《もっ》て眷属《けんぞく》と為《な》し、霊鷲《りょうじゅ》山《せん》に処《しょ》して常に妙法を説《と》きたもう』と、深く信じて疑《うたが》わざれ。次に当《まさ》に即《すなわ》ち無量寿決定如来《むりょうじゅけつじょうにょらい》の真言《しんごん》を七遍誦《しちへんじゅ》して是《こ》の念言《ねんごん》を作《な》すべし。願《ねが》わくは一切《いっさい》の有情《うじょう》をして皆如来《みなにょらい》の無量《むりょう》の寿《じゅ》命《みょう》を獲《え》しめん、と。是《こ》の願《がん》を発《お》こし已《おわ》って即《すなわ》ち真言《しんごん》を誦《じゅ》せよ」とある。寿量品では釈尊《しゃくそん》の仏としての寿命が無量（無量寿《むりょうじゅ》）であると説くことから、この仏を「無量寿命決定如来《むりょうじゅみょうけつじょうにょらい》」として、阿弥陀仏《あみだぶつ》と同一視《どういつし》している。無量寿はサンスクリットのアミターユスの訳であり、阿弥陀はアミターユスの音写である。また、不空が訳した理趣経《りしゅきょう》の注釈書《ちゅうしゃくしょ》でも、釈迦《しゃか》如来を無量寿仏としている。

〈注14〉【陀羅尼品《だらにほん》を……置《お》いたりしている】『法華経観智儀軌《ほけきょうかんちぎき》』では、法華経各品《かくほん》の要旨《ようし》を順《じゅん》に述べる際《さい》、「最後の嘱累品《ぞくるいほん》」と述べている。なお、添品妙法蓮華経《てんぽんみょうほうれんげきょう》では、陀羅尼品を神力品の次にし、嘱累品を経末に置いているが、これを不空《ふくう》が用《もち》いていると、日蓮大聖人は思われているのかもしれない。

〈注15〉【代宗皇帝《だいそうこうてい》】七二六年〜七七九年。中国・唐《とう》の第八代皇帝。粛宗《しゅくそう》の長子《ちょうし》。父と同様、不空《ふくう》に帰依《きえ》した。

〈注16〉【五台山《ごだいさん》の五つの寺】五台山は中国の山西省《さんせいしょう》にある山。不空《ふくう》はここに華厳寺《けごんじ》・呉摩《ごま》子寺《しじ》・清涼寺《しょうりょうじ》・金閣寺《きんかくじ》・玉花寺《ぎょっかじ》の五カ寺をはじめとする諸寺《しょじ》を修復《しゅうふく》・建立《こんりゅう》した。

〈注17〉【教相判釈《きょうそうはんじゃく》】教相を判釈することで、略《りゃく》して教判《きょうはん》という。諸経典の教えを釈尊《しゃくそん》一代で説《と》かれたものとして、時期や内容によって分類し、価値的な序列《じょれつ》をもって解釈すること。

もとは中国仏教においてインドから雑然《ざつぜん》と伝わった諸経典を分類し体系化することから始まり、各宗派《かくしゅうは》は独自《どくじ》の教判をもって自宗《じしゅう》の優位《ゆうい》を主張《しゅちょう》した。

〈注18〉【旧訳《くやく》と新訳《しんやく》】唐《とう》の玄奘《げんじょう》以後に漢訳《かんやく》された経典を新訳という。これに対して、それ以前に鳩摩羅什《くまらじゅう》らによって漢訳されたものは旧訳と呼ばれる。

〈注19〉【羅什三蔵《らじゅうさんぞう》（鳩摩羅什《くまらじゅう》）】三四四年〜四一三年（一説に三五〇年〜四〇九年）。鳩摩羅什はサンスクリットのクマーラジーヴァの音写。中国・後秦《こうしん》の訳経僧《やっきょうそう》。インド出身の貴族《きぞく》である父と亀茲国《きじこく》（クチャ）の王族である母との間に生まれ、諸国《しょこく》を遊歴《ゆうれき》して仏法を学ぶ。後秦《こうしん》の王・姚興《ようこう》に迎《むか》えられて長安《ちょうあん》に入り、その保護《ほご》の下に国師《こくし》の待遇《たいぐう》を得て、多くの訳経に従事《じゅうじ》した。訳経数は『開元釈教録《かいげんしゃっきょうろく》』によると七十四部三百八十四巻にのぼり、代表的なものに妙法蓮華経《みょうほうれんげきょう》・維摩経《ゆいまきょう》・大品般若経《だいぼんはんにゃきょう》・『大智度論《だいちどろん》』などがある。その訳文は、内容が秀《しゅう》抜《ばつ》で文体が簡潔《かんけつ》なことから、後世まで重用された。

〈注20〉【七宗《しゅう》】小乗《しょうじょう》の経論《きょうろん》に基《もと》づく倶舎宗《くしゃしゅう》・成実宗《じょうじつしゅう》・律宗《りっしゅう》を除《のぞ》いた華厳《けごん》・三論《さんろん》・法相《ほっそう》・天《てん》台《だい》・真言《しんごん》・浄土《じょうど》（念仏《ねんぶつ》）・禅《ぜん》の七宗。

〈注21〉【慈恩《じおん》（基《き》）】六三二年〜六八二年。中国・唐《とう》の僧《そう》。大乗基《だいじょうき》ともいう。玄奘《げんじょう》の弟子で、法相宗《ほっそうしゅう》の開創者。長安《ちょうあん》（陝西省西安《せんせいしょうせいあん》）の大慈恩寺《だいじおんじ》に住んだので、慈恩大師《だいし》と称《しょう》される。

第17段　天台大師《てんだいだいし》の弘通《ぐつう》

（御書二六九㌻十三行目〜二七一㌻一行目）

疑問《ぎもん》を述べる。正法《しょうほう》時代の一千年の大学者が、法華経の真義《しんぎ》が顕教《けんきょう》・密教《みっきょう》の諸経よりも優《すぐ》れていることを心の中ではご存《ぞん》じでありながら、外に対しては説《と》き広めずに、ただ権大乗《ごんだいじょう》だけを説かれたということは、その通りだと納得《なっとく》したわけではないが、その趣旨は少し分かってきた。

像法《ぞうほう》時代の一千年の半ばに天台山《てんだいさん》の智者大師《ちしゃだいし》（天台大師智顗《てんだいだいしちぎ》）が出現して、法華経の題目である妙法蓮華経《みょうほうれんげきょう》の五字《ごじ》について『法華玄義《ほっけげんぎ》』十巻一千枚を書き、その意味を完全に解明《かいめい》した。

『法華文句《ほっけもんぐ》』十巻では経の初《はじ》めの「私はこのようなことを聞いた(如是我聞《にょぜがもん》)」(序品《じょほん》)から、経の終わり「説法《せっぽう》の座《ざ》に参列《さんれつ》していた衆生《しゅじょう》が仏に礼《れい》をして去《さ》った(作礼而去《さらいにこ》)」(普賢菩薩勧発品《ふげんぼさつかんぼっぽん》)に至《いた》るまで、一字一句《いちじいっく》に因縁《いんねん》・約教《やっきょう》・本迹《ほんじゃく》・観心《かんじん》〈注1〉の四つの解釈を立てて、これもまた一千枚を書き、経文の意味を完全に解《かい》明《めい》した。

以上の『法華玄義《ほっけげんぎ》』『法華文句《ほっけもんぐ》』の二十巻では、あらゆる経典の趣旨を河川《かせん》に、法華経を大海《たいかい》に譬《たと》えて、十方《じっぽう》の世界の仏法の露《つゆ》を一滴《いってき》も残さず、妙法蓮華《みょうほうれんげ》経《きょう》という大海に収《おさ》められた。

その上、インドの卓越《たくえつ》した論書《ろんしょ》のさまざまな教えも一つももらさず収《おさ》め、中国の南三北七《なんさんほくしち》の十師《じっし》の教えのうち、否定すべきものについてはこれを否定し、取るべきものについてはこれを採用《さいよう》している。

その上、『摩訶止観《まかしかん》』十巻を著《あらわ》して、釈尊《しゃくそん》のすべての実践面での教えを衆生《しゅじょう》の一念《いちねん》に集約《しゅうやく》し、十界《じっかい》の依報《えほう》・正報《しょうほう》〈注2〉のすべてを三千諸法《さんぜんしょほう》にまとめた。この書の内容は、遠く離《はな》れた時代まで見てみると正法《しょうほう》時代の一千年に出現したインドの大学者たちをも超え、近い時代で言えば像法《ぞうほう》時代の前半五百年に出現した中国のすべての学者の注釈書《ちゅうしゃくしょ》よりも優《すぐ》れている。

故《ゆえ》に、三論宗《さんろんしゅう》の吉蔵大師《きちぞうだいし》〈注3〉は、南三北七《なんさんほくしち》の百人余《あま》りの先輩《せんぱい》たちや長老《ちょうろう》たちを勧誘《かんゆう》して、天台大師《てんだいだいし》に法華経の講義《こうぎ》を聞きたいと伝えてきた書簡《しょかん》の中で次のようにいっている。

「千年に一人出現する聖人《しょうにん》と、五百年に一人出現する賢人《けんじん》が、実に再び今日《こんにち》出現した。（中略）南岳衡山《なんがくこうざん》〈注4〉に住した聖人と天台山《てんだいさん》〈注5〉に住している哲《てつ》人《じん》は、過去世《かこせ》では身《しん》・口《く》・意《い》の三業《さんごう》〈注6〉で正法《しょうほう》を護持《ごじ》し、今は南岳大師《なんがくだいし》（慧《え》思《し》）〈注7〉・天台大師の二尊《にそん》として出現した二人の間で正法《しょうほう》が受《う》け継《つ》がれている。甘露《かんろ》の雨のような教えを中国にそそぐだけではない。太鼓《たいこ》のような説法《せっぽう》の声をインドにも響《ひび》かせることだろう。生まれながらにして智慧《ちえ》があり、仏法の深遠《しんえん》な真理を覚《さと》ったことは、魏《ぎ》・晋《しん》の時代以来である。聖典《せいてん》の中にも、民間《みんかん》の伝承《でんしょう》の中にも、実に比《くら》べる者がいない。（中略）百人余《あま》りの修行僧《しゅぎょうそう》とともに謹《つつし》んで智者大師《ちしゃだいし》の講義《こうぎ》を請《こ》うものである」（『国清百録《こくせいひゃくろく》』）**とある。**

終南山《しゅうなんざん》の道宣律師《どうせんりっし》〈注8〉は天台大師《てんだいだいし》を賛嘆《さんたん》して「法華経の真理を明らかにするさまは、真昼《まひる》の太陽が深い谷間《たにま》までも照《て》らすのと変わらない。大乗《だいじょう》の教えを説《と》くさまは、吹《ふ》きわたる風が自由自在《じゆうじざい》に大空《おおぞら》を駆《か》けめぐる姿《すがた》と同様である。たとえ経文の意味が分かるだけの学者が無数《むすう》にいたところで、天台大師のすばらしい説法《せっぽう》がどれほどのものかを知ろうとしても、完全に知り尽《つ》くすことのできる者はいない。（中略）天台大師が一乗《いちじょう》や止観《しかん》を広めたあり方は、月を指すのと同じである〈注9〉。（中略）根本の教えは、究極の一法《いっぽう》に帰着《きちゃく》する」**と言っている。**

華厳宗《けごんしゅう》の法蔵大師《ほうぞうだいし》は天台宗《てんだいしゅう》を賛嘆《さんたん》して「慧思禅師《えしぜんじ》（南岳大師《なんがくだいし》）や智者大師《ちしゃだいし》（天台大師）のような人は、人智《じんち》を超えた不思議《ふしぎ》なことがあり〈注10〉、世俗《せぞく》の栄誉《えいよ》としては帝王《ていおう》にもお目にかかり〈注11〉、霊鷲山《りょうじゅせん》で聞いた説法《せっぽう》を今生《こんじょう》でも記憶《きおく》していた」**と。**

真言宗《しんごんしゅう》の不空三蔵《ふくうさんぞう》・含光法師《がんこうほっし》〈注12〉らが師弟ともに真言宗を捨《す》てて、天台大師《てんだいだいし》に帰服《きふく》する話が『高僧伝《こうそうでん》』〈注13〉に次のように記されている。

「不空三蔵《ふくうさんぞう》とともにインドに遊学中《ゆうがくちゅう》、一人の僧《そう》がいて、私に次のように質問した。『中国には天台《てんだい》の教えがあって、邪正《じゃしょう》を区別《くべつ》し、偏頗《へんぱ》な教えと完全な教えを明らかにする点で最《もっと》も優《すぐ》れているという。これを訳《やく》してインドに持って来ることができないだろうか』と」とある。この話は含光《がんこう》が妙楽大師《みょうらくだいし》に語ったものである。

妙楽大師《みょうらくだいし》は、この話を聞いて「この言葉は、仏法の中心の国（インド）〈注14〉で仏法が失《うしな》われたために、仏法を四方《しほう》の国に求めているということではないか。しかし、この中国では、そうした見識《けんしき》のある者は少ない。まるで母国《ぼこく》が生んだ孔子《こうし》〈注15〉の偉大さを知らない魯国《ろこく》の人のようなものである」（『法華文句記《ほっけもんぐき》』）などとある。

もしインドに天台《てんだい》の『法華玄義《ほっけげんぎ》』『法華文句《ほっけもんぐ》』『摩訶止観《まかしかん》』三十巻のような卓《たく》

越《えつ》した論書《ろんしょ》があるなら、南インド〈注16〉の僧《そう》がどうして中国の天台の注釈書《ちゅうしゃくしょ》をほしいと願《ねが》うだろうか。このことは、像法《ぞうほう》時代に法華経の真義《しんぎ》が明らかになって、全世界に広宣流布したということではないのか。

答える。天台大師《てんだいだいし》は、正法《しょうほう》時代一千年、像法《ぞうほう》時代の前半の四百年、以上、釈《しゃく》尊《そん》が亡《な》くなられた後、千四百年余《あま》りの間、それまでインドの大学者たちが広められたことのない、釈尊のすべての教えの中で最《もっと》も優《すぐ》れた円定《えんじょう》・円慧《えんね》を中国に広められただけでなく、その名声《めいせい》はインドにまで達《たっ》した。

それは法華経が広宣流布したように見えるが、まだ法華経に基《もと》づく円頓戒《えんどんかい》の戒壇《かいだん》をお建《た》てになっていない。小乗《しょうじょう》の律《りつ》を、法華経に基づく円定《えんじょう》・円慧《えんね》に切ってつなげるというのは、少し心細いように見える。

例を挙《あ》げれば、日食で太陽が欠《か》けていたり、月が満月《まんげつ》ではないようなものである。まして天台大師《てんだいだいし》の時は、大集経《だいじっきょう》で説《と》く読誦多聞堅固《どくじゅたもんけんご》の時にあたっており、まだ法華経が広宣流布する時ではないのである。

◇注　解◇

〈注1〉【因縁《いんねん》・約教《やっきょう》・本迹《ほんじゃく》・観心《かんじん》】天台大師《てんだいだいし》智顗《ちぎ》が用《もち》いた経典解釈の四種の方法。因縁《いんねん》釈《しゃく》・約教釈《やっきょうしゃく》・本迹釈《ほんじゃくしゃく》・観心釈《かんじんしゃく》のこと。①因縁釈は衆生《しゅじょう》の機根《きこん》とそれに応《こた》える仏の化導《けどう》との関係から解釈し、②約教釈は蔵《ぞう》・通《つう》・別《べつ》・円《えん》の四教《しきょう》の観点《かんてん》から解釈し、③本迹釈は本地《ほんじ》と垂迹《すいじゃく》という観点から解釈し、④観心釈は実践面から解釈する。

〈注2〉【依報《えほう》・正報《しょうほう》】報とは果報《かほう》のことで、過去の行為《こうい》の報《むく》いをいう。この報い（果報）を受ける主体である衆生《しゅじょう》の心身を正報といい、正報のよりどころとなる環境《かんきょう》・国土を依報という。一念三千《いちねんさんぜん》の法門においては五陰《ごおん》・衆生《しゅじょう》の二世間《せけん》が正報、国土世間《こくどせけん》は依報であり、ともに一念のなかに含《ふく》まれ、依正《えしょう》は不二《ふに》となる。現象面《げんしょうめん》では二であるが、相互《そうご》に深い関係性があり不二である。

〈注3〉【吉蔵大師《きちぞうだいし》】五四九年〜六二三年。中国の隋《ずい》・唐《とう》の僧《そう》。三論宗《さんろんしゅう》を大成《たいせい》した。嘉祥寺《かじょうじ》に居住《きょじゅう》したので嘉祥大師と称《しょう》された。主著に『法華義疏《ほっけぎしょ》』がある。

〈注4〉【南岳衡山《なんがくこうざん》】中国の五つの霊山《れいざん》・五岳《ごがく》のうち南方に位置する山で、中国湖南省《こなんしょう》にある。天台大師《てんだいだいし》の師《し》である南岳大師《なんがくだいし》慧思《えし》（〈注7〉を参照）が住んだ。本文中の「南岳衡山に住した聖人《しょうにん》」とは慧思のこと。

〈注5〉【天台山《てんだいさん》】中国浙江省《せっこうしょう》東部にある山。天台大師《てんだいだいし》が入山《にゅうざん》し、以後も代々の天台宗の座《ざ》主《す》が住み、天台宗の根本道場《こんぽんどうじょう》となった。本文中の「天台山に住している哲人《てつじん》」とは智顗《ちぎ》のこと。

〈注6〉【身《しん》・口《く》・意《い》の三業《さんごう》】身業《しんごう》・口業《くごう》（語業《ごごう》）・意業《いごう》の三つをいう。心で思う思慮分別《しりょふんべつ》が意業で、それが動作《どうさ》・振《ふ》る舞《ま》いにあらわれるのが身業、言語《げんご》に表現されるのが口業となる。いずれも善悪《ぜんあく》両面に通ずる。

〈注7〉【南岳大師《なんがくだいし》（慧思《えし》）】五一五年〜五七七年。中国・南北朝《なんぼくちょう》時代の僧《そう》・慧思のこと。天《てん》台大師《だいだいし》の師《し》。南岳（湖南省衡山県《こなんしょうこうざんけん》）に住んだので南岳大師と通称《つうしょう》される。

〈注8〉【終南山《しゅうなんざん》の道宣律師《どうせんりっし》】終南山は中国の長安《ちょうあん》（陝西省西安市《せんせいしょうせいあんし》）の南方にある山で修南《しゅうなん》山《ざん》とも書く。道宣（五九六年〜六六七年）は中国の隋《ずい》・唐《とう》の僧《そう》。律《りつ》に詳しく、終南山の豊《ぶ》徳寺《とくじ》に長く住んでいたので、彼の学派を南山律宗と呼ぶ。

〈注9〉【天台大師《てんだいだいし》が一乗《いちじょう》や止観《しかん》を広めたあり方は、月を指すのと同じである】御書本文は「義月《ぎつき》を指すに同じ」（二七〇ページ）。引用出典《しゅってん》の『大唐内典録《だいとうないてんろく》』には「三十余載《よさい》、盛《さか》んに一乗を弘《ひろ》む。止観禅門《しかんぜんもん》、利益惟遠《りやくこれとお》し。義《ぎ》、月を指すに同じ、筌蹄《せんてい》に滞《とどこお》らず」とある。

月を指し示すためには指が必要であるが、月に目がいけば指は不必要であるように、「月を指す」は、真理そのものを理解させ、真理を伝える手段に過《す》ぎない経文にはこだわらないということを意味する。

「筌蹄《せんてい》に滞《とどこお》らず」も、魚やウサギを捕獲《ほかく》する場合、捕獲《ほかく》してしまえば、その手段である罠《わな》にはこだわらないとの趣旨で、同じ意味。天台大師《てんだいだいし》が真理の体得《たいとく》を重んじて、その手段である経文そのものにはとらわれていなかったことをたたえたもの。

〈注10〉【人智《じんち》を超えた不思議《ふしぎ》なことがあり】御書本文は「神異《じんい》に感通《かんつう》して」（二七〇ページ）。御真筆《ごしんぴつ》は「神異感通」。「神異」も「感通」もともに不可思議《ふかしぎ》な超常現象《ちょうじょうげんしょう》を意味する。結果（神異＝不思議なこと）に力点を置《お》くか、原因（感通＝神《かみ》・仏・菩薩《ぼさつ》に心が通じる）に力点を置くかの違いなので、ここでは特に訳《やく》し分けなかった。

〈注11〉【世俗《せぞく》の栄誉《えいよ》としては帝王《ていおう》にもお目にかかり】御書本文は「迹登位《しゃくとうい》に参《まじ》わる」（二七〇ページ）。「登位」とは「王位《おうい》に登《のぼ》った人」、つまり王・皇帝《こうてい》のこと。「登位に参わる」とは「帝王にまみえる」の意。「迹」は、本地《ほんじ》に対する迹（かげ、あと）の意で、この場合、仏法上の境地《きょうち》に対して、世俗での姿《すがた》と解《かい》した。

〈注12〉【含光法師《がんこうほっし》】生没年《せいぼつねん》不詳《ふしょう》。中国・唐《とう》の密教僧《みっきょうそう》。不空《ふくう》の弟子として、その訳経《やっきょう》を助けた。

〈注13〉【『高僧伝《こうそうでん》』】ここでは『宋高僧伝《そうこうそうでん》』のこと。中国・宋の賛寧《さんねい》らの著作。三十巻。宋の太宗《たいそう》の勅旨《ちょくし》により作成《さくせい》され、唐《とう》の高僧《こうそう》を中心に正伝《せいでん》五百三十三人、付伝《ふでん》百三十人の伝記《でんき》が収《おさ》められている。高僧伝は、南北朝《なんぼくちょう》時代の梁《りょう》の慧皎《えこう》による『梁高僧伝《りょうこうそうでん》』に始まり、単《たん》に『高僧伝』といえば、これをさす場合が多い。ほかに『唐高僧伝《とうこうそうでん》』『明高僧伝《みんこうそうでん》』などがあり、以上の四つは四朝高僧伝《しちょうこうそうでん》と呼ばれる。

ただし、本文で引用された文《もん》は『宋高僧伝《そうこうそうでん》』の含光伝《がんこうでん》ではなく、『法華文句記《ほっけもんぐき》』巻《まき》十下の文である。直後の妙楽大師《みょうらくだいし》の言葉も『文句記《もんぐき》』の文である。『宋高僧伝』の含光伝の内容は、「八宗違目抄《はっしゅういもくしょう》」（御書一五七〜一五八ページ）で引用されており、これは『文句記』とほぼ同じ内容である。

〈注14〉**【仏法の中心の国（インド）】**御書本文は「中国」（二七〇ページ）。ここでは仏教の中心地という意味で、インドを指す。

〈注15〉**【孔子《こうし》】**紀元前《きげんぜん》五五一年〜前四七九年（生没年《せいぼつねん》には異説《いせつ》がある）。中国・春秋《しゅんじゅう》時代の思想家。姓《せい》は孔《こう》、名は丘《きゅう》、字《あざな》は仲尼《ちゅうじ》。儒教《じゅきょう》の祖《そ》。社会秩序《ちつじょ》を回復《かいふく》するために、「仁《じん》」という社会的な道徳《どうとく》を強調した。『論語《ろんご》』は、孔子の言行《げんこう》を弟子が編纂《へんさん》したものである。魯国《ろこく》で生まれたが、受け入れられず、諸国《しょこく》を遍歴《へんれき》した。

〈注16〉**【南インド】**含光《がんこう》の話には単に「インド（天竺《てんじく》）」とあるだけだが、竜猛《りゅうみょう》が南インド（南天《なんてん》）の鉄塔《てっとう》で密教《みっきょう》経典を発見したと真言宗《しんごんしゅう》が主張《しゅちょう》していることを踏《ふ》まえて、ここでは「南インド（南天）」とされている。

第18段　伝教大師《でんぎょうだいし》の弘通《ぐつう》

（御書二七一ジペー二行目〜二七二ジペー十八行目）

伝教大師《でんぎょうだいし》は日本国の人である。桓武天皇《かんむてんのう》の時代に現《あらわ》れて、欽明天皇《きんめいてんのう》の時代から二百年余《あま》りの間に広まった邪義《じゃぎ》を論破《ろんぱ》し、天台大師《てんだいだいし》の円慧《えんね》・円定《えんじょう》を選《えら》び取っただけではなく、鑑真和尚《がんじんわじょう》が広めた日本の三カ所の小乗戒壇《しょうじょうかいだん》〈注1〉を論《ろん》破《ぱ》し、比叡山《ひえいざん》に円頓戒《えんどんかい》の大乗別受戒《だいじょうべつじゅかい》〈注2〉を打ち立てた。

この偉大な業績《ぎょうせき》は、釈尊《しゃくそん》が亡《な》くなられた後の一千八百年の間、インド・中国・日本をはじめ、この世界の中で最《もっと》も奇特《きとく》なことであった。伝教大師《でんぎょうだいし》の内面《ないめん》の覚《さと》りは、竜樹《りゅうじゅ》や天台《てんだい》らに比《くら》べて、劣《おと》っているかもしれないし、あるいは同じかもしれない。しかし、仏法を学ぶ者すべてに同一の円頓戒《えんどんかい》を授《さず》けるとしたことは、竜樹や天親《てんじん》をも超え、南岳《なんがく》（慧思《えし》）や天台よりも、優《すぐ》れているように思われる。

全体として言えば、釈尊《しゃくそん》が亡《な》くなられた後の一千八百年の間では、誰にもまして天台大師《てんだいだいし》と伝教大師《でんぎょうだいし》の二人が、法華経の行者《ぎょうじゃ》であられるのである。故《ゆえ》に『法華秀句《ほっけしゅうく》』に「法華経には、『もし須弥山《しゅみせん》に手をのばして、他の無数《むすう》の仏国土《ぶっこくど》の向こうに投《な》げ置《お》いたとしても〈注3〉、これもまだ難《むずか》しいことではない。（中略）もし仏の亡《な》くなった後、悪い時代にこの法華経を説《と》くことは、それこそ難しいことである』（見宝塔品《けんほうとうほん》）と」などと引用して、この経文の意味について、「浅い教えは易《やさ》しく、深い教えは難しいとは、釈尊《しゃくそん》による判定《はんてい》である。浅い教えを捨《す》てて深い教えを採用《さいよう》することは、仏〔丈夫《じょうぶ》〕の心である。天台大《てんだいだい》師《し》は釈尊に従《したが》い、法華宗に力《ちから》を添《そ》えて中国に宣揚《せんよう》し、比叡山《ひえいざん》の一門は天台大師から相承《そうじょう》を受け、法華宗に力を添えて日本に広める」と解釈している。

この解釈の趣旨は、現在の賢劫《げんごう》〈注4〉の中の第九の減《げん》の中で、人間の寿命《じゅみょう》が百歳になった時から、釈尊《しゃくそん》が存命中《ぞんめいちゅう》の五十年と亡《な》くなられて以後の一千八百年余《あま》りの間に、人が五尺《しゃく》（約一・六メートル）ほどのちっぽけな体についた手で縦横《たてよこ》が一寸《すん》とか二寸とかの大きさの石ころを握《にぎ》って一丁《ちょう》、二丁まで投《な》げるのと同様に、十六万八千由旬《ゆじゅん》〈注5〉、すなわち六百六十二万里《り》の高さの金山《こんぜん》を雀《すずめ》が飛ぶよりも速く、鉄囲山《てっちせん》の外《そと》へと投げる者が仮《かり》にいたとしても、法華経を仏が説《と》かれた通りに説く人は、末法《まっぽう》の時代には稀《まれ》である。天台大師《てんだいだいし》と伝教大師《でんぎょうだいし》だけが、仏説《ぶっせつ》と同じようにお説きになった人であられるということである。

インドの大学者たちは、まだ法華経に到達《とうたつ》していない。中国の天台大師《てんだいだいし》以前の学者たちは、行《ゆ》き過《す》ぎや足りないところがある。慈恩《じおん》・法蔵《ほうぞう》・善無畏《ぜんむい》らは、東を西といい、天を地と言った人々である。

こうしたことは、伝教大師《でんぎょうだいし》（最澄《さいちょう》）の自画自賛《じがじさん》ではない。延暦《えんりゃく》二十一年（八〇二年）正月十九日、高雄山《たかおさん》〈注6〉に桓武天皇《かんむてんのう》がおいでになり、六宗《ろくしゅう》・南都《なんと》七大寺《しちだいじ》の高僧《こうそう》である善議《ぜんぎ》・勝猷《しょうゆう》・奉基《ほうき》・寵忍《ちょうにん》・賢玉《けんぎょく》・安福《あんぷく》・勤操《ごんぞう》・修円《しゅえん》・慈誥《じこう》・玄耀《げんよう》・歳光《さいこう》・道証《どうしょう》・光証《こうしょう》・観敏《かんびん》などの十人余《あま》り〈注7〉を招《まね》き、最澄法師《さいちょうほっし》と対面させて問答《もんどう》を行《おこな》ったところ、最澄が一言《ひとこと》を発しただけで高僧たちは沈黙《ちんもく》してしまい、二言、三言を発するまでもなかったといったこともあり、みな一様に頭を下げ、手を合わせた。

三論宗《さんろんしゅう》の二蔵《にぞう》・三時《さんじ》・三転法輪《さんてんぼうりん》の教判《きょうはん》〈注8〉、法相宗《ほっそうしゅう》の三時教判《さんじきょうはん》・五性各別《ごしょうかくべつ》の説《せつ》〈注9〉、華厳宗《けごんしゅう》の四教《しきょう》・五教・根本枝末《こんぽんしまつ》の教判《きょうはん》や六相《ろくそう》・十玄《じゅうげん》の法理〈注10〉など、みなその根本が否定された。例を挙《あ》げれば、大きな家の棟《むね》や梁《はり》が折《お》れたようなものである。十人の高僧《こうそう》たちの高慢《こうまん》な心は幢《はたほこ》〈注11〉のようであったが、それも倒《たお》れたのである。

その時、桓武天皇《かんむてんのう》は大いに驚《おどろ》かれて、同月の二十九日に和気弘世《わけのひろよ》〈注12〉と大《おお》伴国道《とものくにみち》〈注13〉という二人の官吏《かんり》を勅使《ちょくし》として、再度《さいど》七大寺《しちだいじ》・六宗《ろくしゅう》に命じたので、それぞれが帰服《きふく》することを記した上申書《じょうしんしょ》を提出した。

そこには以下のようにある。

「私どもなりに天台大師《てんだいだいし》の『法華玄義《ほっけげんぎ》』を拝見《はいけん》すると、釈尊《しゃくそん》のすべての教えを総括《そうかつ》し、その趣旨をすべて明らかにして不明《ふめい》なところは何一つない。諸宗の見解《けんかい》から抜《ぬ》きんでており、とりわけ仏の唯一無二《ゆいいつむに》の覚《さと》りを示している。

その中に説《と》かれている内容は極《きわ》めて深遠《しんえん》な法理である。われわれ七大寺《しちだいじ》、六《ろく》宗《しゅう》の学僧《がくそう》は昔からいまだかつて聞いたことも見たこともないものである。三論《さんろん》宗《しゅう》と法相宗《ほっそうしゅう》との長年にわたる論争《ろんそう》は、跡形《あとかた》もなく氷《こおり》のように解《と》け、晴れ晴れとしてついに明快《めいかい》な理解に達《たっ》したさまは、ちょうど雲や霧《きり》がなくなって、太陽や月・星を見るようなものである。

聖徳太子《しょうとくたいし》が仏法を広めてから今日《こんにち》に至《いた》る二百年余《あま》りの間、講義《こうぎ》された経典や論書《ろんしょ》は数多い。諸宗が互《たが》いに自《みずか》らこそが正しいと主張《しゅちょう》したが、疑問《ぎもん》はまだ解決していない。

しかも、この最《もっと》も深遠《しんえん》な円宗《えんしゅう》〈注14〉が広く示されたことはなかった。おそらくは、この国の多くの衆生《しゅじょう》はまだ円宗を理解する機根《きこん》がなかったのだろうか。謹《つつし》んで考えてみると、日本の桓武天皇《かんむてんのう》は遠い昔、霊山《りょうぜん》において釈尊《しゃくそん》からの付《ふ》嘱《ぞく》を受け、深く純円《じゅんえん》の機根《きこん》〈注15〉を身にそなえ、唯一無二《ゆいいつむに》の妙法の教えを初《はじ》めて興《おこ》した。六宗《ろくしゅう》の学者は、初めて仏法の究極の教えを覚《さと》った。この世界の衆生《しゅじょう》は、今から以後は、すべて妙法・円教《えんぎょう》の船に乗り、速やかに成仏《じょうぶつ》の彼岸《ひがん》に渡《わた》ることができると言えよう。（中略）善議《ぜんぎ》らは過去世《かこせ》の縁《えん》にひかれて幸運《こううん》な世に生まれ合わせ、やっと希有《けう》の言葉に接《せっ》することができた。心の底《そこ》から望《のぞ》んでいたのでなければ、どうしてこのようなすばらしい時代に生まれることができただろうか」とある。

中国の嘉祥大師《かじょうだいし》（吉蔵《きちぞう》）らは、百人余《あま》りを集めて天台大師《てんだいだいし》を聖人《しょうにん》と定めている。今、日本の七大寺《しちだいじ》の二百人余りの僧《そう》たちは、伝教大師《でんぎょうだいし》を聖人とお呼びしている。仏が亡《な》くなられた後、二千年余りになるまでに、日本・中国の両国に、聖人が二人出現した。その上、伝教大師は、天台大師が広めていなかった円頓《えんどん》の大戒《だいかい》を比叡山《ひえいざん》に打ち立てられた。これが、どうして像法《ぞうほう》時代の末《すえ》に法華経が広宣流布したということではないのか。

答える。迦葉《かしょう》・阿難《あなん》らが広めなかった重大な教えを馬鳴《めみょう》・竜樹《りゅうじゅ》・提婆《だいば》・天親《てんじん》らが広めたということは、先ほどのあなたの批判《ひはん》によって明らかになった。

また竜樹《りゅうじゅ》・天親《てんじん》らが広め残された重大な教えを、天台大師《てんだいだいし》が広められたことも、またあなたの批判《ひはん》によって明らかになった。

また天台智者大師《てんだいちしゃだいし》が広められなかった円頓《えんどん》の大戒《だいかい》を、伝教大師《でんぎょうだいし》が打ち立てられたことも、同様に明らかである。

ただし、結局のところ疑問《ぎもん》に思うことは、釈尊《しゃくそん》は教えをすべて説《と》いたけれども、釈尊が亡《な》くなられた後に、迦葉《かしょう》・阿難《あなん》・馬鳴《めみょう》・竜樹《りゅうじゅ》・無著《むじゃく》・天親《てんじん》から天《てん》台《だい》・伝教《でんぎょう》に至《いた》るまでの人たちがまだ広められていない最大の秘蔵《ひぞう》の正法《しょうほう》が、法華経の経文の上にはっきりと見える。この深遠《しんえん》な法が今、末法《まっぽう》の初《はじ》めである第五の五百年にこの世界に広宣流布するのかどうかについて、疑問が尽《つ》きない。

◇注　解◇

〈注1〉**【日本の三カ所の小乗戒壇《しょうじょうかいだん》】** 奈良《なら》の東大寺《とうだいじ》、下野国《しもつけのくに》（栃木県《とちぎけん》）の薬師寺《やくしじ》、筑紫国《つくしのくに》（福岡県《ふくおかけん》）の観世音寺《かんぜおんじ》の三カ所の戒壇のこと。正式に僧《そう》になるには、この三つのいずれかに赴《おもむ》いて受戒《じゅかい》する必要があった。

〈注2〉**【比叡山《ひえいざん》に円頓戒《えんどんかい》の大乗別受戒《だいじょうべつじゅかい》】** 第12段〈注9〉を参照。

〈注3〉**【もし須弥山《しゅみせん》に手をのばして、他の無数《むすう》の仏国土《ぶっこくど》の向こうに投《な》げ置《お》いたとしても】**

御書本文および法華経見宝塔品《けんほうとうほん》第十一の原文は「若《も》し須弥《しゅみ》を接《と》って他方《たほう》無数《むしゅ》の仏土《ぶつど》に擲《な》げ置《お》かんも（若接須弥《にゃくしょうしゅみ》　擲置他方《ちゃくちたほう》　無数仏土《むしゅぶつど》）」（御書二七一ページ、法華経三九〇ページ）。

「他の無数《むすう》の仏国土《ぶっこくど》の向こうに」という訳《やく》は、法華経の梵文《ぼんぶん》（サンスクリット文）を参照した。「無数の仏国土に」投《な》げ置《お》くとすると、須弥山《しゅみせん》を無数に砕《くだ》かなければならないが、梵文を見ると、須弥山をそのままひとかたまりとして投げるのであり、「無数の仏国土」は目的地ではなく、通過する距離を示すものである。それを踏まえて読み下しを改めると、「若《も》し須弥を接《と》って他方《たほう》に擲《な》げ置《お》くこと無数《むしゅ》の仏土《ぶつど》ならんも」となる。

「妙法尼御前御返事《みょうほうあまごぜんごへんじ》」には「須弥山《しゅみせん》を他方の世界へつぶてになぐる《擲》人よりも」（御書一四〇二ページ）とあることからも、日蓮大聖人が須弥山をそのまま投《な》げる様を想定《そうてい》していたと拝《はい》される。

〈注4〉【賢劫《げんごう》】現在の一大劫《だいこう》（成《じょう》・住《じゅう》・壊《え》・空《くう》の四劫《しこう》）のこと。荘厳劫《しょうごんごう》（過去の大劫）と星宿劫《しょうしゅくこう》（未来の大劫）に対する語。善劫《ぜんこう》ともいう。千仏《せんぶつ》などの多くの賢聖《けんしょう》が出現する時であることからこのようにいう。ここでは住劫《じゅうこう》（世界が存続《そんぞく》する期間）のことだが、その期間の長さについては経論《きょうろん》により諸説《しょせつ》ある。第6段〈注10〉を参照。

〈注5〉【由旬《ゆじゅん》】サンスクリットのヨージャナの音写で、インドの長さの単位。帝王《ていおう》が一日に行軍《こうぐん》する距離《きょり》と言われる。

〈注6〉【高雄山《たかおさん》】神護寺《じんごじ》のこと。京都市右京区梅ケ畑高雄町《きょうとしうきょうくうめがはたたかおちょう》にある。和気氏《わけし》の氏寺《うじでら》で、後に真言宗《しんごんしゅう》の寺院となる。

〈注7〉【善議《ぜんぎ》・勝猷《しょうゆう》……などの十人余《あま》り】『叡山大師伝《えいざんだいしでん》』によれば、ここに挙《あ》げられた十四人が招《まね》かれたという。

善議《ぜんぎ》（七二九年～八一二年）は、平安《へいあん》初期の三論宗《さんろんしゅう》の僧《そう》。奈良・大安寺《だいあんじ》の道慈《どうじ》に学ぶ。弟子に勤操《ごんぞう》がいる。

勝猷《しょうゆう》（生没年不詳《せいぼつねんふしょう》）は、平安《へいあん》初期の南都七大寺《なんとしちだいじ》の高僧《こうそう》の一人。

奉基《ほうき》（八一六年～八九七年）は、平安《へいあん》初期、法相宗《ほっそうしゅう》の奈良《なら》・元興寺《がんごうじ》の僧《そう》。南都七大寺《なんとしちだいじ》の高僧《こうそう》の一人。

寵忍《ちょうにん》（生没年不詳）は、南都六宗《なんとろくしゅう》の僧《そう》の一人。

賢玉《けんぎょく》（生没年不詳《せいぼつねんふしょう》）は、平安《へいあん》初期、法相宗《ほっそうしゅう》の元興寺《がんごうじ》の僧《そう》。

安福《あんぷく》（生没年不詳）は、南都六宗《なんとろくしゅう》の僧《そう》の一人。

勤操《ごんぞう》（七五四年または七五八年～八二七年）は、平安《へいあん》初期の南都七大寺《なんとしちだいじ》の高僧《こうそう》の一人で、三論宗《さんろんしゅう》の僧。善議《ぜんぎ》から三論《さんろん》を学ぶ。僧都《そうず》となって東大寺《とうだいじ》と西大寺《さいだいじ》を管領《かんれい》し、後に岩淵寺《いわぶちでら》を開いた。八二六年に大僧都となり、死後に勅《ちょく》をえて僧正《そうじょう》となった。

修円《しゅえん》（七七一年～八三五年）は、平安《へいあん》初期の法相宗《ほっそうしゅう》の僧《そう》。興福寺《こうふくじ》に住み、当時第一の学《がく》僧《そう》として有名だった。唐《とう》より帰国した伝教大師《でんぎょうだいし》最澄《さいちょう》から密教《みっきょう》の灌頂《かんじょう》を受けている。伝教大師は大乗戒壇建立《だいじょうかいだんこんりゅう》を請《こ》う上表文《じょうひょうぶん》を朝廷《ちょうてい》に提出したが、八一九年、修円は護命《ごみょう》らとともにそれに反対する上奏《じょうそう》を行った。弟子には、伝教大師と論争《ろんそう》した得一《とくいつ》がいる。

慈誥《じこう》・玄耀《げんよう》・歳光《さいこう》は、いずれも南都七大寺《なんとしちだいじ》の高僧《こうそう》の一人。生没年不詳。

道証《どうしょう》（七五六年～八一六年）は、平安《へいあん》初期の法相宗《ほっそうしゅう》の僧《そう》。

光証《こうしょう》（生没年不詳）は、南都七大寺《なんとしちだいじ》の高僧《こうそう》の一人。

観敏《かんびん》（生没年不詳）は、平安《へいあん》初期の奈良大安寺《ならだいあんじ》の僧《そう》。

〈注8〉**【三論宗《さんろんしゅう》の二蔵《にぞう》・三時《さんじ》・三転法輪《さんてんぼうりん》の教判《きょうはん》】**それぞれ、三論宗が釈尊《しゃくそん》一代の教えを分類した教判。二蔵は、声聞蔵《しょうもんぞう》（小乗教《しょうじょうきょう》）と菩薩蔵《ぼさつぞう》（大乗教《だいじょうきょう》）。三時は、①心境倶有《しんきょうくう》（心と境は両方とも有《う》であるとみる小乗教）②境空心有《きょうくうしんぬ》（境は空《くう》であるが心は有であるとみる法相《ほっそう》大乗教＝唯識《ゆいしき》）③心境倶空《しんきょうくくう》（心と境は両方とも空であるとみる無相《むそう》大乗教＝中観《ちゅうがん》）のこと。

三転法輪《さんてんぽうりん》は、①根本法輪《こんぽんほうりん》（成道《じょうどう》の時に菩薩たちのために説く＝華厳経《けごんぎょう》）②枝末《しまつ》法輪（根本法輪を理解しない者のために説く＝小乗経典・諸大乗経典）③摂末帰本法輪《しょうまつきほんほうりん》（さまざまな教えを一乗に帰着させる教え＝法華経）と立て分ける

〈注9〉【法相宗《ほっそうしゅう》の三時教判《さんじきょうはん》・五性各別《ごしょうかくべつ》の説《せつ》】三時教判は、法相宗が解深密経《げじんみっきょう》に基《もと》づき、釈《しゃく》尊《そん》一代の教えを三つに分類した教判。①初時有教《しょじうきょう》は、法のみ有《う》である（不変《ふへん》で固有《こゆう》の実体をもつ）と説《と》く教えで、阿含経《あごんぎょう》など小乗《しょうじょう》の教えがこれに当たる。②第二時空教《だいにじくうきょう》は、一切諸《いっさいしょ》法《ほう》はみな空であると説く教えで、般若経《はんにゃきょう》などがこれに当たる。③第三時中道教《だいさんじちゅうどうきょう》は非有非空《ひうひくう》（有に非《あら》ず空に非ず）を明かす教えで華厳経《けごんぎょう》・法華経・解深密経などがこれに当たる。

五性各別《ごしょうかくべつ》は、衆生《しゅじょう》が本来そなえている宗教的能力《のうりょく》を五種類に分類する説《せつ》。①定性声聞《じょうしょうしょうもん》は、声聞の覚《さと》りである阿羅漢果《あらかんか》を得ることが決まっているもの。②定性縁覚《じょうしょうえんがく》は、縁覚の覚りである辟支仏果《ひゃくしぶつか》が得られると決まっているもの。③定性菩薩《じょうしょうぼさつ》は、菩薩の覚りである仏果《ぶっか》が得られると決まっているもの。④三乗不定《さんじょうふじょう》は、以上の三乗の修行《しゅぎょう》とその結果が定まっていないもの。⑤無性《むしょう》は、覚りの果《か》を得ることができないもの。これらのうち、成仏《じょうぶつ》すなわち仏果が得られるのは③④のみとなる。

〈注10〉【華厳宗《けごんしゅう》の四教《しきょう》・五教《ごきょう》・根本枝末《こんぽんしまつ》の教判《きょうはん》や六相《ろくそう》・十玄《じゅうげん》の法理】四教は、法蔵《ほうぞう》の弟子・慧苑《えおん》が立てた説《せつ》。①迷真異執教《めいしんいしゅうきょう》（外道凡夫《げどうぼんぷ》の教え）②真一分半教《しんいちぶんはんきょう》（二乗《にじょう》の教え）③真一作《しんいちさ》満教《まんきょう》（初心《しょしん》の菩薩《ぼさつ》の教え）④真具分満教《しんぐぶんまんきょう》（如来蔵《にょらいぞう》を識《し》る者の教え）。

五教《ごきょう》は、法蔵《ほうぞう》の説《せつ》によれば、①小乗教《しょうじょうきょう》②大乗始教《だいじょうしきょう》③大乗終教《だいじょうしゅうきょう》④頓教《とんぎょう》⑤円教《えんぎょう》。

根本枝末《こんぽんしまつ》は、三転法輪《さんてんぽうりん》のうち根本法輪《ほうりん》と枝末法輪のことで、華厳宗《けごんしゅう》でも用《もち》いる。〈注8〉を参照。

六相《ろくそう》は、十玄《じゅうげん》とともに華厳宗《けごんしゅう》で立てる法界観《ほっかいかん》に関する法門で、総相《そうそう》・別相《べっそう》・同相《どうそう》・異《い》相《そう》・成相《じょうそう》・壊相《えそう》の六つ。諸法《しょほう》を差別と平等の両面から述べたもので、一切《いっさい》の法はみな六相を具足《ぐそく》し、凡夫《ぼんぷ》にはこの六相が別々《べつべつ》に見えるが、聖人《しょうにん》の眼《まなこ》には互《たが》いに円融《えんゆう》して相即無礙《そうそくむげ》となっていることをいう。

十玄《じゅうげん》は、微妙《びみょう》な十種類の縁起《えんぎ》のこと。諸事象《しょじしょう》が相互《そうご》に密接に関連する相《そう》を十種の方向から説明したもの。

〈注11〉**【幢《はたほこ》】** 小さな旗《はた》を上部に付けた矛《ほこ》。

〈注12〉**【和気弘世《わけのひろよ》】** 生没年不詳《せいぼつねんふしょう》。平安《へいあん》初期の貴族《きぞく》で、和気清麻呂《わけのきよまろ》の長子《ちょうし》。弟の真綱《まつな》と共《とも》に深く仏法を信じ、日本天台宗《てんだいしゅう》の成立に貢献《こうけん》した。

〈注13〉**【大伴国道《おおとものくにみち》】** 七六八年～八二八年。平安《へいあん》初期の貴族《きぞく》で、大伴継人《おおとものつぐひと》の子。伝教大師《でんぎょうだいし》の大乗戒壇建立《だいじょうかいだんこんりゅう》を支援《しえん》し、八二三年、延暦寺《えんりゃくじ》の俗別当《ぞくべっとう》に就《つ》いた。

〈注14〉**【円宗《えんしゅう》】** 円教《えんぎょう》である法華経をよりどころとする宗派《しゅうは》のこと。天台宗《てんだいしゅう》の別名。

〈注15〉**【純円《じゅんえん》の機根《きこん》】** 純円の教えによって覚《さと》る衆生《しゅじょう》の機根のこと。純円は、純粋に円教《えんぎょう》のみが説《と》かれた経典のことで、ここでは法華経のこと。

第19段　末法《まっぽう》について考察《こうさつ》する

（御書二七三ジペ一行目〜十七行目）

問う。それはどのような秘蔵《ひぞう》の法か。初《はじ》めにその名を聞き、次にその内容を聞きたいと思う。このことがもし真実であるなら、釈尊《しゃくそん》が二度、この世に出現されたのか、上行菩薩《じょうぎょうぼさつ》が再び涌出《ゆじゅつ》したのか。どうか一刻《いっこく》も早く教えていただきたい。

あの玄奘三蔵《げんじょうさんぞう》は、六度も生まれ変《か》わってインドに渡《わた》り、十七年間〈注1〉も学んだが、「法華一乗《ほっけいちじょう》は方便《ほうべん》の教えであり、小乗《しょうじょう》の阿含経《あごんぎょう》が真実の教えである」という結論に終わった。不空三蔵《ふくうさんぞう》は中国からインドに帰って仏典を求めたが、

「寿量品《じゅりょうほん》の仏は阿弥陀仏《あみだぶつ》である」と書いている。

これらは東を西といい、太陽を月と間違えているようなものである。これでは、苦しい思いをして仏法を学んでも何になろうか。誤《あやま》った教えを心に刻《きざ》んだところで無益《むえき》である。

幸いにも私たちは、末法《まっぽう》に生まれて、一歩も歩《あゆ》まずして、仏に成《な》るのに必要な三阿僧祇劫《さんあそうぎこう》〈注2〉もの修行《しゅぎょう》を終え、頭を飢《う》えた虎《とら》に与える〈注3〉菩薩《ぼさつ》の利他《りた》行《ぎょう》をしなくとも、無見頂相《むけんちょうそう》〈注4〉という仏の姿《すがた》を得るだろう。

答える。この法門を説《と》くことは、経文にあることだから、たやすいことだろう。ただし、この法門については、それに先立って三つの重大な問題がある。大海《たいかい》は広いが、死骸《しがい》をいつまでも浮《う》かべていることはない。大地は厚《あつ》いが、不《ふ》孝《こう》の者だけは載《の》せない。仏法では五逆《ごぎゃく》の罪《つみ》〈注5〉を犯《おか》した者でも助け、不孝の者でも救《すく》う。ただし正法《しょうほう》を誹謗《ひぼう》する一闡提《いっせんだい》の者は、戒律《かいりつ》を持《たも》って第一である者でも許《ゆる》さない。

この三つの災《わざわ》いとは、すなわち念仏宗《ねんぶつしゅう》と禅宗《ぜんしゅう》と真言宗《しんごんしゅう》である。

第一に念仏宗《ねんぶつしゅう》は、日本国内に充満《じゅうまん》して、出家《しゅっけ》・在家《ざいけ》の男女のすべてに口癖《くちぐせ》のように念仏を唱えさせている。

第二に禅宗《ぜんしゅう》は、三衣一鉢《さんねいっぱつ》〈注6〉の持戒者《じかいしゃ》を装《よそお》った大慢心《だいまんしん》の出家者《しゅっけしゃ》が国中《くにじゅう》に充《じゅう》満《まん》して、自分たちを天下の人々を導《みちび》く者だと思っている。

第三に真言宗《しんごんしゅう》は、上述《じょうじゅつ》の念仏《ねんぶつ》・禅《ぜん》の二宗《しゅう》と同列に扱《あつか》うことはできない。真言宗の人々は、比叡山《ひえいざん》・東寺《とうじ》・七大寺《しちだいじ》・園城寺《おんじょうじ》の官主《かんしゅ》〈注7〉・御室《おむろ》〈注8〉・長《ちょう》吏《り》・検校《けんぎょう》〈注9〉である。周知《しゅうち》のように、宮中《きゅうちゅう》の内侍所《ないしどころ》の神鏡《しんきょう》〈注10〉は焼《や》けて灰《はい》となってしまったが、彼らは大日如来《だいにちにょらい》の宝印《ほういん》〈注11〉を仏の鏡《かがみ》として頼《たよ》りにしている。また、宝剣《ほうけん》は壇《だん》ノ浦《うら》の海に沈《しず》んだ〈注12〉が、彼らは真言宗の五大尊《ごだいそん》〈注13〉によって国敵《こくてき》を切るつもりでいる。

このような頑迷《がんめい》な信心は、たとえ劫石《こうしゃく》〈注14〉がすり減《へ》ることがあっても、衰《おとろ》えることがあるとは思えない。大地がひっくり返ることがあっても、疑《うたが》いの心は起きそうにない。

かつて中国の天台大師《てんだいだいし》が、南三北七《なんさんほくしち》の諸学派《しょがくは》を批判《ひはん》された時にも、この真言《しんごん》宗《しゅう》はまだ中国へ伝わっていなかった。日本の伝教大師《でんぎょうだいし》が六宗《ろくしゅう》を屈服《くっぷく》させた時にも、まだ日本に来ていなかった真言宗は批判の対象《たいしょう》から外れていた。

このように天台《てんだい》・伝教《でんぎょう》といった強敵《きょうてき》による批判《ひはん》を免《まぬか》れて、真言宗《しんごんしゅう》は逆《ぎゃく》に大事な法を盗《ぬす》み滅《ほろ》ぼしている。その上、伝教大師の弟子である慈覚大師《じかくだいし》（円仁《えんにん》）〈注15〉が、この真言宗《しんごんしゅう》を偏重《へんちょう》し、比叡山《ひえいざん》の天台宗をあざむいて貶《おとし》め、完全に真言宗としてしまった。この人に対しては誰が逆《さか》らうことができようか。

このような誤《あやま》った考えに助けられて、弘法大師《こうぼうだいし》（空海《くうかい》）の邪義《じゃぎ》についても非難《ひなん》する人もいない。安然和尚《あんねんかしょう》〈注16〉が少し弘法を批判《ひはん》しようとしたが、ただ法華経と華厳経《けごんぎょう》との勝劣《しょうれつ》についてだけ非難したにとどまり、かえって法華経については大日経《だいにちきょう》と比較《ひかく》して劣《おと》った経という位置づけを決定的にしてしまった。安然は、ただ俗《ぞく》に言う「たて入《い》り」の人〈注17〉のようなものであった。

◇注　解◇

〈注1〉【十七年間】御書本文は「十九年」（二七三㌻）であるが、史実《しじつ》に合わせた。第10段〈注4〉を参照。

〈注2〉【三阿僧祇劫《さんあそうぎこう》】菩薩《ぼさつ》が修行《しゅぎょう》を始めて成仏《じょうぶつ》するまでの期間をいう。阿僧祇とはサンスクリットのアサンキヤの音写で無数《むすう》・無尽数《むじんじゅ》と訳《やく》し、極大《きょくだい》で数えることのできない数。

〈注3〉【頭を飢《う》えた虎《とら》に与える】金光明経《こんこうみょうきょう》では、釈尊《しゃくそん》が過去世《かこせ》で薩埵王子《さったおうじ》として菩薩《ぼさつ》の修行《しゅぎょう》をしていた時、身を虎に与えるという布施《ふせ》を行い、その功績《こうせき》で今の釈尊に生まれることができたと説《と》いている。

〈注4〉【無見頂相《むけんちょうそう》】だれも頭頂部《とうちょうぶ》を見ることができないという相。仏の三十二相《さんじゅうにそう》の一つ。

〈注5〉【五逆《ごぎゃく》の罪《つみ》】五逆罪《ごぎゃくざい》のこと。五種の最《もっと》も重い罪で、業因《ごういん》となって必ず無間地獄《むけんじごく》の苦果《くか》を受ける。父を殺《ころ》す（殺父《せっぷ》）、母を殺す（殺母《せつも》）、阿羅漢《あらかん》を殺す（殺阿羅漢《せつあらかん》）、仏身《ぶっしん》を傷《きず》つけ血を出《い》だす（出仏身血《すいぶっしんけつ》）、教団《きょうだん》を分裂《ぶんれつ》させる（破和合僧《はわごうそう》）の五つ。

〈注6〉【三衣一鉢《さんねいっぱつ》】僧《そう》が所持を認《みと》められた三種の衣服《いふく》と、布施《ふせ》を受ける時に用《もち》いる鉢《はち》一個のこと。「三衣一鉢を持つ」とは、戒律《かいりつ》を守って清貧《せいひん》でいること。

〈注7〉【官主《かんしゅ》】寺の貫主《かんじゅ》のこと。

〈注8〉**【御室《おむろ》】** 京都仁和寺《きょうとにんなじ》の通称《つうしょう》であるが、ここでは仁和寺を統轄《とうかつ》する御室門跡《おむろもんぜき》のこと。

〈注9〉**【長吏《ちょうり》・検校《けんぎょう》】** 寺の事務《じむ》を統轄《とうかつ》する僧《そう》のこと。長吏は園城寺《おんじょうじ》（三井寺《みいでら》）などの貫主《かんじゅ》、検校は高野山金剛峯寺《こうやさんこんごうぶじ》などの貫主の名称《めいしょう》。

〈注10〉**【宮中《きゅうちゅう》の内侍所《ないしどころ》の神鏡《しんきょう》】** 皇位《こうい》の象徴《しょうちょう》である三種《さんしゅ》の神器《じんぎ》の一つ、八咫鏡《やたのかがみ》のこと。内侍所とは平安《へいあん》時代の内裏《だいり》の一区画《くかく》で、ここに神鏡を安置《あんち》する賢所《かしこどころ》があり、内侍司《ないしのつかさ》の女官《にょかん》が神鏡を守護《しゅご》していた。このことから、神鏡そのものを内侍所と呼ぶようになった。賢所は何度か火災《かさい》に遭《あ》い、八咫鏡も焼《や》けている。

〈注11〉**【宝印《ほういん》】** 仏の印《いん》を尊《とうと》んで宝印という。印とは印相《いんぞう》、印契《いんげい》のことで、指先で特別な形を結び仏・菩薩《ぼさつ》の覚《さと》りを表したものを手印《しゅいん》といい、刀剣《とうけん》など諸仏《しょぶつ》が所持する器具《きぐ》で表すのを契印《けいいん》という。特に密教《みっきょう》で曼荼羅《まんだら》や仏像《ぶつぞう》の諸尊《しょそん》に用《もち》いられた。

〈注12〉**【宝剣《ほうけん》は壇《だん》ノ浦《うら》の海に沈《しず》んだ】** 壇ノ浦の合戦《かっせん》で平家《へいけ》が滅《ほろ》びた時（一一八五年）、安徳天皇《あんとくてんのう》は三種《さんしゅ》の神器《じんぎ》とともに入水《じゅすい》した。『吾妻鏡《あずまかがみ》』によれば、その後、八坂瓊曲玉《やさかにのまがたま》と八咫鏡《やたのかがみ》は回収《かいしゅう》されたが、宝剣《ほうけん》は海中に没《ぼっ》したまま発見できなかったという。

〈注13〉**【五大尊《ごだいそん》】** 真言密教《しんごんみっきょう》で説《と》く五大明王《ごだいみょうおう》のことで、不動明王《ふどうみょうおう》・降三世明王《ごうざんぜみょうおう》・軍荼利明王《ぐんだりみょうおう》・大威徳明王《だいいとくみょうおう》・金剛夜叉明王《こんごうやしゃみょうおう》をいう。おのおの本地《ほんじ》の仏である金剛界《こんごうかい》の五仏（大日如来《だいにちにょらい》・阿閦如来《あしゅくにょらい》・宝生如来《ほうしょうにょらい》・阿弥陀如来《あみだにょらい》・不空成就如来《ふくうじょうじゅにょらい》）の命令を受け、内外の障魔《しょうま》を降伏《ごうぶく》するために怒《いか》り（忿怒《ふんぬ》）の姿形《すがたかたち》で示現《じげん》したとされる。

〈注14〉【劫石《こうしゃく》】劫《こう》の長さを決める基準《きじゅん》となる石。石が天衣《てんい》によって摩滅《まめつ》し尽《つ》くしたときを一劫といい、無限《むげん》の時間をあらわしている。

〈注15〉【慈覚大師《じかくだいし》（円仁《えんにん》）】七九四年～八六四年。平安《へいあん》初期の天台宗《てんだいしゅう》の僧《そう》。第三代天台座《ざ》主《す》。伝教大師《でんぎょうだいし》最澄《さいちょう》に師事したのち唐《とう》に渡《わた》る。蘇悉地経《そしつじきょう》など最新《さいしん》の密教《みっきょう》を日本にもたらし、天台宗の密教（台密《たいみつ》）を真言宗《しんごんしゅう》に匹敵《ひってき》するものとした。法華経と密教は理《り》において同じだが事相《じそう》においては密教が勝《まさ》るという「理同事勝《りどうじしょう》」の説《せつ》に立った。また、五台山《ごだいさん》の念仏三昧《ねんぶつざんまい》を始めたことで、これが後の比叡山《ひえいざん》における浄土《じょうど》信仰の起源《きげん》となった。円仁が法華経よりも密教を重んじたことについては、本抄第25段から第27段で厳しく批判《ひはん》されている。

〈注16〉【安然和尚《あんねんかしょう》】八四一年～？　平安《へいあん》初期の天台宗《てんだいしゅう》の学僧《がくそう》。円仁《えんにん》（慈覚《じかく》）の弟子で、天《てん》台密教《だいみっきょう》を大成《たいせい》した。

〈注17〉【「たて入《い》り」の人】「たて入り」の正確な語義《ごぎ》は未詳《みしょう》であるが、争《あらそ》う双方《そうほう》の顔を立てる仲裁者《ちゅうさいしゃ》のことと思われる。安然《あんねん》が空海《くうかい》（弘法《こうぼう》）を批判《ひはん》しても、ただ華厳《けごん》と法華《ほっけ》の順位《じゅんい》をいれかえただけで、あいかわらず真言《しんごん》第一を許《ゆる》したことをいう。

第20段　浄土宗《じょうどしゅう》を批判《ひはん》する

(御書二七三ページ十八行目～二七四ページ十七行目)

(274)

問う。この三宗《しゅう》の誤《あやま》りはどのようなものか。

答える。浄土宗《じょうどしゅう》は、中国の斉《せい》の時代に曇鸞法師《どんらんほっし》という者がいた。もとは三論《さんろん》宗《しゅう》の人であった。竜樹菩薩《りゅうじゅぼさつ》の『十住毘婆沙論《じゅうじゅうびばしゃろん》』を見て、仏道修行《ぶつどうしゅぎょう》の方法として難行道《なんぎょうどう》・易行道《いぎょうどう》〈注1〉の二つがあると主張《しゅちょう》した。

道綽禅師《どうしゃくぜんじ》という者がいた。唐《とう》の時代の人である。もとは涅槃経《ねはんぎょう》を講義《こうぎ》していたが、曇鸞法師《どんらんほっし》が浄土宗《じょうどしゅう》へ転向《てんこう》する旨《むね》を記した文《もん》を読んで、涅槃経を捨《す》てて浄土宗へ転向して、釈尊《しゃくそん》の教えを聖道門《しょうどうもん》・浄土門《じょうどもん》〈注2〉の二つに立て分けた。

また道綽《どうしゃく》の弟子に善導《ぜんどう》という者がいて、仏道修行《ぶつどうしゅぎょう》を雑行《ぞうぎょう》・正行《しょうぎょう》〈注3〉の二つに立て分けた。

日本国では末法《まっぽう》の時代に入って二百年余りの時、後鳥羽院《ごとばいん》〈注4〉の時代に法然《ほうねん》（源空《げんくう》）という者がいた。すべての出家《しゅっけ》・在家《ざいけ》の人々に勧《すす》めて、次のように言った。

「仏法は時と機根《きこん》を根本とする。法華経や大日経《だいにちきょう》、天台《てんだい》・真言《しんごん》などの八宗《はっしゅう》・九宗《きゅうしゅう》〈注5〉、釈尊《しゃくそん》のすべての教えの中の大小《だいしょう》・顕密《けんみつ》・権実《ごんじつ》などの経の趣旨などは、機根や智慧《ちえ》がすぐれた、正法《しょうほう》時代・像法《ぞうほう》時代二千年の人々のための教えである。末法《まっぽう》の時代に入ってしまえば、どんなに努力《どりょく》して修行《しゅぎょう》しても、その利益《りやく》があるはずがない。その上、そうした修行を阿弥陀仏《あみだぶつ》に対する念仏《ねんぶつ》と併《あわ》せて行《ぎょう》ずるなら、念仏でも往生《おうじょう》できない。これは私個人《こじん》の意見として言っているのではない。竜樹菩薩《りゅうじゅぼさつ》・曇鸞法師《どんらんほっし》は念仏以外の修行を『難行道《なんぎょうどう》』と名づけ、道綽《どうしゃく》は『いまだ一人も成仏《じょうぶつ》した者がいない』（『安楽集《あんらくしゅう》』）と諸経を捨《す》て去《さ》り、善導《ぜんどう》は『千人のうち一人も往生する者はいない』（『往生礼讃偈《おうじょうらいさんげ》』）修行と名づけている。

これらは、天台宗《てんだいしゅう》以外の他宗派《たしゅうは》の人々であるから、疑問《ぎもん》もあるだろう。恵心《えしん》先徳《せんとく》〈注6〉を超える天台真言《てんだいしんごん》〈注7〉の智慧《ちえ》のすぐれた者が末法《まっぽう》の時代にいらっしゃるだろうか。この方は『往生要集《おうじょうようしゅう》』〈注8〉に『顕教《けんきょう》・密教《みっきょう》の教えは、自分のような者が生死《しょうじ》の苦しみから逃《のが》れることのできる法ではない』とお書きになっている。また三論宗《さんろんしゅう》の永観《ようかん》〈注9〉の『往生拾因《おうじょうじゅういん》』〈注10〉などを見なさい。

それ故《ゆえ》、法華《ほっけ》・真言《しんごん》などを捨《す》てて、ひたすら念仏《ねんぶつ》だけを唱えれば、『十人が十人とも往生《おうじょう》し、百人が百人とも往生する』（『往生礼讃偈《おうじょうらいさんげ》』）という善導《ぜんどう》の言葉通りになる」と勧《すす》めたので、比叡山《ひえいざん》・東寺《とうじ》・園城寺《おんじょうじ》・奈良《なら》の七大寺《しちだいじ》などでは、はじめは納得《なっとく》せず抗弁《こうべん》しているようであったが、『往生要集《おうじょうようしゅう》』の序《じょ》の言葉が道理であるように思えたので、比叡山の顕真座主《けんしんざす》〈注11〉は屈服《くっぷく》して法然《ほうねん》の弟子となった。

その上、たとえ法然《ほうねん》の弟子とならない人々であっても、阿弥陀仏《あみだぶつ》への念仏《ねんぶつ》は他の仏とは違って、いつも名前を唱え、頼《たよ》りに思っていたので、日本国の人々がみな一様に法然房の弟子に見えたほどであった。

この五十年の間、日本全国、一人ももれなく法然《ほうねん》の弟子となった。法然の弟子となったので、日本国は一人も残らず謗法《ほうぼう》の者となった。譬《たと》えを示せば、もし千人の子が一緒《いっしょ》になって一人の親を殺害《さつがい》すれば、千人全員が五逆罪《ごぎゃくざい》の者である。そのうちの一人が無間地獄《むけんじごく》へ堕《お》ちてしまったなら、他の人も無間地獄に堕ちないことがあるだろうか。

結局、法然《ほうねん》は流罪《るざい》されたことを怨《うら》んで悪霊《あくりょう》となり、自分と弟子たちを罰《ばっ》した国主《こくしゅ》、比叡山《ひえいざん》・園城寺《おんじょうじ》の僧侶《そうりょ》たちの身に取《と》り付《つ》いた。取り付かれたものは謀反《むほん》を起こしたり、悪事をはたらいたりして、みな、関東《かんとう》の幕府《ばくふ》によって滅《ほろ》ぼされてしまった。わずかに残った比叡山や東寺《とうじ》などの僧らは、在家《ざいけ》の男女から見下されたが、それは猿《さる》が人に笑われ、俘囚《ふしゅう》〈注12〉が召使《めしつか》い〈注13〉に蔑視《べっし》されるようなものであった。

◇注　解◇

〈注1〉【難行道《なんぎょうどう》・易行道《いぎょうどう》】実践が困難《こんなん》な修行《しゅぎょう》と易《やさ》しい修行のこと。易行という語は、もとは竜樹《りゅうじゅ》（ナーガールジュナ）の『十住毘婆沙論《じゅうじゅうびばしゃろん》』にあり、そこでは、菩薩《ぼさつ》の修行に関して、阿毘跋致《あびばっち》（不退《ふたい》）に入るのは困難であるが、諸仏《しょぶつ》の名を称《とな》えるといった易行があると説《と》かれている。曇鸞《どんらん》はこれを『往生論註《おうじょうろんちゅう》』で独自《どくじ》に解釈し、菩薩が不退を求める修行に難行・易行の二種があるとし、浄土教《じょうどきょう》を易行道とした。

〈注2〉【聖道門《しょうどうもん》・浄土門《じょうどもん》】聖道門とは、自力で修行《しゅぎょう》してこの娑婆世界《しゃばせかい》で成仏《じょうぶつ》を目指す教えをいう。これに対し浄土門は、阿弥陀如来《あみだにょらい》の本願《ほんがん》に頼《たよ》って、西方極楽浄土《さいほうごくらくじょうど》に往生《おうじょう》することを目指す教えをいう。中国・唐《とう》の道綽《どうしゃく》が『安楽集《あんらくしゅう》』で説《と》いた。

〈注3〉【雑行《ぞうぎょう》・正行《しょうぎょう》】善導《ぜんどう》の『観無量寿経疏《かんむりょうじゅきょうしょ》』に説《と》かれる。正行とは、成仏《じょうぶつ》・往生《おうじょう》へと導《みちび》く正しい修行《しゅぎょう》のことで、善導は浄土経《じょうどきょう》に基《もと》づく諸行《しょぎょう》であるとし、特に称名念仏《しょうみょうねんぶつ》を重視《じゅうし》した。雑行とは、この正行以外のさまざまな修行をいう。

〈注4〉【後鳥羽院《ごとばいん》】後鳥羽上皇《じょうこう》のこと。一一八〇年～一二三九年。第八十二代の天皇《てんのう》（在《ざい》位《い》、一一八三年～一一九八年）。建久《けんきゅう》九年（一一九八年）に上皇となり院政《いんせい》を敷《し》く。承久《じょうきゅう》三年（一二二一年）に承久の乱《らん》を起こしたが、敗《やぶ》れて隠岐国《おきのくに》（島根県隠岐諸島《しまねけんおきしょとう》）への流刑《るけい》に処《しょ》されたので、隠岐法皇《おきのほうおう》と呼ぶ。法皇は出家《しゅっけ》した上皇のことで、後鳥羽上皇は隠岐国に流される直前に出家している。流刑後はそのまま同地で没《ぼっ》した。

本文中の「後鳥羽院《ごとばいん》の時代」とは、後鳥羽上皇《じょうこう》が一一九八年から承久《じょうきゅう》の乱《らん》まで院政《いんせい》を敷《し》き、政治的実権《じっけん》を握《にぎ》っていた時期こと。

〈注5〉【九宗《きゅうしゅう》】倶舎《くしゃ》・成実《じょうじつ》・律《りつ》・法相《ほっそう》・三論《さんろん》・華厳《けごん》・天台《てんだい》・真言《しんごん》の八宗《はっしゅう》に禅宗《ぜんしゅう》を加えた九宗のこと。

〈注6〉【恵心先徳《えしんせんとく》】九四二年〜一〇一七年。平安《へいあん》中期の天台宗《てんだいしゅう》の僧《そう》・源信《げんしん》のこと。『往生要《おうじょうよう》集《しゅう》』を著《あらわ》し浄土教《じょうどきょう》を広めた。比叡山《ひえいざん》の恵心院に住んだので、「恵心先徳」と呼ばれた。先徳は、過去のすぐれた僧侶《そうりょ》のこと。

〈注7〉【天台真言《てんだいしんごん》】密教化《みっきょうか》した天台宗の教え。天台宗は法華経の一乗《いちじょう》思想に基《もと》づいて諸思想を開会《かいえ》して用《もち》いるが、天皇《てんのう》・貴族《きぞく》らの要求《ようきゅう》に迎合《げいごう》して真言の祈禱《きとう》を重用し、教理の面でも真言を法華経よりも優《すぐ》れていると位置づけるようになっていった。

〈注8〉【『往生要集《おうじょうようしゅう》』】源信《げんしん》の著作。三巻。浄土教《じょうどきょう》の要文《ようもん》をさまざまな経典などから集め体系化したもので、大きな影響を与えた。序文《じょぶん》で「夫《そ》れ、往生極楽《おうじょうごくらく》の教行《きょうぎょう》は、濁世末代《じょくせまつだい》の目《もく》足《そく》なり。道俗貴賤《どうぞくきせん》、誰《たれ》か帰《き》せざる者あらん」と述べ、浄土教を賞讃《しょうさん》している。

〈注9〉【永観《ようかん》】一〇三三年〜一一一一年。平安末期《へいあんまっき》の三論宗《さんろんしゅう》の僧《そう》。『往生拾因《おうじょうじゅういん》』を著《あらわ》し極楽《ごくらく》往生の修行《しゅぎょう》を勧《すす》めた。

〈注10〉【『往生拾因《おうじょうじゅういん》』】永観《ようかん》の著作。一巻。極楽《ごくらく》世界に生まれるための修行《しゅぎょう》を十項目《こうもく》にわたって述べたもので、広く読まれた。

〈注11〉【顕真座主《けんしんざす》】一一三一年～一一九二年。平安末期《へいあんまっき》の僧《そう》。第六十一代天台《てんだい》座主。浄土《じょうど》教《きょう》に深い関心《かんしん》をもち、後に浄土宗では法然《ほうねん》（源空《げんくう》）の弟子になったと喧伝《けんでん》された。

〈注12〉【俘囚《ふしゅう》】八世紀ごろから律令《りつりょう》国家に帰服《きふく》した東国《とうごく》の者のこと。

〈注13〉【召使《めしつか》い】御書本文は「童子《どうじ》」（二七四ジペー）。もともとは少年のこと。身分の低い使用人で成人男性のように髪《かみ》を結《ゆ》って烏帽子《えぼし》をかぶることがなく、少年の髪型《かみがた》をしている者を指すこともある。

第21段　禅宗《ぜんしゅう》を批判《ひはん》する

（御書二七四ジペ－十七行目～二七五ジペ－四行目）

禅宗《ぜんしゅう》はまたこの機会《きかい》をとらえて、斎戒《さいかい》〈注1〉を持《たも》ったりして人々の眼《まなこ》を惑《まど》わせ、いかにも尊貴《そんき》な様子に見えるので、どのように間違った教えを激しくしきりに言っても、誰もそれが誤《あやま》りだとも気がつかない。

（275）

彼らは「禅宗《ぜんしゅう》という宗は、『教外別伝《きょうげべつでん》〈注2〉』といって、釈尊《しゃくそん》は一切経《いっさいきょう》の教えのほかに迦葉尊者《かしょうそんじゃ》に人知れず真実の教えをこっそりお伝えになった。それ故《ゆえ》、禅宗を知らないで一切経を学ぶ者は、犬が雷《かみなり》にかみつこうとしているようなものであり、猿《さる》が水に映《うつ》った月を取ろうとしているのと変わらない」と言っている。

こういうわけで、日本国の中で、親不孝《おやふこう》のために父母に捨《す》てられた者や、無《ぶ》礼《れい》のために主君《しゅくん》に勘当《かんどう》された者や、あるいは学問に身が入らない若い僧《そう》とか、正気《しょうき》を失《うしな》った遊女たち、こういった人々にとっては、自分たちの本性《ほんしょう》にかなった邪法《じゃほう》であるので、みな一様に斎戒《さいかい》を持《たも》って、禅宗《ぜんしゅう》は国のあらゆる人を食い物にするイナゴになってしまった。その結果、天は天眼《てんげん》を大きく見開いてにらみつけ、地神《ちじん》は自分の体を震《ふる》わせるのである。

◇注　解◇

〈注1〉【斎戒《さいかい》】八斎戒のこと。正午以後、食事をしないなどといった戒律《かいりつ》をいう。

〈注2〉【教外別伝《きょうげべつでん》】仏の覚《さと》りは、文字や言語で表された経典によらず、ただ心をもって伝えられたとする禅宗《ぜんしゅう》の教義《きょうぎ》。

第22段　真言宗《しんごんしゅう》の善無畏《ぜんむい》を批判《ひはん》する

（御書二七五ジペー四行目～二七六ジペー十八行目）

真言宗《しんごんしゅう》というのは、以上の念仏《ねんぶつ》・禅宗《ぜんしゅう》という二つの災《わざわ》いとは比《くら》べようもないほどの間違った考えである。

それについて概略《がいりゃく》を述べよう。

すなわち、大唐《だいとう》の玄宗皇帝《げんそうこうてい》の時代に、善無畏三蔵《ぜんむいさんぞう》・金剛智三蔵《こんごうちさんぞう》・不空三蔵《ふくうさんぞう》の三人が、大日経《だいにちきょう》・金剛頂経《こんごうちょうきょう》・蘇悉地経《そしつじきょう》をインドから中国へ伝えた。この三経が説《と》いている教えははっきりしている。

その結論となる教えを調べてみると、二乗《にじょう》との対比《たいひ》で説《と》かれる菩薩乗《ぼさつじょう》の一乗《いちじょう》であり、その実践内容は何かというと、印《いん》と真言《しんごん》だけである。華厳経《けごんぎょう》や般若経《はんにゃきょう》に説かれる、三乗《さんじょう》と対比《たいひ》して説かれる仏乗《ぶつじょう》としての一乗にも及《およ》ばない。天台宗《てんだいしゅう》で言う爾前《にぜん》の別教《べっきょう》や爾前の円教《えんぎょう》〈注1〉の程度《ていど》にも至《いた》らない。ただ、蔵教《ぞうきょう》・通教《つうぎょう》〈注2〉の二教を前面に出している。

ところが、善無畏三蔵《ぜんむいさんぞう》は「この真言《しんごん》の三経の経文を包《つつ》み隠《かく》さずに公表するようなことをすれば、華厳宗《けごんしゅう》や法相宗《ほっそうしゅう》にもあざけられ、天台宗《てんだいしゅう》にも笑われるに決まっている。重要なことだと思ってインドからせっかく持《たも》ってきたのである。このまま黙《だま》っていては不本意《ふほんい》である」と思ったのだろうか。天台宗の中に一行《いちぎょう》禅師《ぜんじ》〈注3〉という変わり者が一人いた。この人物を仲間《なかま》に引き入れ中国に広まっている教えを語らせた。

一行阿闍梨《いちぎょうあじゃり》は、すっかり善無畏《ぜんむい》にだまされて、三論《さんろん》・法相《ほっそう》・華厳宗《けごんしゅう》などの概《がい》略《りゃく》を語っただけでなく、天台宗《てんだいしゅう》が説《と》いている教えも述べたので、善無畏は、天台宗はインドで聞いていたよりもずっと優《すぐ》れていて、それを上回るための手だてもないと思った。それで一行をだまして次のように言った。

「あなたは中国の中では少しは智慧《ちえ》のある者だと今更《いまさら》ながら分かりました。天台宗《てんだいしゅう》はすばらしい宗です。今、真言宗《しんごんしゅう》が天台宗より上回っている点は、印《いん》と真言だけです」と言ったところ、一行《いちぎょう》はそうかもしれないと思ったので、善無《ぜんむ》畏三蔵《いさんぞう》はさらに一行に「天台大師が法華経に対して注釈書《ちゅうしゃくしょ》をお書きになったように、大日経《だいにちきょう》の注釈書を著《あらわ》して真言を広めようと思う。あなたが書いたらどうだろう」と言うと、一行は次のように言った。

「おやすいご用です。しかし、どのように書けばよいのでしょうか。天台宗《てんだいしゅう》は憎《にく》らしいほど優《すぐ》れた宗です。諸宗がわが宗こそ優《すぐ》れていると論争《ろんそう》を起こしても、どうしてもかなわないことが一つあります。すなわち、法華経の序分《じょぶん》としている無量義経《むりょうぎきょう》〈注4〉という経によって、法華経以前の四十年余《あま》りの諸経についてはそれらの経からの批判《ひはん》ができないようにしてしまいました〈注5〉。

さらに法華経の法師品《ほっしほん》や神力品《じんりきほん》によって、法華経以後の諸経についても、それらから批判《ひはん》ができないようにしてしまいました。また法華経と同時期に説《と》かれた諸経については、法師品の『今説《こんせつ》』の文《もん》によって否定しています。大日経《だいにちきょう》は已今当《いこんとう》の三説《さんせつ》〈注6〉の内《うち》、どこに置《お》いたらよいでしょうか」と質問したので、この時、善無畏《ぜんむい》は非常《ひじょう》に巧妙《こうみょう》なやり口《くち》を考え出して次のように語った。

「大日経《だいにちきょう》に住心品《じゅうしんぼん》という品《ほん》があります。この品は、無量義経《むりょうぎきょう》が法華経以前の四十年余《あま》りに説《と》かれた諸経を打《う》ち払《はら》ったのと同じようなものです。

また大日経《だいにちきょう》の第二品《だいにほん》である入漫荼羅具縁品《にゅうまんだらぐえんぼん》以下の諸品《しょほん》は、中国では法華経と大日経《だいにちきょう》という二つの経ですが、インドでは一つの経のようになっています。

釈尊《しゃくそん》は舎利弗《しゃりほつ》や弥勒《みろく》に向かっては大日経《だいにちきょう》を法華経と名づけて、印《いん》と真言《しんごん》を捨《す》ててただ理《り》だけを説《と》いたのですが、羅什三蔵《らじゅうさんぞう》はこれを中国へ伝えました。天台《てんだい》大師《だいし》はこれを見たのです。

一方、大日如来《だいにちにょらい》は法華経を大日経と名づけて金剛薩埵《こんごうさった》〈注7〉に向かって説《と》かれました。これを大日経と名づけます。自分は現《げん》にインドでそれを見ました。

それ故《ゆえ》、あなたは、大日経《だいにちきょう》と法華経を、水と乳《ちち》を混《ま》ぜ合《あ》わせるように統一《とういつ》して同じ趣旨のものとすればよいのです。

もしそうすれば、大日経《だいにちきょう》は、已今当《いこんとう》の三説《さんせつ》については、法華経と同様にすべて屈服《くっぷく》させることができるでしょう。

そして、印《いん》と真言《しんごん》は、法華経に説《と》かれる心法《しんぽう》〈注8〉の一念三千《いちねんさんぜん》に飾《かざ》りつけるなら、身《しん》・口《く》・意《い》の三密《さんみつ》がすべて一致《いっち》した秘法《ひほう》となるでしょう。三密《さんみつ》が一致《いっち》したところから見れば、天台宗《てんだいしゅう》は意密《いみつ》です。真言《しんごん》は、勇敢《ゆうかん》な将軍《しょうぐん》が兜《かぶと》と鎧《よろい》を身につけ、弓矢を携《たずさ》え、太刀《たち》を腰《こし》につけているようなものです。天台宗は意密だけなので、勇敢な将軍が丸裸《まるはだか》であるようなものでしょう」と言ったので、一行阿闍梨《いちぎょうあじゃり》はその通りに書いた。

中国の三百六十カ国の中で、このことを知る人はいなかったためか、初《はじ》めは、大日経《だいにちきょう》と法華経の勝劣《しょうれつ》について論争《ろんそう》したが、真言宗《しんごんしゅう》の善無畏《ぜんむい》らは品性《ひんせい》・風《ふう》格《かく》も立派《りっぱ》であったのに対し、天台宗《てんだいしゅう》の人々はそうでもなかったし、また天台大師ほどの智慧《ちえ》ある者もいなかったので、これまでの教えを捨《す》てて真言宗を信じる者が日ごとに増加《ぞうか》するばかりとなってしまった。長い年月が過《す》ぎたので、真言のうそ偽《いつわ》りがどこから起こったのかということは、ますます深く隠《かく》れて見えなくなっているのである。

日本国の伝教大師《でんぎょうだいし》は中国へ渡《わた》って天台宗《てんだいしゅう》を日本へ伝えたついでに、真言宗《しんごんしゅう》も一緒《いっしょ》に伝えた。天台宗を日本の天皇《てんのう》に伝授《でんじゅ》し、真言宗を六宗《ろくしゅう》の高僧《こうそう》たちに学ばせた。ただし、六宗と天台宗の勝劣《しょうれつ》は、唐《とう》へ行く前に定められていた。唐《とう》に行った後には、比叡山《ひえいざん》に円頓戒《えんどんかい》の戒壇《かいだん》を建《た》てるか建てないかの論争《ろんそう》に際《さい》限《げん》がなかったためか、敵《てき》が多くては戒壇建立《こんりゅう》が実現するのは難《むずか》しいと思われたのだろうか、あるいは真言《しんごん》は末法《まっぽう》になって破折《はしゃく》させようと思われたのだろうか、天皇《てんのう》の前でも真言との勝劣《しょうれつ》については論じられなかった。弟子たちにも、はっきりと語られることはなかった。

ただし、『依憑集《えびょうしゅう》』〈注9〉という一巻の秘密の書物がある。これは、七宗《しちしゅう》の人々が天台宗《てんだいしゅう》に帰服《きふく》した様子を書かれた書物である。この書物の序文《じょぶん》に、真言《しんごん》宗《しゅう》のうそ偽《いつわ》りを指摘《してき》した一文がある〈注10〉。

◇注　解◇

〈注1〉**【爾《に》前《ぜん》の別教《べっきょう》や爾前の円教《えんぎょう》】**法華経より前に説《と》かれた別教と円教のこと。別教は菩《ぼ》薩《さつ》だけに対して説かれた教え。円教は完全な教えで、法華経によって示されたが、他の経典にも部分的に説かれているとされ、これを「爾前の円」と呼ぶ。

〈注2〉**【蔵教《ぞうきょう》・通教《つうぎょう》】**蔵教とは経《きょう》・律《りつ》・論《ろん》の三蔵《さんぞう》をもとにした教えの意で、声聞《しょうもん》に対する教えのこと。通教とは、声聞と菩薩《ぼさつ》に共通する教え。

〈注3〉**【一行禅師《いちぎょうぜんじ》】**六八三年～七二七年。中国・唐《とう》の学僧《がくそう》。天台学《てんだいがく》・禅《ぜん》・律《りつ》を修める。後に善無畏《ぜんむい》が唐に来ると、彼と共に大日経《だいにちきょう》を訳《やく》し、また善無畏による大日経の講義《こうぎ》を筆記し『大日経疏《だいにちきょうしょ》』二十巻を著《あらわ》した。

〈注4〉**【無量義経《むりょうぎきょう》】**中国・南北朝《なんぼくちょう》時代の斉《せい》の曇摩伽陀耶舎《どんまかだやしゃ》訳《やく》。一巻。法華経序品《じょほん》第一には、釈尊《しゃくそん》は「無量義」という名の経典を説《と》いた後、無量義処三昧《むりょうぎしょざんまい》に入ったという記述《きじゅつ》があり、その後、法華経の説法《せっぽう》が始まる。中国では、この序品で言及《げんきゅう》される「無量義」という名の経典が「無量義経」とされ、法華経を説《と》くための準備《じゅんび》として直前に説かれた経典（開経《かいきょう》）と位置づけられた。

〈注5〉**【法華経以前の四十年余《あま》り……してしまいました】**無量義経説法品《むりょうぎきょうせっぽうほん》第二には「四十《しじゅう》

余年《よねん》には未《いま》だ真実を顕《あらわ》さず」（法華経二九ページ）とあり、釈尊《しゃくそん》が法華経を説《と》く以前の四十年余りの間に説いてきた諸経の教えは、方便《ほうべん》・仮《かり》の教え（権教《ごんきょう》）であり、いまだ真実を表していないと説かれている。

〈注6〉【已今当《いこんとう》の三説】第8段〈注3〉を参照。

〈注7〉【金剛薩埵《こんごうさった》】密教《みっきょう》を相承《そうじょう》した八人の祖師《そし》のうちの第二祖とされ、大日如来《だいにちにょらい》から直接教えを受けたとされる。

〈注8〉【心法《しんぽう》】心そのものやその働きのこと。ここでは、密教《みっきょう》で説《と》く三密《さんみつ》のうち意密《いみつ》に当たる。三密については第10段〈注30〉を参照。

〈注9〉【『依憑集《えひょうしゅう》』】伝教大師最澄《でんぎょうだいしさいちょう》が、弘仁《こうにん》四年（八一三年）に著《あらわ》し、同七年（八一六年）に序文《じょぶん》を付《ふ》して公表した書。一巻。詳《くわ》しくは『大唐新羅諸宗義匠依憑天台義集《だいとうしんらしょしゅうぎしょうえひょうてんだいぎしゅう》』といい、略《りゃく》して『依憑天台集《えひょうてんだいしゅう》』ともいう。諸宗の僧《そう》が天台大師智顗《てんだいだいしちぎ》の教えを依憑（よりどころの意）としていることを、引用文によって具体的に明らかにした書。

〈注10〉【この書物の序文《じょぶん》に、真言宗《しんごんしゅう》のうそ偽《いつわ》りを指摘《してき》した一文がある】『依憑集《えひょうしゅう》』の序文《じょぶん》には「近年伝来《でんらい》した真言の人々は、大日経《だいにちきょう》を翻訳《ほんやく》する際《さい》、筆受《ひつじゅ》（経典を漢訳《かんやく》する際に翻訳者の言葉を記録する人）の任《にん》に当たった一行禅師《いちぎょうぜんじ》が天台宗《てんだいしゅう》の相承《そうじょう》を受けていたことを無視《むし》し（新来の真言家《しんごんけ》は則《すなわ》ち筆受の相承を泯《みん》し）」とある。日蓮大聖人は「報恩抄《ほうおんしょう》」（御書三〇七ページ）で、この文《もん》を引き、詳《くわ》しく論じられている。

第23段　真言宗《しんごんしゅう》の弘法《こうぼう》を批判《ひはん》する

（御書二七六ジペー十八行目〜二七八ジペー十行目）

弘法大師《こうぼうだいし》（空海《くうかい》）は、伝教大師《でんぎょうだいし》と同じ延暦《えんりゃく》年間に唐《とう》に渡《わた》り、青竜寺《せいりゅうじ》の恵果《けいか》〈注1〉に会って真言宗《しんごんしゅう》を学ばれた。

日本に帰国した後《のち》、弘法大師《こうぼうだいし》は、釈尊《しゃくそん》のすべての教えの勝劣《しょうれつ》を判定《はんてい》されて、「第一は真言《しんごん》、第二は華厳経《けごんぎょう》、第三は法華経」と書かれた。

この弘法大師《こうぼうだいし》は、世間の人々が、非常に尊重《そんちょう》している人である。しかし、仏法のことは、私が言うのは畏《おそ》れ多《おお》いことであるが、弘法大師には、思いのほか、乱暴《らんぼう》な主張《しゅちょう》がいろいろある。

（277）

このことをざっと調べてみたところ、以下のような事情《じじょう》が考えられる。弘法大師《こうぼうだいし》は中国へ渡《わた》られて、ただ真言《しんごん》の実践内容である印《いん》と真言だけを学んでそれを伝え、その意味については詳《くわ》しくは学ばれなかった。

そうした状態《じょうたい》で日本へ帰ってきた後《のち》、よくよく世の中を見ると、天台宗《てんだいしゅう》が群《ぐん》を抜《ぬ》いて他宗《たしゅう》を圧倒《あっとう》していたので、自分が重んずる真言宗《しんごんしゅう》を広めるのは難《むずか》しかったからか、以前、日本国で学んだ華厳宗《けごんしゅう》を持ち出して、華厳経は法華経に勝《まさ》っているということを言い出したのであった。

それも、華厳宗《けごんしゅう》が一般に言うように言ったなら、人々が信じないにちがいないとお思いになったのか、少し趣《おもむき》を変えて「これは、大日経《だいにちきょう》、竜猛菩薩《りゅうみょうぼさつ》の『菩提心論《ぼだいしんろん》』、善無畏《ぜんむい》らの真義《しんぎ》である」と大うそを付け加えたが、天台宗《てんだいしゅう》の人々はこれを強くとがめることがなかった。

問う。弘法大師《こうぼうだいし》の『十住心論《じゅうじゅうしんろん》』〈注2〉、『秘蔵宝鑰《ひぞうほうやく》』〈注3〉、『弁顕密二教論《べんけんみつにきょうろん》』〈注

4〉には「(十住心《じゅうじゅうしん》〈注5〉のうち、第四・第五は小乗《しょうじょう》、第六・第七は菩薩乗《ぼさつじょう》、第八・第九は仏乗《ぶつじょう》であり)このような諸乗《しょじょう》はそれぞれに修行《しゅぎょう》の結果として仏の名を得るが、第十住心の真言《しんごん》の仏果《ぶっか》に比《くら》べれば、言葉の上だけの空論《くうろん》に過《す》ぎない」とある。

また「(顕教《けんきょう》で得られる境地《きょうち》は)無明《むみょう》に覆《おお》われた境涯《きょうがい》であって、覚《さと》りの境涯ではない」とある。

また「(大乗《だいじょう》の諸経は五味《ごみ》〈注6〉のうち)第四の熟蘇味《じゅくそみ》である」とある。

また「中国の学者らは争《あらそ》って密教《みっきょう》に説《と》かれる醍醐味《だいごみ》を盗《ぬす》み、それぞれが自宗《じしゅう》を醍醐味と名づけた」とある。

　これらの説明はどのような趣旨か。

答える。私はこの説明に驚《おどろ》いてあらゆる経典ならびに大日経《だいにちきょう》をはじめとする真言《しんごん》の三部経《さんぶきょう》〈注7〉などに目を通したが、法華経が華厳経《けごんぎょう》・大日経と対比《たいひ》して言葉の上だけの空論《くうろん》であるとか、六波羅蜜経《ろっぱらみつきょう》〈注8〉と対比して盗人《ぬすびと》であるとか、守護国界主陀羅尼経《しゅごこっかいしゅだらにきょう》〈注9〉と対比して無明《むみょう》に覆《おお》われた境涯《きょうがい》であるなどという経文は一字一句《いちじいっく》もない。

こうしたことは、まったく愚《おろ》かしいことであるが、この三、四百年余《あま》りの間、日本国では多くの智慧《ちえ》のある者たちが用《もち》いてきたことなので、人々はきっと理由のあることなのだろうと思っているにちがいない。

ここでは、非常《ひじょう》に分かりやすい間違いを挙《あ》げて、そのほかのことも愚《おろ》かしいものであることを示そう。

天台大師《てんだいだいし》が、法華経を醍醐味《だいごみ》と呼んだのは、陳《ちん》・隋《ずい》の時代である。六波羅蜜《ろっぱらみつ》経《きょう》はその後、唐《とう》の時代の中盤《ちゅうばん》に般若三蔵《はんにゃさんぞう》〈注10〉が中国へ伝えたものである。六波羅蜜経でいう醍醐味が、もし陳・隋の時代にすでに伝わっていたのであれば、それでこそ天台大師が真言《しんごん》の醍醐味を盗《ぬす》まれたことになるだろう。

私たちがよく知っている実例《じつれい》がある。

日本の得一《とくいつ》〈注11〉が「天台大師《てんだいだいし》は解深密経《げじんみっきょう》〈注12〉の三時教判《さんじきょうはん》を否定している。これは三寸《ずん》の舌《した》で仏説《ぶっせつ》を批判《ひはん》するものであり、彼自身の五尺《しゃく》の身を断《た》つことになるだろう」と騒《さわ》ぎ立てたが、伝教大師《でんぎょうだいし》はこの誤《あやま》りを指摘《してき》して「解深密経は唐《とう》の初《はじ》めに玄奘三蔵《げんじょうさんぞう》が中国に伝えた経典である。天台大師は陳《ちん》・隋《ずい》の時代の人であり、天台智者大師《ちしゃだいし》が亡《な》くなられた後《のち》、数年経《た》って解深密経が伝えられた。死後に伝わった経を、どうして否定することができようか」と批判されたところ、得一は反論《はんろん》のしようがなかっただけではなく、舌が八つに裂《さ》けて死んでしまった。

弘法《こうぼう》が言っていることは、得一《とくいつ》と同列に置《お》くこともできないほどの悪口《わるくち》である。華厳宗《けごんしゅう》の法蔵《ほうぞう》、三論宗《さんろんしゅう》の嘉祥大師《かじょうだいし》（吉蔵《きちぞう》）、法相宗《ほっそうしゅう》の玄奘《げんじょう》、天台《てんだい》などから南北の諸師《しょし》に至《いた》るまでの学者、さらに仏教が伝来《でんらい》した後漢《ごかん》の時代以降の三蔵《さんぞう》や学者をすべてまとめて盗人《ぬすびと》と書かれているのである。

その上また、法華経を醍醐味《だいごみ》と呼ぶのは、天台《てんだい》らの個人的《こじんてき》な発言ではない。釈尊《しゃくそん》が涅槃経《ねはんぎょう》に法華経を醍醐味であると説《と》かれ、天親菩薩《てんじんぼさつ》は法華経と涅槃経を醍醐味であると書かれている。竜樹菩薩《りゅうじゅぼさつ》は法華経を妙薬《みょうやく》と名づけられた。それ故《ゆえ》、もし法華経などを醍醐味であると言う人が盗人《ぬすびと》なら、釈迦《しゃか》・多宝《たほう》・十方《じっぽう》の世界の仏たち・竜樹・天親らは盗人でいらっしゃることになるのか。弘法《こうぼう》の弟子たちをはじめ、日本の、東寺《とうじ》に属《ぞく》する真言師《しんごんし》たちに至《いた》るまでの人々は、愚《おろ》かなために自分の眼《まなこ》の白い部分と黒い部分を区別《くべつ》できないとしても、他の鏡《かがみ》によって自《みずか》らの過《あやま》ちを知りなさい。

このほかに、法華経は言葉の上だけの空論《くうろん》である教えと書かれているが、大《だい》日経《にちきょう》・金剛頂経《こんごうちょうきょう》などに確かな経文があるなら出しなさい。たとえ、それらの経に法華経は言葉の上だけの空論であると説《と》かれていたとしても、訳者《やくしゃ》が誤《あやま》っていることもあるのである。十分に考えなければならなかったのではないか。

孔子《こうし》は一つの問題について九度考えてから初《はじ》めて発言するほど慎重《しんちょう》であった。周公旦《しゅうこうたん》〈注13〉は一度髪《かみ》を洗《あら》う間でも三度にわたって髪を握《にぎ》って洗髪《せんぱつ》を中止し、一度の食事の間にも三度にわたり食べているものを吐《は》きだして食事を中止し、客を迎《むか》えたという〈注14〉。

仏教以外の書に説《と》かれる世間の浅いことを学ぶ人でも、智慧《ちえ》のある人はこのようであったのである。どうして、弘法大師《こうぼうだいし》のようなみっともないことがあったのだろうか。

◇注　解◇

〈注1〉**【恵果《けいか》】** 七四六年〜八〇五年。中国・唐《とう》の密教僧《みっきょうそう》。不空《ふくう》の弟子。大日経系《だいにちきょうけい》と金剛頂経系《こんごうちょうきょうけい》の密教を一体化した「両部《りょうぶ》」の教義《きょうぎ》をつくり、唐に留学した空海《くうかい》（弘法《こうぼう》）にこの両部の法を伝えた。

〈注2〉**【『十住心論《じゅうじゅうしんろん》』】**『秘密曼荼羅十住心論《ひみつまんだらじゅうじゅうしんろん》』の略《りゃく》。空海《くうかい》の著作。十巻。大日経住心品《だいにちきょうじゅうしんぼん》に基《もと》づき、人間の心を十住心という十の発展段階として体系的に説明し、真言密教《しんごんみっきょう》の優位性《ゆういせい》を主張《しゅちょう》している。

〈注3〉**【『秘蔵宝鑰《ひぞうほうやく》』】** 空海《くうかい》の著作。『十住心論《じゅうじゅうしんろん》』十巻の要点《ようてん》を三巻にまとめたもの。

〈注4〉**【『弁顕密二教論《べんけんみつにきょうろん》』】** 空海《くうかい》の著作。二巻。顕教《けんきょう》・密教《みっきょう》の浅深勝劣《せんじんしょうれつ》を比較《ひかく》し、真言密教《しんごんみっきょう》の優位性《ゆういせい》を説《と》く。『十住心論《じゅうじゅうしんろん》』を竪《しゅ》の教判《きょうはん》、『弁顕密二教論』を横《おう》の教判、両書を合わせて十住心二教論といい、真言宗の教判の骨格《こっかく》をなす。

〈注5〉**【十住心《じゅうじゅうしん》】** 空海《くうかい》が説《と》いた真言宗《しんごんしゅう》の教判《きょうはん》。十種類の段階（住心）を立てて、諸宗を配《はい》置《ち》し、最後の第十住心を真言宗とする。

〈注6〉**【五味《ごみ》】** 釈尊《しゃくそん》の種々の教えを牛乳が精製《せいせい》される時に生じる五段階の味に譬《たと》え、位置づけたもの。①乳味《にゅうみ》（牛乳そのもの）②酪味《らくみ》（発酵乳《はっこうにゅう》、ヨーグルトの類《たぐい》）③生蘇味《しょうそみ》（サワークリームの類）④熟蘇味《じゅくそみ》（発酵《はっこう》バターの類）⑤醍醐味《だいごみ》（バターオイルの類）の五つをいう。乳味が一番低い教えにあたり、醍醐味が最高の教えを譬える。

〈注7〉**【真言《しんごん》の三部経《さんぶきょう》】** 大日経《だいにちきょう》・金剛頂経《こんごうちょうきょう》・蘇悉地経《そしつじきょう》の三つ。

〈注8〉**【六波羅蜜経《ろっぱらみつきょう》】** 大乗理趣六波羅蜜多経《だいじょうりしゅろっぱらみったきょう》の略《りゃく》。中国・唐《とう》の般若訳《はんにゃやく》。十巻。般若経典の一つ。般若経典を仏の智慧《ちえ》を説《と》いた真実の経典と位置づけるとともに、経典・論書《ろんしょ》などを学ぶ力《ちから》がない者のために呪文《じゅもん》（陀羅尼《だらに》）が説かれたとする。

〈注9〉**【守護国界主陀羅尼経《しゅごこっかいしゅだらにきょう》】** 中国・唐《とう》の般若《はんにゃ》・牟尼室利《むにしり》の共訳《きょうやく》。十巻。陀羅尼《だらに》の力《ちから》によって国主を守護《しゅご》することが、すべての人々を守護することになると説《と》く。

〈注10〉**【般若三蔵《はんにゃさんぞう》】** 生没年不詳《せいぼつねんふしょう》。八〜九世紀ごろ、北インドの迦畢試国《かひっしこく》（カーピシー）の訳経僧《やっきょうそう》。唐《とう》に渡《わた》り、六波羅蜜経《ろっぱらみつきょう》・心地観経《しんじかんぎょう》などを訳《やく》した。

〈注11〉**【得一《とくいつ》】** 生没年不詳。平安《へいあん》初期の法相宗《ほっそうしゅう》の僧《そう》。徳一《とくいつ》、徳溢《とくいつ》とも書く。会津《あいづ》の慧日寺《えにちじ》に居住《きょじゅう》した。法華経に基《もと》づき一乗《いちじょう》思想を宣揚《せんよう》した伝教大師《でんぎょうだいし》と論争《ろんそう》した。

〈注12〉**【解深密経《げじんみっきょう》】** 深密経《じんみっきょう》のこと。第10段〈注13〉を参照。

〈注13〉**【周公旦《しゅうこうたん》】** 中国・周《しゅう》の政治家。名は旦《たん》。周の本拠地《ほんきょち》を領土《りょうど》としたので周公と呼ばれる。周の制度《せいど》・儀礼《ぎれい》を定めたとされ、儒教《じゅきょう》では聖人《せいじん》の一人とされる。

〈注14〉**【周公旦《しゅうこうたん》は一度髪《かみ》を洗《あら》う……客を迎《むか》えたという】**『史記《しき》』や『韓詩外伝《かんしがいでん》』などに記される中国の故事《こじ》。「髪を握《にぎ》る」とは、入浴中《にゅうよくちゅう》に解《と》いた髪を手で握ってまとめること。

周公旦《しゅうこうたん》は、周《しゅう》の王族の一員として、人を待たせても構《かま》わない身分であったが、天下の人材《じんざい》を失《うしな》うことがないように、客人を待たすことなく応対《おうたい》し礼《れい》を尽《つ》くしたという故事《こじ》。

第24段　覚鑁《かくばん》を批判《ひはん》する

（御書二七八ジペー十行目～二七九ジペー十二行目）

このような間違った考えの末流《まつりゅう》であるから、例の伝法院《でんぼういん》の本願《ほんがん》〈注1〉と呼ばれている正覚房覚鑁《しょうがくぼうかくばん》〈注2〉の『舎利講式《しゃりこうしき》』〈注3〉には次のようにある。

「尊貴《そんき》なることよ、不二摩訶衍《ふにまかえん》の仏（大日如来《だいにちにょらい》）は。ロバや牛に譬《たと》えられる三身《さんじん》の仏（釈尊《しゃくそん》）〈注4〉は、大日如来の車を引くこともできない。深遠なることよ、金剛界《こんごうかい》と胎蔵《たいぞう》の両部《りょうぶ》の曼荼羅《まんだら》〈注5〉の教えは。顕教《けんきょう》の四法《しほう》は、曼荼羅の教えを主人に譬えるなら、その履物《はきもの》をもってお供《とも》することもできない」と。

「顕教《けんきょう》の四法《しほう》」というのは、法相宗《ほっそうしゅう》・三論宗《さんろんしゅう》・華厳宗《けごんしゅう》・法華宗《ほっけしゅう》という四宗の僧《そう》であり、「ロバや牛に譬《たと》えられる三身《さんじん》」とは、法華経・華厳経《けごんぎょう》・般若経《はんにゃきょう》・解《げ》深密経《じんみっきょう》の教主《きょうしゅ》である四人の仏である。これらの仏や僧は真言師《しんごんし》と対比《たいひ》すれば、正覚房《しょうがくぼう》や弘法《こうぼう》（空海《くうかい》）の牛飼《うしか》いや履物取《はきものと》りにも及《およ》ばないほどであると書いている。

例のインドの大慢婆羅門《だいまんばらもん》〈注6〉は、生まれながらに智慧《ちえ》があって博学《はくがく》であった。顕教《けんきょう》・密教《みっきょう》の両方の教えについてはすべてを頭に入《い》れており、仏教や仏教以外の聖典《せいてん》を完全に習得《しゅうとく》していた。

それ故《ゆえ》、国王や臣下《しんか》も彼に頭を下げ、すべての民衆は彼を師範《しはん》として尊敬した。あまりの慢心《まんしん》の結果、「世間で尊敬・崇拝《すうはい》されているものは、大自在天《だいじざいてん》・婆籔天《ばすてん》・那羅延天《ならえんてん》〈注7〉・釈尊《しゃくそん》という四人の聖人《しょうにん》である。これらを自分の高座《こうざ》の足にしよう」と、高座の足に四人の聖人の像《ぞう》を一人ずつ彫《ほ》り、そこに座《すわ》って法門を説《と》いた。現在の真言師《しんごんし》たちが結縁灌頂《けちえんかんじょう》の儀式《ぎしき》〈注8〉を行う時に、釈尊などのあらゆる仏を一枚の布《ぬの》に描《えが》き、それを堂《どう》の床《ゆか》に敷《し》く曼荼羅《まんだら》〈注9〉としているようなものである。

また禅宗《ぜんしゅう》の法師《ほっし》たちが「わが宗は仏の頭の上をふむ大法《だいほう》である」と言っているようなものである。

ところが、賢愛論師《けんあいろんじ》〈注10〉という一介《いっかい》の僧《そう》がいた。大慢婆羅門《だいまんばらもん》の誤《あやま》りを正《ただ》すよう主張《しゅちょう》したが、国王や臣下《しんか》・民衆らはこれを用《もち》いなかった。

結局、大慢《だいまん》は自分の弟子たちや信者《しんじゃ》たちに命じて、数え切れないほどのでたらめをでっちあげて賢愛論師《けんあいろんじ》の悪口《わるくち》を言ったり、打ちたたいたりしたが、賢愛は少しも命を惜《お》しむことなく盛《さか》んに大慢を糾弾《きゅうだん》したので、帝王《ていおう》は賢愛を憎《にく》み、大慢と問答させて閉口《へいこう》させようとされたところ、逆《ぎゃく》に大慢が批判《ひはん》されてしまったので、大王は天を仰《あお》ぎ地に伏《ふ》して嘆《なげ》いておっしゃった。

「私は、直接このことを聞いて誤《あやま》った考えを解消《かいしょう》することができた。先代の王はどれほどこの大慢《だいまん》にたぶらかされて、今は阿鼻地獄《あびじごく》〈注11〉にいらっしゃることだろう」と、賢愛論師《けんあいろんじ》の足にすがりついて、悲しみの涙を流されたので、賢愛の判断に基《もと》づいて、大慢をロバに乗せ、インド中を引き回して顔をさらさせた。

すると、大慢《だいまん》はますます邪悪《じゃあく》な心が増大《ぞうだい》して、生きながら無間地獄《むけんじごく》に堕《お》ちた。今の時代の真言《しんごん》や禅宗《ぜんしゅう》などは、この大慢婆羅門《ばらもん》と違いがあるだろうか。

中国の三階禅師《さんがいぜんじ》〈注12〉は、「教主釈尊《きょうしゅしゃくそん》の説《と》いた法華経は、第一階《だいいっかい》の正法《しょうほう》時代、第二階の像法《ぞうほう》時代の法門である。第三階の末法《まっぽう》の時代のための教えは、自分が作った『普経《ふきょう》』〈注13〉である。法華経を今の時代に修行《しゅぎょう》する者は、十方《じっぽう》の世界の大阿鼻地獄《だいあびじごく》に堕《お》ちるにちがいない。末法の衆生《しゅじょう》の機根《きこん》に合わないからである」といって、六時《ろくじ》の礼拝懺悔《らいはいさんげ》〈注14〉や、四時《しじ》の座禅《ざぜん》〈注15〉を実践し、仏そのもののようであったので、多くの人が彼を重んじ、弟子も一万人余《あま》りいたのであるが、法華経を読んだことがあるというだけに過《す》ぎない普通《ふつう》の若い女性に批判《ひはん》されて、その場では声が出なくなり、後《のち》には大蛇《だいじゃ》となって多くの信者《しんじゃ》や弟子、若い女性・少女らを飲《の》み込《こ》んだのである。

今の善導《ぜんどう》・法然《ほうねん》らの「千人のうち一人も往生《おうじょう》する者はいない」という邪義《じゃぎ》もこれと同じである。

これら念仏《ねんぶつ》・禅《ぜん》・真言《しんごん》という三つの重大な問題は、すでに長い時間が経《た》っているので、軽くみてよいというものではないが、明確に述べておけば私の主張《しゅちょう》を信ずる人もいることだろう。

◇注　解◇

〈注1〉**【伝法院《でんぽういん》の本願《ほんがん》】**「伝法院」は覚鑁《かくばん》が高野山《こうやさん》の中に建《た》てた大伝法院のこと。「本願」は寺を建立《こんりゅう》した願主《がんしゅ》のこと。

〈注2〉**【正覚房覚鑁《しょうがくぼうかくばん》】**一〇九五年～一一四三年。平安後期《へいあんこうき》の真言宗《しんごんしゅう》の僧《そう》。新義《しんぎ》真言宗の祖《そ》とされる。高野山《こうやさん》に大伝法院《だいでんぽういん》を建立《こんりゅう》し伝法会《でんぽうえ》を再興《さいこう》したが、同山の金剛峯寺《こんごうぶじ》との確執《かくしつ》から所を追われ、根来寺《ねごろじ》に移《うつ》った。浄土《じょうど》思想を密教的《みっきょうてき》に解釈したことで知られる。

〈注3〉**【『舎利講式《しゃりこうしき》』】**『舎利供養式《しゃりくようしき》』ともいう。覚鑁《かくばん》の著作。一巻。仏舎利供養《ぶっしゃりくよう》の講説《こうせつ》を五段にわたって示す。仏舎利が仏の法身《ほっしん》の全体であることを強調している。

〈注4〉**【三身《さんじん》の仏】**三身とは、仏としての本質的な三種の特性《とくせい》のこと。①法身《ほっしん》は、仏が覚《さと》った真実・真理。②報身《ほうしん》は、最高の覚りの智慧《ちえ》をはじめ、仏と成《な》った報《むく》いとして得た種々の優《すぐ》れた特性。③応身《おうじん》は、人々を苦悩から救《すく》うために、それぞれに応じて現実に表した姿《すがた》。慈悲《じひ》の側面《そくめん》をいう。

〈注5〉**【金剛界《こんごうかい》と胎蔵《たいぞう》の両部《りょうぶ》の曼荼羅《まんだら》】**金剛界曼荼羅は金剛頂経《こんごうちょうきょう》に基《もと》づく曼荼羅で、平等の理を覚《さと》り体得《たいとく》する如来《にょらい》の智慧《ちえ》を示すものとされる。胎蔵曼荼羅は大日経《だいにちきょう》に基づく曼荼羅で、如来の一切《いっさい》の功徳《くどく》を生み育む平等の理が凡夫《ぼんぷ》の心に蔵《ぞう》されていることを示すものとされる。

〈注6〉【大慢婆羅門《だいまんばらもん》】南インドの摩臘婆国《まろうばこく》のバラモン。玄奘《げんじょう》の『大唐西域記《だいとうさいいきき》』巻《まき》十一によると、自分の智慧《ちえ》が優《すぐ》れていることを示すため、大自在天《だいじざいてん》・婆籔天《ばすてん》・那羅延天《ならえんてん》・釈尊《しゃくそん》の像《ぞう》を高座《こうざ》の足に彫刻《ちょうこく》して常にその上に座《すわ》っていたが、賢愛論師《けんあいろんじ》に論破《ろんぱ》された際《さい》に大乗《だいじょう》を誹謗《ひぼう》したために、生きながら地獄《じごく》に堕《お》ちたという。

〈注7〉【大自在天《だいじざいてん》・婆籔天《ばすてん》・那羅延天《ならえんてん》】いずれもインドの神々。大自在天はサンスクリットのマヘーシュヴァラの訳《やく》で、音写して摩醯首羅天《まけいしゅらてん》ともいう。色界《しきかい》の頂上《ちょうじょう》に住み、三千世《さんぜんせ》界《かい》を支配するとされる天。古代インド神話のシヴァと同一視《どういつし》される。

婆籔天《ばすてん》は、古代インドのバラモン教で崇拝《すうはい》されている神。婆籔はサンスクリットのヴァスの音写。『玄応音義《げんおうおんぎ》』巻《まき》二十二では毘紐天《びちゅうてん》（ヴィシュヌ神）の別名とされているが、毘紐天の父またはクリシュナ神の父とする説《せつ》もある。

那羅延天《ならえんてん》の那羅延はサンスクリットのナーラーヤナの音写。金剛力士《こんごうりきし》ともいう。『大日経《だいにちきょう》疏《しょ》』には、毘紐天《びちゅうてん》の別名で、仏の分身《ふんじん》であり、迦楼羅鳥《かるらちょう》（ガルーダ）に乗って空をいくとある。『慧琳音義《えりんおんぎ》』には、大力《だいりき》で、この神を供養《くよう》する者は多くの力《ちから》を得るとあり、『大毘婆《だいびば》沙論《しゃろん》』にも同様の大力が示されている。

またバラモン教においては、梵天《ぼんてん》（ブラフマー）・那羅延天《ならえんてん》・摩醯首羅天《まけいしゅらてん》（大自在天《だいじざいてん》）を三大神とし、第一神は創造《そうぞう》を、第二神は維持《いじ》を、第三神は破壊《はかい》をつかさどるとしている。

〈注8〉**【結縁灌頂《けちえんかんじょう》の儀式《ぎしき》】**密教《みっきょう》における頭から水を灌《そそ》ぐ儀式を灌頂というが、結縁灌頂はその最《もっと》も初歩的《しょほてき》なもので、仏縁《ぶつえん》を結ぶために一般在家信者《ざいけしんじゃ》に対して行うもの。

〈注9〉**【堂《どう》の床《ゆか》に敷《し》く曼荼羅《まんだら》】**壁《かべ》にかける懸曼荼羅《かけまんだら》に対して、壇《だん》の上に敷く曼荼羅のこと。布《ぬの》でできている。主に結縁灌頂《けちえんかんじょう》の儀式《ぎしき》で用《もち》いられる。

〈注10〉**【賢愛論師《けんあいろんじ》】**賢愛はサンスクリットのバドラルチの訳《やく》。大慢婆羅門《だいまんばらもん》を破折《はしゃく》した西インドの論師。

〈注11〉**【阿鼻地獄《あびじごく》】**無間《むけん》地獄と同じ。第6段〈注17〉を参照。

〈注12〉**【三階禅師《さんがいぜんじ》】**五四〇年〜五九四年。中国・隋《ずい》の三階教《さんがいきょう》の開祖《かいそ》・信行《しんぎょう》のこと。信行は、正法《しょうほう》時代・像法《ぞうほう》時代の仏法を第一階《だいいっかい》・第二階とし、末法《まっぽう》の時代に応《おう》じた第三階の教えとして、一切衆生《いっさいしゅじょう》を礼拝《らいはい》するなどの独自《どくじ》の教えを説《と》いた。

〈注13〉**【『普経《ふきょう》』】**信行《しんぎょう》は、第三段階の衆生《しゅじょう》の邪見《じゃけん》をなくすためには、あらゆる仏・菩薩《ぼさつ》・経典を差別なく尊重《そんちょう》する普遍的《ふへんてき》な仏法（普法《ふほう》仏法）が必要と説《と》いたが、『普経』といった経典は作っていない。一方、三階教《さんがいきょう》から「別法《べっぽう》仏法」として非難《ひなん》された浄土教《じょうどきょう》の人々は、「三階教の主張《しゅちょう》からすると、釈尊《しゃくそん》は第三段階の衆生《しゅじょう》のために『普経』を説いて、彼らを救《すく》ったことになるが、そのような経典は説かれていない」と批判《ひはん》している（懐感《えかん》『釈浄土群疑論《しゃくじょうどぐんぎろん》』巻《まき》三）。

日蓮大聖人の時代には、三階教《さんがいきょう》の実態《じったい》がすでに分からなくなっていたため、信行《しんぎょう》自身が

『普経《ふきょう》』を作って、他の仏教を非難《ひなん》したというように伝承《でんしょう》されていたと思われる。

〈注14〉【六時《ろくじ》の礼拝懺悔《らいはいさんげ》】一昼夜を六分した晨朝《じんちょう》・日中《にっちゅう》・日没《にちぼつ》・初夜《しょや》・中夜《ちゅうや》・後夜《ごや》の六時に、仏を礼拝し、犯した罪を告白して許《ゆる》しを請《こ》うこと。

〈注15〉【四時《しじ》の座禅《ざぜん》】一昼夜を四つに分け、朝・真昼・夕暮《ゆうぐ》れ・夜中の四つの時において座禅をすること。

第25段　慈覚《じかく》を批判《ひはん》する

（御書二七九㌻十二行目～二八〇㌻五行目）

これらよりも、百千万億倍《ひゃくせんまんのくばい》も信じがたい最大の悪事がある。慈覚大師《じかくだいし》（円仁《えんにん》）は伝教大師《でんぎょうだいし》の三番目の弟子である。しかし、天皇《てんのう》から民衆に至《いた》るまですべての人が、伝教大師よりも優《すぐ》れた方でいらっしゃると思っている。この人は、真言宗《しんごんしゅう》と法華宗《ほっけしゅう》の奥義《おうぎ》をすべて習得《しゅうとく》されたが、「真言は法華経より優《すぐ》れている」と書かれている。これは明らかな邪義《じゃぎ》であるにもかかわらず、比叡山《ひえいざん》三千人の僧侶《そうりょ》たちをはじめ、日本国中の学者たちすべてが帰服《きふく》した、天《てん》台宗《だいしゅう》全体の教えとなっている。

弘法大師《こうぼうだいし》（空海《くうかい》）の門人たちは、弘法大師が法華経は華厳経《けごんぎょう》に劣《おと》ると書かれたのは、自分たちの宗派《しゅうは》のことながら少し強弁《きょうべん》が過《す》ぎるように思ったが、慈覚大師《じかくだいし》の説明によって考えると、真言宗《しんごんしゅう》が法華経より優《すぐ》れていることは確実となった。日本国で真言宗が法華経より優れていると主張《しゅちょう》することに対して、比叡山《ひえいざん》こそ強く反対するはずだったのに、慈覚が比叡山三千人の口《くち》をふさいでくれたので、真言宗の思い通りになった。それ故《ゆえ》、東寺《とうじ》にとっての最高の味方として、慈覚大師以上の人はいないにちがいない。

例を挙《あ》げれば、浄土宗《じょうどしゅう》や禅宗《ぜんしゅう》は、仮《かり》に他の国では広まったとしても、日本国では、延暦寺《えんりゃくじ》の許可《きょか》がなければ、限りなく長い時間が過《す》ぎても思い通りになるはずがなかったのに、安然和尚《あんねんかしょう》という比叡山《ひえいざん》で最《もっと》も優《すぐ》れた大学者が、『教時諍論《きょうじじょうろん》』〈注1〉という書で九宗《きゅうしゅう》の勝劣《しょうれつ》を立てられた時、「第一は真言宗《しんごんしゅう》、第二は禅宗、第三は天台法華宗《てんだいほっけしゅう》、第四は華厳宗《けごんしゅう》である」と言った。

この大間違《おおまちが》いの説《せつ》の結果、禅宗《ぜんしゅう》は日本国に充満《じゅうまん》して、すでに国が滅《ほろ》びようとしているのである。法然《ほうねん》の念仏宗《ねんぶつしゅう》が流行して、一国を滅ぼそうとしているが、そのようになったのは、恵心《えしん》（源信《げんしん》）の『往生要集《おうじょうようしゅう》』の序文《じょぶん》が発端《ほったん》であった。「師子《しし》の身の中の虫が、その師子を食《く》う」と仏が予言されているのは、真実であったのである。

◇注　解◇

〈注1〉【『教時諍論《きょうじじょうろん》』】安然《あんねん》の著作。一巻。独自《どくじ》の教時論《きょうじろん》（教判論《きょうはんろん》）を展開し、諸宗派《しょしゅうは》を九宗に分類してその勝劣《しょうれつ》を立て、真言宗《しんごんしゅう》を第一、禅宗《ぜんしゅう》を第二、天台宗《てんだいしゅう》を第三と位置づけた。

第26段　伝教《でんぎょう》に背《そむ》く慈覚《じかく》の誤《あやま》り

（御書二八〇ページ六行目〜二八一ページ十五行目）

伝教大師《でんぎょうだいし》（最澄《さいちょう》）は、日本国で十五年の間、天台《てんだい》・真言《しんごん》などに自《みずか》ら目を通された。生まれながらに智慧《ちえ》があって仏法の深遠な妙理《みょうり》を覚《さと》ったので、師匠《ししょう》がいないままで十分理解されたのであるが、世間の人々の疑《うたが》いを解消《かいしょう》しようとして中国へ渡《わた》り、天台・真言の二宗《しゅう》を伝えられた。

その際《さい》、中国の人々にはさまざまな説《せつ》があったが、伝教大師《でんぎょうだいし》は自身の心の中では「法華《ほっけ》は真言《しんごん》に優《すぐ》れている」とお考えであったので、真言宗の「宗」の字については削《けず》られて、「天台宗《てんだいしゅう》の止観《しかん》・真言」などとお書きになって、毎年、止観業《しかんごう》一人、遮那業《しゃなごう》一人、合わせて二人を出家《しゅっけ》させ、十二年間の修学《しゅうがく》を課《か》した〈注1〉。

さらに、一乗止観院《いちじょうしかんいん》〈注2〉に法華経・金光明経《こんこうみょうきょう》〈注3〉・仁王経《にんのうきょう》〈注4〉の三部を安置《あんち》して鎮護国家《ちんごこっか》の三部経《さんぶきょう》と定め、このことについて宣旨《せんじ》を出していただけるようお願《ねが》いし、永久《えいきゅう》に日本国の最高の大事な宝《たから》である神璽《しんじ》と宝剣《ほうけん》と内侍所《ないしどころ》〈注5〉という三種《さんしゅ》の神器《じんぎ》のように、崇拝《すうはい》された。

比叡山初代《ひえいざんしょだい》の座主《ざす》の義真和尚《ぎしんかしょう》〈注6〉、第二代の座主の円澄大師《えんちょうだいし》〈注7〉までは、この伝教大師《でんぎょうだいし》の教えは変わることなく受《う》け継《つ》がれた。

第三代座主《ざす》の慈覚大師《じかくだいし》（円仁《えんにん》）は唐《とう》へ渡《わた》った。中国に渡って十年の間、顕教《けんきょう》と密教《みっきょう》という二つの教えの勝劣《しょうれつ》について八人の高僧《こうそう》から学び、その説《せつ》を日本に持ち帰った。

また天台宗《てんだいしゅう》の人々である広修《こうしゅ》〈注8〉、維蠲《ゆいけん》〈注9〉らに学んだが、心の中で「真言宗《しんごんしゅう》は天台宗より優《すぐ》れていたのである。わが師《し》・伝教大師《でんぎょうだいし》は、まだこのことを詳《くわ》しく学ばれなかったのである。中国に長くいらっしゃったわけでもないので、この法門についてはおおまかに目を通されたのだろう」と考えて、日本国に帰って、比叡山《ひえいざん》の東塔《とうとう》〈注10〉の止観院《しかんいん》の西に総持院《そうじいん》という大講堂《だいこうどう》〈注11〉を建《た》て、ここに、本尊《ほんぞん》として金剛界《こんごうかい》の大日如来《だいにちにょらい》を安置《あんち》し、この本尊の前で大日経に関する善無畏《ぜんむい》の注釈書《ちゅうしゃくしょ》〈注12〉に基《もと》づき、『金剛頂経疏《こんごうちょうきょうしょ》』七巻〈注13〉、『蘇悉地《そしつじ》経疏《きょうしょ》』七巻〈注14〉、以上合わせて十四巻を著《あらわ》した。

この注釈書《ちゅうしゃくしょ》の肝心《かんじん》となる説《せつ》は以下の通りである。

「教《きょう》には二種類がある。一つには顕示教《けんじきょう》である。すなわち三乗教《さんじょうきょう》である。この教ではまだ世俗《せぞく》の真理と究極的な真理とが一つに融合《ゆうごう》していないからである。二つには秘密教《ひみつきょう》である。これは、一乗教《いちじょうきょう》である。これは世俗《せぞく》の真理と究極的な真理とが一体になり、融合《ゆうごう》しているからである。

その秘密教《ひみつきょう》の中にさらに二種類ある。一つには理秘密《りひみつ》の教である。これは、華厳経《けごんぎょう》・般若経《はんにゃきょう》・維摩経《ゆいまきょう》・法華経・涅槃経《ねはんぎょう》などの諸経である。これらは、ただ世俗《せぞく》の真理と究極的な真理とが別個《べっこ》のものではないことを説《と》くだけで、まだ真《しん》言《ごん》や印《いん》といった事相《じそう》を説いていないからである。

二つには事理倶密《じりくみつ》の教である。これは、大日経《だいにちきょう》・金剛頂経《こんごうちょうきょう》・蘇悉地経《そしつじきょう》などである。これらは、世俗《せぞく》の真理と究極的な真理が別個《べっこ》のものではないことを説《と》くと同時に、真言《しんごん》や印《いん》といった事相《じそう》についても説いているからである」(『蘇悉地経《そしつじきょう》疏《しょ》』、趣意)とある。

この説《せつ》の趣旨は、法華経と真言《しんごん》の三部経《さんぶきょう》との勝劣《しょうれつ》を定められるにあたって、「真言《しんごん》の三部経と法華経では、究極の理《り》は同じで、一念三千《いちねんさんぜん》の法門である。しかし、密印《みついん》と真言《しんごん》などといった事法《じほう》は、法華経には欠《か》けていて、存在しない。法華経は理秘密《りひみつ》であり、真言の三部経は事理倶密《じりくみつ》であるから、天地雲泥《てんちうんでい》の違いがある」と書かれている。

「しかも、このように書いたのは私の個人的《こじんてき》な説《せつ》ではない。善無畏三蔵《ぜんむいさんぞう》の『大日経疏《だいにちきょうしょ》』の趣旨である」と思ったものの、それでもまだ二宗《しゅう》の勝劣《しょうれつ》が不審《ふしん》だったのだろうか、それとも人々の疑問《ぎもん》を解消《かいしょう》しようと思ったのだろうか。慈《じ》覚大師《かくだいし》の伝記《でんき》には以下のようにある。

「慈覚大師《じかくだいし》は二経の注釈書《ちゅうしゃくしょ》を著《あらわ》し、執筆《しっぴつ》を無事《ぶじ》終えて、心の中で独《ひと》り次のように思った。『この注釈書は仏のお考えにかなっているのか。もし仏のお考えにかなっていなければ、世に広めないことにしよう』と。

そこで仏像《ぶつぞう》の前に安置《あんち》し、七日七夜《しちにちしちや》、真心を尽《つ》くして結果を待ち望《のぞ》み、熱心《ねっしん》に儀礼《ぎれい》を執《と》り行《おこな》って願《がん》をかけて祈った。

すると五日目の夜明け前に夢を見た。その夢は、正午に太陽を仰《あお》ぎ見《み》て、弓でこれを射《い》ると、その矢が太陽に命中し、太陽はすぐさま揺《ゆ》れ動《うご》いたというものであった。夢が覚《さ》めて後《のち》、よくよく分かった。『自分の説《せつ》は仏のお考えにかなっていたのだ。後世《こうせい》に伝えなくてはならない』と」とある。

慈覚大師《じかくだいし》は、日本においては伝教《でんぎょう》・弘法《こうぼう》の両大師の教えを完全に習得《しゅうとく》し、中国では八人の高僧《こうそう》、および南インドから来た宝月三蔵《ほうがつさんぞう》〈注15〉らに付いて十年の間、最《もっと》も重要な秘法《ひほう》をすべて学んだ上、二経の注釈書《ちゅうしゃくしょ》を執筆《しっぴつ》し終わり、その上で本尊《ほんぞん》に願《がん》をかけて祈ったところ、智慧《ちえ》の矢がまさに天の中央にある太陽にあたる夢を見て、はっと目がさめた。歓喜《かんき》のあまりに仁明天皇《にんみょうてんのう》〈注16〉に宣旨《せんじ》を賜《たまわ》るよう申し上げた。

その結果、天台《てんだい》の座主《ざす》を真言《しんごん》の官主《かんしゅ》とし、真言の三部経《さんぶきょう》が鎮護国家《ちんごこっか》の三部経ということになり、以来今日《こんにち》まで四百年余《あま》りの間、真言の学者は稲《いね》や麻《あさ》のようにひしめき、真言を信仰する人々は竹や葦《あし》のように〈注17〉ひしめいている。

それ故《ゆえ》、桓武天皇《かんむてんのう》と伝教大師《でんぎょうだいし》らが日本国に建立《こんりゅう》された寺塔《じとう》は、一つ残らず真《しん》言《ごん》の寺となってしまった。朝廷《ちょうてい》も幕府《ばくふ》も一様に真言師を招《まね》いて師匠《ししょう》として仰《あお》ぎ、官位《かんい》を与え、寺を任《まか》せるようになった。仏事《ぶつじ》として行われる木像《もくぞう》・画像《えぞう》の本尊《ほんぞん》の開眼供養《かいげんくよう》〈注18〉は、八宗《はっしゅう》ともに大日《だいにち》・仏眼《ぶつげん》〈注19〉の印《いん》と真言で行うようになった。

◇注　解◇

〈注1〉【毎年、止観業《しかんごう》一人……十二年間の修学《しゅうがく》を課《か》した】御書本文は「十二年の年分得度《ねんぶんとくど》の者二人をかせ給《たま》い」（二八〇ページ）。「年分得度の者」とは、各宗《かくしゅう》で年度ごとに国が決めた定員によって出家《しゅっけ》を許《ゆる》される者。伝教大師最澄《でんぎょうだいしさいちょう》は『山家学生式《さんけがくしょうしき》』で、天台宗《てんだいしゅう》の僧《そう》は出家の後、十二年間、比叡山《ひえいざん》にこもって修行《しゅぎょう》に専念《せんねん》することを定めた。止観業は法華経などの顕《けん》教《きょう》を学び止観の修行を専攻《せんこう》し、遮那業《しゃなごう》は密教《みっきょう》を専攻する。

〈注2〉【一乗止観院《いちじょうしかんいん》】単《たん》に止観院ともいい、伝教大師《でんぎょうだいし》が建立《こんりゅう》した比叡山延暦寺《ひえいざんえんりゃくじ》の根本中堂《こんぽんちゅうどう》の古名。延暦寺は、初《はじ》め薬師堂《やくしどう》・文殊堂《もんじゅどう》・経蔵《きょうぞう》の三宇《う》から成《な》り、この総称《そうしょう》として一乗止観院といったが、後に三宇の中心にある薬師堂をさして止観院または根本中堂と称《しょう》した。

〈注3〉【金光明経《こんこうみょうきょう》】漢訳《かんやく》には中国・北涼《ほくりょう》の曇無讖《どんむしん》訳の金光明経四巻、唐《とう》の義浄《ぎじょう》訳の金光明《こんこうみょう》最勝王経《さいしょうおうきょう》十巻などがある。ここでは義浄訳のことで、略《りゃく》して最勝王経ともいう。懺悔《さんげ》による滅罪《めつざい》の功徳《くどく》を強調《きょうちょう》するとともに、この経を護持《ごじ》するものを、四天王《してんのう》をはじめ一切《いっさい》の諸天《しょてん》善神《ぜんじん》が加護《かご》するが、もし正法《しょうほう》をないがしろにすれば、諸天が国を捨《す》て去《さ》って種々の災難《さいなん》が競《きそ》い起《お》こると説《と》いている。

〈注4〉【仁王経《にんのうきょう》】中国・後秦《こうしん》の鳩摩羅什《くまらじゅう》による仁王般若波羅蜜経《にんのうはんにゃはらみつきょう》と、唐《とう》の不空《ふくう》による仁王《にんのう》護国般若波羅密多経《ごこくはんにゃはらみったきょう》の二訳《やく》が現存する。二巻。正法《しょうほう》が滅《めっ》して思想が乱《みだ》れる時、悪業《あくごう》のために受ける七難《しちなん》を示し、この災難《さいなん》を逃《のが》れるためには般若を受持《じゅじ》することであるとして菩薩《ぼさつ》の行法《ぎょうぼう》を説《と》いている。法華経・金光明経《こんこうみょうきょう》とともに護国三部経《ごこくさんぶきょう》とされる。

〈注5〉【神璽《しんじ》と宝剣《ほうけん》と内侍所《ないしどころ》】神璽と宝剣は、八坂瓊曲玉《やさかにのまがたま》と草薙剣《くさなぎのつるぎ》のこと。内侍所《ないしどころ》は第19段〈注10〉を参照。

〈注6〉【義真和尚《ぎしんかしょう》】七八一年~八三三年。平安《へいあん》初期の天台宗《てんだいしゅう》の僧《そう》。比叡山延暦寺《ひえいざんえんりゃくじ》の初代座主《しょだいざす》。伝教大師《でんぎょうだいし》の弟子で、伝教大師の通訳《つうやく》として共に唐《とう》に渡《わた》った。伝教没後、延暦寺《えんりゃくじ》の運営《うんえい》を担《にな》い、八二四年、初代天台座主となった。

〈注7〉【円澄大師《えんちょうだいし》】七七二年~八三七年。伝教大師《でんぎょうだいし》の弟子。比叡山延暦寺《ひえいざんえんりゃくじ》の初代座主《しょだいざす》である義真《ぎしん》の後を受けて第二代座主となった。日蓮大聖人は「報恩抄《ほうおんしょう》」(御書三一〇ページ)で、伝教大師の教えは義真には純粋《じゅんすい》に伝わったが、円澄からは半ば真言《しんごん》が入って濁乱《じょくらん》したとされている。

〈注8〉【広修《こうしゅ》】七七一年~八四三年。中国・唐《とう》の僧《そう》。妙楽大師湛然《みょうらくだいしたんねん》の法統《ほうとう》を次ぐ中国天台《てんだい》宗《しゅう》では第十一祖《そ》とされる。円澄《えんちょう》による天台三大部《さんだいぶ》に関する疑問《ぎもん》を中心とした質問三十条《じょう》に答えた。師《し》は、伝教大師《でんぎょうだいし》に法を伝えた道邃《どうずい》。弟子に、円珍《えんちん》(智証《ちしょう》)に法を伝えた良諝《りょうしょ》がいる。

〈注9〉【維蠲《ゆいけん》】生没年不詳《せいぼつねんふしょう》。中国・唐《とう》の天台宗《てんだいしゅう》の僧《そう》で、広修《こうしゅ》の高弟《こうてい》。広修とともに円澄《えんちょう》からの質問三十条《じょう》に答えた。

〈注10〉【東塔《とうとう》】比叡山延暦寺《ひえいざんえんりゃくじ》の三塔《さんとう》の一つ。比叡山の東面に位置し、一乗止観院《いちじょうしかんいん》（根本中堂《こんぽんちゅうどう》）を中心として大講堂《だいこうどう》・戒壇院《かいだんいん》などをそなえた比叡山の中心。

〈注11〉【総持院《そうじいん》という大講堂《だいこうどう》】御書本文の「総持院と申す大講堂」（二八〇ページ）を直訳《ちょくやく》したが、現在では総持院の名称《めいしょう》として「大講堂」が一般化している。

〈注12〉【善無畏《ぜんむい》の注釈書《ちゅうしゃくしょ》】善無畏訳《やく》の大日経《だいにちきょう》の注釈書《ちゅうしゃくしょ》である『大日経疏《だいにちきょうしょ》』二十巻のこと。中国・唐《とう》の善無畏が一行《いちぎょう》の請《こ》いに応じて行った大日経の講説を一行が筆記したもの。円仁《えんにん》（慈覚《じかく》）はこの再治本である『大日経義釈《ぎしゃく》』十四巻を唐から日本に持ち帰っている。

〈注13〉【『金剛頂経疏《こんごうちょうきょうしょ》』七巻】円仁《えんにん》が仁寿元年《にんじゅがんねん》（八五一年）に著《あらわ》した『金剛頂大教王経疏《こんごうちょうだいきょうおうぎょうしょ》』七巻のこと。不空訳《ふくうやく》の金剛頂一切如来真実摂大乗現証大教王経《こんごうちょういっさいにょらいしんじつしょうだいじょうげんしょうだいきょうおうぎょう》（金剛頂経）三巻の注釈書《ちゅうしゃくしょ》（ただし、下巻《げかん》は口伝《くでん》の教えであるとして、注釈していない）。天台宗《てんだいしゅう》は、嘉祥《かしょう》三年（八五〇年）に金剛頂経業《こんごうちょうきょうごう》・蘇悉地経業《そしつじきょうごう》各一名の年分度者《ねんぶんどしゃ》を獲得《かくとく》しており、学生《がくしょう》の教育のためにこの『金剛頂経疏』が作成《さくせい》された。

〈注14〉【『蘇悉地経疏《そしつじきょうしょ》』七巻】円仁《えんにん》が斉衡《さいこう》二年（八五五年）に著《あらわ》した『蘇悉地羯羅経略疏《そしつじからきょうりゃくしょ》』七巻のこと。善無畏訳《ぜんむいやく》の蘇悉地羯羅経（蘇悉地経）三巻の注釈書《ちゅうしゃくしょ》。円仁は、蘇悉地経を大日経《だいにちきょう》・金剛頂経《こんごうちょうきょう》を統合《とうごう》する経典と位置づけ、大日経・金剛頂経が一体であること（両部不二《りょうぶふに》）を主張《しゅちょう》する真言宗《しんごんしゅう》に対して、蘇悉地経を加えた三経の一致《いっち》を説《と》くところに天台密教《てんだいみっきょう》

（台密《たいみつ》）の特色《とくしょく》があるとした。

〈注15〉【宝月三蔵《ほうがつさんぞう》】中国・唐《とう》の僧《そう》。南インドの出身で長安《ちょうあん》の青竜寺《せいりゅうじ》に住んでいた。

〈注16〉【仁明天皇《にんみょうてんのう》】八一〇年～八五〇年。在位《ざいい》、八三三年～八五〇年。嵯峨《さが》天皇の第一皇《おう》子《じ》。在位中《ざいいちゅう》、天皇の勅許《ちょっきょ》のもと、円仁《えんにん》は国家のための密教灌頂《みっきょうかんじょう》を行った。

この箇所では、円仁《えんにん》が、二経の注釈書《ちゅうしゃくしょ》を執筆し終わり、その上で夢を見た後、宣旨《せんじ》（天《てん》皇《のう》から下達された命令）を賜《たまわ》るよう申し上げたとされている。

しかし、『慈覚大師伝《じかくだいしでん》』によれば、『金剛頂経疏《こんごうちょうきょうしょ》』は八五一年、『蘇悉地経疏《そしつじきょうしょ》』は八五五年に著《あらわ》されており、これは、すでに仁明天皇《にんみょうてんのう》の没後、文徳《もんとく》天皇の在位中である。仁明天皇は嘉祥《かしょう》三年（八五〇年）三月二十一日に亡《な》くなっている。

また、本抄御執筆《ごしっぴつ》後の建治《けんじ》三年（一二七七年）に著《あらわ》された「下山御消息《しもやまごしょうそく》」では、円仁《えんにん》は夢を見た後、「天皇《てんのう》に宣旨《せんじ》を申請《しんせい》して、二経の注釈書《ちゅうしゃくしょ》を日本国に広めようとしたが、しばらくして疫病《えきびょう》にかかり、亡《な》くなった」（御書三五三ページ、趣意）とされている。さらに、同抄のこの後の箇所で、円珍《えんちん》が円仁の遺言《ゆいごん》にしたがって「宣旨を申し下《くだ》し給《たも》う」（同）とあるので、円仁が生前に宣旨を申請し下賜《かし》されたとすると、齟齬《そご》が生じる。また史実の上でも、円仁は宣旨の申請を行っていない。

「撰時抄《せんじしょう》」では、夢を見た後、円仁《えんにん》が宣旨《せんじ》を申請《しんせい》して下賜《かし》されたように記述されているが、「下山御消息《しもやまごしょうそく》」では、日蓮大聖人が認識を改められたと考えられる。

〈注17〉**【稲《いね》や麻《あさ》のように……竹や葦《あし》のように】** 稲も麻も竹も葦も、数が多いことを例えたもの。

〈注18〉**【開眼供養《かいげんくよう》】** 開眼とは仏像《ぶつぞう》の目を開く意。新たに制作した仏像・絵像《えぞう》などに魂《たましい》を入れるために行う儀式《ぎしき》をいう。

〈注19〉**【仏眼《ぶつげん》】** 仏眼尊《ぶつげんそん》のこと。仏眼によって仏の智慧《ちえ》を象徴《しょうちょう》した仏。密教《みっきょう》では、すべての仏を生み出すものと位置づけ、仏眼仏母《ぶつも》ともいう。日本では、仏眼尊の真言《しんごん》と大日如来《だいにちにょらい》の真言によって開眼供養《かいげんくよう》を行うのが通例《つうれい》であった。

第27段　慈覚《じかく》の説《せつ》を批判《ひはん》する

（御書二八一ページ十六行目～二八三ページ六行目）

疑問《ぎもん》を述べる。法華経を真言《しんごん》より優《すぐ》れていると言う人は、この慈覚《じかく》（円仁《えんにん》）の説《せつ》についてはどうするのか。採用《さいよう》した方がよいのか、それとも採用しない方がよいのか。

答える。仏は未来の状態《じょうたい》を判断して「法を依《よ》りどころとしなさい。人を依りどころとしてはならない（依法不依人《えほうふえにん》）」（涅槃経《ねはんぎょう》）と仰《おお》せになっている。竜樹菩薩《りゅうじゅぼさつ》は「経典に依《よ》っているものは正しい論《ろん》である。経典に依らないものは誤《あやま》った論である」（『十住毘婆沙論《じゅうじゅうびばしゃろん》』、趣意）と言っている。

天台《てんだい》（智顗《ちぎ》）は「（十分に理由があり）さらに経典と合致《がっち》しているものは採用《さいよう》する。よりどころとなる経文もなく道理もないものは受け入れることはできない」（『法華玄義《ほっけげんぎ》』）と言っている。

伝教大師《でんぎょうだいし》（最澄《さいちょう》）は「仏説《ぶっせつ》をよりどころとしなさい。口伝《くでん》を信じてはならない」（『法華秀句《ほっけしゅうく》』）と言っている。

これらの経文や論書《ろんしょ》、注釈書《ちゅうしゃくしょ》の通りであるならば、夢に基《もと》づいてはならない。法華経と大日経《だいにちきょう》との勝劣《しょうれつ》を明確に主題として、それを明らかに説《と》いている経典や論書の文《もん》こそが、もっぱら大切だろう。

一方、印《いん》と真言《しんごん》がなければ木像《もくぞう》・画像《えぞう》が開眼《かいげん》できないということは、これもまたばかげた話である。真言宗のなかった時代には木像・画像の開眼はなかったのか。インド・中国・日本では、真言宗が伝わる以前の木像・画像が、歩いたり、説法《せっぽう》したり、物を言ったりしたものがあったと伝えられている。印・真言によって仏を供養《くよう》するようになって以来、利益《りやく》も結局なくなってしまったのである。これは通常、言われていることである。ただし慈覚《じかく》の夢に限って言えば、私は明らかな証拠《しょうこ》をよそから引く必要がない。慈覚大師のお話を深く信じ申し上げているのである。

問う。どのようにお信じになっているのか。

答える。この夢のそもそもの発端《ほったん》は、真言《しんごん》は法華経に優《すぐ》れていると注釈書《ちゅうしゃくしょ》を書いて結論を出した上で見た夢である。もしこの夢が吉夢《きちむ》であるなら、慈覚《じかく》が夢を解釈されたように真言が優れているはずである。ただし、太陽を射《い》たと夢で見たのは、吉夢であると言えるのか。仏教の経論《きょうろん》五千巻・七千巻余り《あま》〈注1〉、中国の聖典《せいてん》三千巻余り〈注2〉の中に、太陽を射たと夢で見たことが吉夢であるという証拠《しょうこ》があれば、それをお聞きしたいものである。

こちらから幾《いく》つか例を示して差し上げよう。阿闍世王《あじゃせおう》は空から月が落ちると夢に見て、耆婆大臣《ぎばだいじん》〈注3〉に夢を解釈させたところ、大臣は解釈して「釈尊《しゃくそん》が亡《な》くなられたのです」と言った。須跋陀羅《しゅばっだら》〈注4〉は空から太陽が落ちると夢に見た。自分で解釈して「釈尊が亡くなられるのです」と言った。修羅《しゅら》は帝釈《たいしゃく》と戦う時、まず太陽と月を射《い》る。夏の桀王《けつおう》〈注5〉、殷《いん》の紂王《ちゅうおう》〈注6〉という悪王は、普段《ふだん》から太陽に弓を引いていたので身を亡《ほろ》ぼし、国を破滅《はめつ》させた。

摩耶夫人《まやふじん》は、太陽を身ごもったと夢に見て悉達太子《しったたいし》をお産《う》みになった。そういうわけで仏の幼名《ようみょう》を日種《にっしゅ》という〈注7〉。わが国を日本国と言うのは、天皇《てんのう》の祖先《そせん》である天照太神《てんしょうだいじん》〈注8〉が日天《にってん》（太陽の神）でいらっしゃるからである。

それ故《ゆえ》、太陽を射《い》たという慈覚《じかく》の夢は、金剛頂経《こんごうちょうきょう》と蘇悉地経《そしつじきょう》の二経の注釈書《ちゅうしゃくしょ》が天照太神《てんしょうだいじん》・伝教大師《でんぎょうだいし》・釈尊《しゃくそん》・法華経を射《い》た矢にほかならないということである。

私は愚《おろ》かな者であるから経典や論書《ろんしょ》についての知識もない。ただし、この慈《じ》覚《かく》の夢によって「法華経より真言《しんごん》が優《すぐ》れていると言う人は、今世《こんぜ》では国を滅《ほろ》ぼし、家を失《うしな》い、死後には阿鼻地獄《あびじごく》に堕《お》ちるにちがいない」ということは分かっているのである。

すぐに現証《げんしょう》があるにちがいない〈注9〉。

もし日本国と蒙古《もうこ》が戦い、すべての真言師《しんごんし》が敵国調伏《てきこくじょうぶく》の祈禱《きとう》〈注10〉を行《おこな》って、日本が勝ったというのであるなら、真言はやはりすばらしいものだと思いもしよう。ところが、承久《じょうきゅう》の合戦《かっせん》〈注11〉では、たくさんの真言師が調伏の祈禱を行ったが、調伏された方の北条義時《ほうじょうよしとき》〈注12〉が勝利を収《おさ》められ、調伏を命じた後鳥羽院《ごとばいん》は隠岐国《おきのくに》へ、御子息《ごしそく》である順徳天皇《じゅんとくてんのう》〈注13〉は佐渡《さど》の島〈注14〉へと逆《ぎゃく》に調伏されて追いやられてしまった。

結局は、野干《やかん》〈注15〉が鳴いたために自滅《じめつ》したようなもので、「(呪《のろ》いや毒薬《どくやく》によって人から危害《きがい》を与えられそうになっても)かえって害を与えようとした当人に危害が生じる〔還著於本人《げんじゃくおほんにん》〕」(観世音菩薩普門品《かんぜおんぼさつふもんぼん》)との経文の通りに、比叡山《ひえいざん》三千人の僧侶《そうりょ》たちは、鎌倉《かまくら》の武士《ぶし》たちに攻《せ》められ、みな全面的《ぜんめんてき》に降伏《こうふく》してしまった。

今、世の中は鎌倉《かまくら》の幕府《ばくふ》が隆盛《りゅうせい》であるために、東寺《とうじ》・天台《てんだい》・園城寺《おんじょうじ》〈注16〉・奈良七大寺《ならしちだいじ》の真言師《しんごんし》らと、そして自宗《じしゅう》の教えを守ることを忘れた法華宗《ほっけしゅう》〈天台《てんだい》宗《しゅう》〉の謗法《ほうぼう》の人々〈注17〉が、関東《かんとう》に逃《に》げ延《の》びてきて、頭を下げ、膝《ひざ》を曲げて礼《れい》を尽《つ》くし、あれこれと武士《ぶし》に取《と》り入《い》り、さまざまな寺院の別当《べっとう》〈注18〉や長吏《ちょうり》となって、天皇《てんのう》がその位《くらい》を失《うしな》うことになった真言の悪法《あくほう》を取り出して国土安穏《こくどあんのん》を祈っているので、将軍《しょうぐん》やその家来である上級《じょうきゅう》武士以下の人々が、国土は安穏になることだろうと思っているが、法華経を滅《ほろ》ぼす大きな罪《つみ》を犯《おか》している僧《そう》たちを用《もち》いているのだから、国は必ず滅亡《めつぼう》するにちがいない。

◇注　解◇

〈注1〉【仏教の経論《きょうろん》五千巻・七千巻余《あま》り】中国・唐《とう》の開元《かいげん》十八年（七三〇年）に智昇《ちしょう》が撰《せん》述《じゅつ》した『開元釈教録《かいげんしゃっきょうろく》』には、後漢《ごかん》の永平《えいへい》十年（六七年）から開元十八年までに翻訳《ほんやく》された仏典として五千四十八巻が挙《あ》げられている。また唐の貞元《ていげん》十六年（八〇〇年）に円照《えんしょう》が撰述した『貞元新定釈教目録《じょうげんしんじょうしゃっきょうもくろく》』には、永平十年から貞元十六年までに翻訳された仏典として七千三百八十八巻が挙げられている。

〈注2〉【中国の聖典《せいてん》三千巻余《あま》り】『漢書《かんじょ》』の芸文志《げいもんし》では、その時代に伝わっていた書籍《しょせき》の数を「三千一百二十三篇《ぺん》」としている。また、『太平記《たいへいき》』巻《まき》二十六では、秦《しん》の始皇帝《しこうてい》の時代に焚書《ふんしょ》された書籍を「三千七百六十六巻」としている。

〈注3〉【耆婆大臣《ぎばだいじん》】耆婆はサンスクリットのジーヴァカの音写。釈尊《しゃくそん》の時代にいた名医《めいい》。仏教を深く信じ、釈尊や当時の王などの病を治療している。阿闍世王《あじゃせおう》に大臣として仕えている時、王が父を殺《ころ》し、母を殺そうとしたために身に悪瘡《あくそう》ができて苦しむのを見て、王に懺悔《さんげ》を勧《すす》め、釈尊に帰依《きえ》させた。

〈注4〉【須跋陀羅《しゅばっだら》】サンスクリットのスバドラの音写。釈尊《しゃくそん》から最後に教えを受けたとされる修行者《しゅぎょうしゃ》。『大智度論《だいちどろん》』などでは、本文のような夢を見た後、釈尊のもとに来て、問答をしたという。
〈注5〉**【夏《か》の桀王《けつおう》】** 古代中国・夏の最後の王。古代中国の代表的な悪王として、殷《いん》の紂王《ちゅうおう》と並べられている。殷の湯王《とうおう》によって滅《ほろ》ぼされた。
〈注6〉**【殷《いん》の紂王《ちゅうおう》】** 古代中国・殷の最後の王（紀元前《きげんぜん》十一世紀ごろ）。悪王として知られ、周《しゅう》の文王《ぶんおう》によって滅《ほろ》ぼされた。
〈注7〉**【仏の幼名《ようみょう》を日種《にっしゅ》という】** 釈尊《しゃくそん》の家系《かけい》の始祖《しそ》は、仙人《せんにん》の血からできた卵《たまご》が太陽の熱《ねつ》で温められて生まれたとされており、釈尊の家系を「日種（太陽の種族《しゅぞく》）」と呼ぶ。「報恩《ほうおん》抄《しょう》」（御書三二七ジ）では、「日種」を釈尊の幼名とし、これは、母である摩耶夫人《まやふじん》が胎内《たいない》に太陽が入る夢を見て釈尊を産《う》んだことに由来すると説明されている。
〈注8〉**【天照太神《てんしょうだいじん》】** 日本神話《しんわ》に登場する太陽神で、天皇家《てんのうけ》の祖先神《そせんしん》とされる。伊勢神宮《いせじんぐう》の内宮《ないくう》に祭られる。仏法を守護《しゅご》する諸天善神《しょてんぜんじん》とされた。
〈注9〉**【すぐに現証《げんしょう》があるにちがいない】** 御書本文は「今現証あるべし」（二八二ジ）。この「現証」とは、本抄御執筆《ごしっぴつ》前年（文永十一年＝一二七四年十月）の蒙古襲来《もうこしゅうらい》自体ではなく、国が滅《ほろ》びることとそれに伴《ともな》う謗法者《ほうぼうしゃ》の堕地獄《だじごく》と考えられる。
〈注10〉**【敵国調伏《てきこくじょうぶく》の祈禱《きとう》】** 敵や魔《ま》を退散《たいさん》させるための密教《みっきょう》の祈禱儀礼《ぎれい》のこと。
〈注11〉**【承久《じょうきゅう》の合戦《かっせん》】** 承久三年（一二二一年）に起きた朝廷《ちょうてい》と幕府《ばくふ》の争《あらそ》い、承久の乱《らん》を指す。後鳥羽院《ごとばいん》は政治の実権《じっけん》を拡大・掌握《しょうあく》しようと図り鎌倉《かまくら》幕府を圧迫《あっぱく》したが、幕府に制圧《せいあつ》され、かえって勢力《せいりょく》を弱め、幕府の支配力が強まった。日蓮大聖人は諸御抄《しょごしょう》で、後鳥羽院ら朝廷方がこの際《さい》に行った真言《しんごん》による祈禱《きとう》のせいで「還著於本人《げんじゃくおほんにん》」の結果となったと指摘《してき》されている。

〈注12〉【北条義時《ほうじょうよしとき》】一一六三年～一二二四年。鎌倉幕府《かまくらばくふ》第二代執権《しっけん》。承久《じょうきゅう》の乱《らん》で後鳥羽上《ごとばじょう》皇《こう》の軍《ぐん》を破《やぶ》り、幕府の全国支配を決定的なものとした。

〈注13〉【順徳天皇《じゅんとくてんのう》】一一九七年～一二四二年。第八十四代天皇。後鳥羽《ごとば》天皇の第三皇子《おうじ》。在位《ざいい》、一二一〇年～一二二一年。承久《じょうきゅう》の乱《らん》の後、乱の首謀者《しゅぼうしゃ》として佐渡国《さどのくに》（新潟県《にいがたけん》佐渡《さどが》島《しま》）への流刑《るけい》に処《しょ》され、その地で没《ぼっ》した。

〈注14〉【佐渡《さど》の島】御書本文は「佐渡の嶋嶋《しまじま》」（一二八二～一二八三㌻）。御真筆《ごしんぴつ》では当初《とうしょ》、「隠《お》岐院佐渡院嶋々《きのいんさどのいんしまじま》」と書かれていたのを、日蓮大聖人御自身が「後鳥羽院《ごとばいん》は隠岐乃国《おきのくに》へ御子《みこ》天子《てんし》は佐渡の嶋々《しまじま》へ」と訂正《ていせい》されている。その際《さい》、「々」を削除《さくじょ》するのを失念《しつねん》されたと思われる。

〈注15〉【野干《やかん》】サンスクリットのシュリガーラの音写で「射干《やかん》」とも書かれる。インドに住むイヌ科の小獣《しょうじゅう》・ジャッカルのこと。猛獣《もうじゅう》の食べ残しの死肉をあさるという習性《しゅうせい》のため、仏典などでは卑《いや》しい動物の代表とされる。ジャッカルがいない中国や日本では、キツネのような動物と考えられた。

〈注16〉【東寺《とうじ》・天台《てんだい》・園城寺《おんじょうじ》】東寺とは、京都《きょうと》にある真言宗《しんごんしゅう》の中心寺院である教王護国寺《きょうおうごこくじ》のことで、その門流も指す。天台とは、天台宗の山門派《さんもんは》（円仁《えんにん》派）の中心寺院である比叡《ひえい》山延暦寺《ざんえんりゃくじ》のことで、その門流も指す。園城寺とは、天台宗寺門派《じもんは》（円珍《えんちん》派）の中心寺院で、その門流も指す。

〈注17〉【法華宗《ほっけしゅう》（天台宗《てんだいしゅう》）の謗法《ほうぼう》の人々】直前の「真言師《しんごんし》」は密教《みっきょう》を専門とする僧《そう》であるが、それを容認《ようにん》していた天台法華宗の顕教《けんきょう》の僧を指すと思われる。

〈注18〉【別当《べっとう》】僧官名《そうかんめい》。寺社《じしゃ》の事務《じむ》を統制《とうせい》する最高責任者として置《お》かれた。法隆寺《ほうりゅうじ》・東大寺《とうだいじ》・石清水八幡宮《いわしみずはちまんぐう》・鶴岡《つるがおか》八幡宮などの別当が有名。

第28段　世界一の法華経の行者《ぎょうじゃ》

（御書二八三ジペー六行目～二八四ジペー九行目）

国が滅《ほろ》ぶことは悲しく、身が滅びることは嘆《なげ》かわしいので、身命《しんみょう》をなげうって、このことを広く知らせようとしているのである。

もし国主が世の中を安泰《あんたい》にたもとうとするのであれば、不審《ふしん》に思って尋《たず》ねなければならないのに、ただ讒言《ざんげん》の言葉だけを採用《さいよう》して、さまざまに敵対《てきたい》してきた。

ところが、法華経を守護《しゅご》する梵天《ぼんてん》・帝釈天《たいしゃくてん》・日天《にってん》・月天《がってん》・四天《してん》・地神《ちじん》などは、昔の謗法《ほうぼう》についてはとんでもないとはお思いになっていたが、謗法であることを見破《みやぶ》る人もいなかったので、一人っ子が悪いことをした時のように大目《おおめ》に見て、分からないふりをしている時もあったし、また少し痛《いた》い目にあわせて戒《いまし》める時もあった。

謗法《ほうぼう》の教えを用《もち》いていることさえとんでもないのに、今は、謗法を強く戒《いまし》める希有《けう》な人にかえって敵対《てきたい》している。それも一日二日、一カ月二カ月、一年二年にとどまらず、何年にも及《およ》んでいる。かつて不軽菩薩《ふきょうぼさつ》が杖木《じょうもく》で打たれたことよりもひどい迫害《はくがい》であり、覚徳比丘《かくとくびく》が殺害《さつがい》されそうになったことをも上回っている。

そのため、（神々の王である）梵天《ぼんてん》・帝釈天《たいしゃくてん》の二王、日天《にってん》・月天《がってん》・四天王《してんのう》・多くの星・地神《ちじん》などは、さまざまに怒《いか》りを表し、たびたび謗法《ほうぼう》を諌《いさ》められたが、ますます敵対《てきたい》したため、諸天《しょてん》（神々）のはからいとして、隣《となり》の国の聖人《しょうにん》に命令してこれを戒《いまし》め、大鬼神《だいきじん》を国内に入《い》れて人の心をたぶらかし、内乱《ないらん》を起こさせた。

吉事《きちじ》であれ凶事《きょうじ》であれ、前兆《ぜんちょう》が大きいと困難《こんなん》や障害《しょうがい》も多くなるという道理で、仏の亡《な》くなられた後二千二百三十年余《あま》りの間、一度も出現したことのない大きな彗星《すいせい》〈注1〉が現《あらわ》れ、一度も起こったことのない大地震《おおじしん》〈注2〉が起きた。

中国・日本に智慧《ちえ》が優《すぐ》れ、突出《とっしゅつ》した才能《さいのう》をもった聖人《しょうにん》はたびたび現《あらわ》れたが、法華経の味方をしたために、その国土の多くの人々が強敵《きょうてき》となったという点で、私に匹敵《ひってき》する者は今までに一人もいない。まず眼前《がんぜん》の事実によって、日蓮は世界第一の者であると知らなければならない。

仏法が日本に伝わってから七百年余《あま》り、あらゆる経典は五千巻とも七千巻とも言われるほど多く、宗派《しゅうは》は八宗《はっしゅう》・十宗《じっしゅう》もあり、智慧《ちえ》のある人は稲《いね》や麻《あさ》のように多く、仏教は竹や葦《あし》がぎっしりと生《お》い茂《しげ》るように、いたるところに広まっている。

しかし、仏では阿弥陀仏《あみだぶつ》ほど広まっているものはなく、仏たちの名前では阿弥陀仏の名前ほど広まっているものはない。この名前を広めた人を挙《あ》げると、恵心《えしん》(源信《げんしん》)は『往生要集《おうじょうようしゅう》』を著《あらわ》した。日本国の三分の一がこぞって阿弥陀仏を信ずる念仏者《ねんぶつしゃ》になった。次に永観《ようかん》が『往生拾因《おうじょうじゅういん》』と『往生講式《おうじょうこうしき》』〈注3〉を著した。日本の三分の二がこぞって念仏者になった。さらに法然《ほうねん》（源空《げんくう》）は『選択集《せんちゃくしゅう》』〈注4〉を著した。日本はみなこぞって念仏者になった。

そういうわけで、今日《こんにち》、阿弥陀《あみだ》の名前を唱える人々は、誰か一人の弟子というのではない。この念仏《ねんぶつ》というのは、無量寿経《むりょうじゅきょう》〈注5〉・観無量寿経《かんむりょうじゅきょう》〈注6〉・阿弥陀経《あみだきょう》〈注7〉の題名にある阿弥陀仏（無量寿仏《むりょうじゅぶつ》）の名前を唱えることである。

権大乗経《ごんだいじょうきょう》の題名が広宣流布しているということは、実大乗経《じつだいじょうきょう》である法華経の題名（題目）が流布《るふ》する前兆《ぜんちょう》ではないか。心ある人は、このことに考え及《およ》ぶにちがいない。もし権経《ごんきょう》が広まるなら実経《じっきょう》も広まるにちがいない。もし権経の題名が広まるなら、実経の題名（題目）もまた広まるにちがいない。

欽明天皇《きんめいてんのう》から現在の（後宇多《ごうだ》）天皇〈注8〉に至《いた》るまで七百年余《あま》りの間に、南無《なん》妙法蓮華経《みょうほうれんげきょう》と唱えよと他人に勧《すす》め、自《みずか》らも唱えた智慧《ちえ》のある人はこれまで聞いたことも見たこともないし、そのような人は実際いなかった。

太陽が出た後には星は見えなくなる。賢明《けんめい》な王がやってくると愚《おろ》かな王は滅《ほろ》びる。これと同様に、実経《じっきょう》が広まると権経《ごんきょう》が流布《るふ》することはなく、智慧《ちえ》のある人が南無妙法蓮華経《なんみょうほうれんげきょう》と唱えると、智慧の劣《おと》った人がこれに随《したが》うことは、影《かげ》が身に随《したが》い、響《ひび》きが声に応《おう》ずるようなものだろう。

私が日本第一の法華経の行者《ぎょうじゃ》であることは、疑《うたが》う余地《よち》がない。このことから推量《すいりょう》しなさい。中国にもインドにも、全世界の中にも、私と肩《かた》を並べる者はいるはずはないのである。

◇注　解◇

〈注1〉【大きな彗星《すいせい》】文永元年《ぶんえいがんねん》（一二六四年）の大彗星のこと。第14段〈注9〉を参照。

〈注2〉【大地震《おおじしん》】正嘉元年《しょうかがんねん》（一二五七年）の大地震のこと。第14段〈注8〉を参照。

〈注3〉【『往生講式《おうじょうこうしき》』】永観《ようかん》の著作。一巻。毎月十五日に阿弥陀像《あみだぞう》の前で極楽往生《ごくらくおうじょう》を願《ねが》う往生講の儀式作法《ぎしきさほう》を示し、あわせて釈尊《しゃくそん》を礼賛《らいさん》し報恩《ほうおん》感謝を表した書。

〈注4〉【『選択集《せんちゃくしゅう》』】『選択本願念仏集《せんちゃくほんがんねんぶつしゅう》』の略。法然《ほうねん》（源空《げんくう》）の著作。一巻。浄土三部経以外の法華経を含《ふく》む一切の教えを排除《はいじょ》し、阿弥陀仏《あみだぶつ》の誓願《せいがん》にもとづく称名念仏《しょうみょうねんぶつ》（南無阿弥陀仏《なむあみだぶつ》と称《とな》えること）こそ、極楽《ごくらく》世界に生まれるための最高の修行《しゅぎょう》であると説《と》いている。

〈注5〉【無量寿経《むりょうじゅきょう》】中国・魏晋南北朝《ぎしんなんぼくちょう》時代の魏《ぎ》の康僧鎧訳《こうそうがいやく》とされるが諸説《しょせつ》ある。無量寿仏《むりょうじゅぶつ》（阿弥陀仏《あみだぶつ》）の修行時《しゅぎょうじ》の姿《すがた》である法蔵菩薩《ほうぞうぼさつ》の四十八願《しじゅうはちがん》を説《と》き、極楽《ごくらく》世界の様子を解説《かいせつ》している。二巻なので「双巻経《そうかんぎょう》」と称《しょう》し、「双観経《そうかんぎょう》」とも記された。

〈注6〉【観無量寿経《かんむりょうじゅきょう》】中国・南北朝《なんぼくちょう》時代の宋《そう》の畺良耶舎訳《きょうりょうやしゃやく》。「観経《かんぎょう》」と略す。一巻。阿弥陀仏《あみだぶつ》と極楽《ごくらく》世界を対象《たいしょう》とする十六種類の観想法《かんそうほう》を説《と》いている。

〈注7〉【阿弥陀経《あみだきょう》】中国・後秦《こうしん》の鳩摩羅什訳《くまらじゅうやく》。一巻。阿弥陀仏《あみだぶつ》がいる極楽《ごくらく》世界の様子を述べ、阿弥陀仏を一心に念《ねん》ずることで極楽世界に生まれることができると説《と》く。法然《ほうねん》は、無《む》量寿経《りょうじゅきょう》・観無量寿経《かんむりょうじゅきょう》と合わせて浄土三部経《じょうどさんぶきょう》とした。

〈注8〉**【現在の（後宇多《ごうだ》）天皇《てんのう》】** 一二六七年～一三二四年。在位中《ざいいちゅう》（一二七四年～一二八七年）は父の亀山上皇《かめやまじょうこう》が院政《いんせい》を行っていた。

第29段　世界一の智人《ちじん》

（御書二八四ジペー十行目～二八五ジペー四行目）

問う。正嘉《しょうか》の大地震《おおじしん》と文永《ぶんえい》の大彗星《だいすいせい》は、どのようなことによって起きたのか。

答える。天台《てんだい》では〈注1〉「智慧《ちえ》のある人は物事の起こりを知り、蛇《へび》は蛇自身のことを知っている〈注2〉」と言っている。

問う。それはどういう意味か。

答える。上行菩薩《じょうぎょうぼさつ》が大地から出現されたことについて、弥勒菩薩《みろくぼさつ》・文殊師利《もんじゅしり》菩薩《ぼさつ》・観世音菩薩《かんぜおんぼさつ》〈注3〉・薬王菩薩《やくおうぼさつ》〈注4〉などといった、四十一品《ぽん》の無明《むみょう》〈注

5〉を除《のぞ》き去《さ》った人々も、最後の一つの元品《がんぽん》の無明〈注6〉をまだ除き去っていないために、「愚《おろ》かな人」と言われている。これは、寿量品《じゅりょうほん》の南《な》無《ん》妙法蓮華経《みょうほうれんげきょう》を末法《まっぽう》に広めるために、上行菩薩を呼び出されたのだとは彼らが知らなかったということである。

問う。日本・中国・インドの中でこのことを知っている人はいるだろうか。

答える。三惑《さんわく》〈注7〉のうち見惑《けんわく》・思惑《しわく》を完全に除《のぞ》き去《さ》り、四十一品《ぽん》の無明《むみょう》を消し去った大菩薩《だいぼさつ》であっても、このことをご存《ぞん》じではなかった。まして、毛筋《けすじ》ほどのわずかな煩悩《ぼんのう》をも除き去っていない者たちが、このことを知っているはずがあるだろうか。

問う。もし智慧《ちえ》のある人がいないなら、どうしてこの災難《さいなん》を消滅《しょうめつ》させることができるだろうか。例を挙《あ》げれば、病の起こる原因を知らない人がその病人を治療《ちりょう》すると、その病人は必ず死ぬ。もしこの災難《さいなん》の根源を知らない人々が祈禱《きとう》すれば、当然国が滅《ほろ》びることは疑《うたが》いない。何と嘆《なげ》かわしいことではないか。

答える。蛇《へび》は七日の内に大雨が降《ふ》ることを知り、烏《からす》はその年の内に起こる吉《きち》事《じ》・凶事《きょうじ》を知るという。これは、蛇が大竜《だいりゅう》の従者《じゅうしゃ》だからだろうか、また烏は長年学んできたからだろうか。

一方、私は凡夫《ぼんぷ》である。災難《さいなん》の理由について知るはずもないが、あなた方《がた》がこのことについて大体の理解が得られるように説明しよう。中国の周《しゅう》の平王《へいおう》〈注8〉の時に、髪《かみ》を結《ゆ》わず裸《はだか》のままの者が出現したが、辛有《しんゆう》という者がそれを占《うらな》って「百年の内《うち》に国が滅《ほろ》びるだろう」と言った。同じ周の幽王《ゆうおう》〈注9〉の時に、山や川が崩《くず》れ、大地が震動《しんどう》した〈注10〉。伯陽《はくよう》という者が理由を調べて「十二年の内に大王の身に一大事が起こるだろう」と言った。今の時代の大地震《おおじしん》・大彗星《だいすいせい》などは、国主〈注11〉が私を憎《にく》み、国を滅ぼす教えである禅宗《ぜんしゅう》と念仏者《ねんぶつしゃ》と真言師《しんごんし》の味方をするので、天の神々がお怒《いか》りになって起こされた災難である。

◇注　解◇

〈注1〉【天台《てんだい》では】引用文は妙楽大師湛然《みょうらくだいしたんねん》の『法華文句記《ほっけもんぐき》』にある。御書では妙楽大師らの天台宗の言葉を「天台云《いわ》く」としている場合がある。

〈注2〉【蛇《へび》は蛇自身のことを知っている】御書本文は「蛇《じゃ》は自《みずか》ら蛇を識《し》る」（二八四㌻）。原典《げんてん》の『法華文句記《ほっけもんぐき》』も同文。なお、『大智度論《だいちどろん》』巻《まき》十には「智人《ちじん》は能《よ》く智を知る、蛇が蛇の足を知るが如《ごと》し」とあり、妙楽大師《みょうらくだいし》は「蛇の足」の「足」を省略《しょうりゃく》したものと考えられる。文意は、人間には見えない蛇《へび》の足が、蛇には分かるということ。

〈注3〉【観世音菩薩《かんぜおんぼさつ》】観音菩薩《かんのんぼさつ》、観自在菩薩《かんじざいぼさつ》ともいう。大乗《だいじょう》仏教を代表する菩薩の一人で、法華経観世音菩薩普門品《かんぜおんぼさつふもんぼん》第二十五などに説《と》かれる。その名前を称《とな》える衆生《しゅじょう》の声を聞いて、あらゆる場所に現《あらわ》れ、さまざまな姿《すがた》を示して、その衆生を苦難《くなん》から救《すく》うとされる。

〈注4〉【薬王菩薩《やくおうぼさつ》】病気治癒《ちゆ》を主たる利益《りやく》とする菩薩。法華経では、法師品《ほっしほん》第十などの対《たい》告衆《ごうしゅ》であり、勧持品《かんじほん》第十三では釈尊《しゃくそん》が亡《な》くなった後の法華経の弘通《ぐつう》を誓《ちか》っている。

〈注5〉【四十一品《ぽん》の無明《むみょう》】無明はサンスクリットのアヴィドヤーの訳《やく》で、真理に明らかでないことを意味する。仏教では生命の根源的な無知・迷い・癡《おろ》かさであり、一切の煩悩《ぼんのう》を生む根本とされる。菩薩《ぼさつ》は見思惑《けんじわく》・塵沙惑《じんじゃわく》（後述）、さらに四十二段階に及《およ》ぶ無明を断じて仏の境地に至るとされる。このうち最後の元品《がんぽん》の無明を除《のぞ》いた四十一の無明のこと。「四十一品の無明を除き去《さ》った人々」とは、等覚《とうがく》の位《くらい》の菩薩のこと。

〈注6〉【元品《がんぽん》の無明《むみょう》】無明の中でも、最《もっと》も根源的なもの。菩薩《ぼさつ》が修行を完成して仏の境地に至るには、最後にこの元品の無明を断じる必要がある。

〈注7〉【三惑《さんわく》】煩悩《ぼんのう》を見思惑《けんじわく》・塵沙惑《じんじゃわく》・無明惑《むみょうわく》の三つに分けたもの。①見思惑は、見惑《けんわく》と思惑《しわく》のことで、見惑とは偏《かたよ》ったり誤《あやま》った見識《けんしき》・思考にかかわる煩悩、思惑とは感情にかかわる煩悩。②塵沙惑とは、菩薩《ぼさつ》が人々を教え導《みちび》くのに障害《しょうがい》となる無数《むすう》の煩悩のこと。③無明惑とは、仏法の根本の真理に暗い根源的な無知《むち》。

〈注8〉【中国の周《しゅう》の平王《へいおう》】周の第十三代の王。父の幽王《ゆうおう》が異民族《いみんぞく》の侵入《しんにゅう》によって殺《ころ》されたため、即位《そくい》して都《みやこ》を東の洛邑《らくゆう》（後の洛陽《らくよう》）に遷《うつ》した。

〈注9〉【周《しゅう》の幽王《ゆうおう》】周の第十二代の王。在位《ざいい》十一年で異民族《いみんぞく》の侵入《しんにゅう》を受けて殺《ころ》された。

〈注10〉【山や川が崩《くず》れ、大地が震動《しんどう》した】御書本文は「山川《さんせん》くづれ《崩》大地ふるひ《震》き」（二八五ページ）。『史記《しき》』周本紀《しゅうほんぎ》第四には「西周《せいしゅう》の三川《さんせん》、皆《みな》、震《しん》す」とある。三川とは岐山《きざん》から発する涇水《けいすい》・渭水《いすい》・洛水《らくすい》の三つの川のこと。また、『史記《しき》』には「三川竭《つ》き、岐山崩《くず》る」とあることから、地震《じしん》のために三川の水が枯《か》れ、岐山が崩れたことを表現したものと思われる。

〈注11〉【国主】御書本文は「国王」（二八五ページ）。御真筆《ごしんぴつ》は「国主」であるので、これに改めた。

第30段　智《ち》人《じん》である証《しょう》拠《こ》の文《もん》

（御書二八五ジペー五行目〜二八六ジペー十七行目）

問う。何を根拠《こんきょ》としてこのことを信ずるのか。

答える。最勝王経《さいしょうおうきょう》〈注1〉には「悪人を敬《うやま》い、善人《ぜんにん》を罰《ばっ》したことを原因として、星の運行や風雨《ふうう》がすべて乱《みだ》れる」とある。

この経文の通りであれば、この国に悪人がいて、国王や臣下《しんか》がその悪人に帰《き》依《え》していることは疑《うたが》いない。また、この国に智慧《ちえ》のある人がいて、国主がこの人を憎《にく》み敵視《てきし》していることもまた疑いない。

また同じく最勝王経《さいしょうおうきょう》には「三十三天〈注2〉の神々は、みな怒《いか》りの心を起こす。異常《いじょう》な現象《げんしょう》が起こり、流星が落ちたり、二つの太陽が同時に出たりする。国外から敵《てき》が来て、国民は亡国《ぼうこく》の悲しみを味わう」とある。

すでにこの日本国には、天変《てんぺん》もあり地異《ちい》もあり、他国から攻《せ》められている。三十三天の神々がお怒《いか》りになっていることも、また疑《うたが》いないだろう。

仁王経《にんのうきょう》には「悪い出家者《しゅっけしゃ》たちは、名声と利益《りえき》を多く求め、国王・太子・王子の前で、仏法を破壊《はかい》し国を破滅《はめつ》させる原因となる教えを自分から説《と》くだろう。その王は正邪《せいじゃ》を区別《くべつ》できず彼らの言葉を正しいものと認《みと》めるだろう」とある。

また「日や月が不規則《ふきそく》に運行し、季節《きせつ》が逆行《ぎゃっこう》し、赤い日が出たり、黒い日が出たりし、二つの日が出たり、三つ・四つ・五つの日が出たり、日食が起こって光がなくなったり、太陽に一重の輪《わ》が現《あらわ》れたり、二重・四重・五重の輪が現れたりする」とある。

これらの経文の趣旨は次の通りである。悪い出家者《しゅっけしゃ》たちが国に充満《じゅうまん》して、国王・太子・王子たちをたぶらかして、仏法を破壊《はかい》し国を破滅《はめつ》させる原因となる教えを説《と》けば、その国の王らはこの人にたぶらかされて、「この教えこそ仏法を存続《そんぞく》させる原因となるものであり、国を存続させる原因となるものである」とお思いになり、その言葉を受け入れて実行するなら、太陽や月に異変《いへん》が生じ、大風《おおかぜ》・大雨《おおあめ》・大火《たいか》などが起こり、次には内賊《ないぞく》といって親族が大きな戦乱《せんらん》を起こし、自分の味方をするはずの者をみな滅《ほろ》ぼし、後《のち》には他国に攻《せ》められて、自殺《じさつ》したり、生《い》け捕《ど》りにされたり、自《みずか》ら敵《てき》に降伏《こうふく》したりするだろう。これはひとえに、王が仏法を滅ぼし、国を滅ぼしたことが原因なのである、と。

守護国界主陀羅尼経《しゅごこっかいしゅだらにきょう》に次のようにある。

「釈尊《しゃくそん》のあらゆる教えは、あらゆる天魔《てんま》たち、仏教以外の教えを信ずる悪人、五つの神通力《じんずうりき》を得た苦行者《くぎょうしゃ》たちにはほんの少しでも破壊《はかい》することはできない。しかし、出家修行者《しゅっけしゅぎょうしゃ》とは名ばかりの、悪行《あくぎょう》をはたらく出家修行者たちは、仏法を破滅《はめつ》させ何も残らないようにしてしまう。たとえ三千世界《さんぜんせかい》〈注3〉の中にある草木《そうもく》をすべて集めて薪《たきぎ》として長時間焼《や》いたとしても、須弥山《しゅみせん》は毛筋《けすじ》ほども損傷《そんしょう》しないのに、もし世界が終末《しゅうまつ》を迎《むか》えて全世界を焼き尽《つ》くす猛火《もうか》が生じて、須弥山の内《うち》から火が出れば、たちまちのうちに焼け落ちて、灰《はい》すらも残らないようなものである」と。

蓮華面経《れんげめんきょう》〈注4〉には次のようにある。

「釈尊《しゃくそん》が阿難《あなん》に告《つ》げられた。譬《たと》えを示せば、師子《しし》が死んだ時に、空や大地、水中、あるいは陸地《りくち》に住んでいる、どんな生き物も決して師子の肉を食べないが、ただ師子の身そのものに虫が発生して、この虫たちが師子を食べてしまうようなものである。阿難よ。私が説《と》いた仏法も他の者が破壊《はかい》するのではない。私の教えを学んだ悪い出家者《しゅっけしゃ》たちが、私が三大阿僧祇劫《さんだいあそうぎこう》にもわたって修行《しゅぎょう》を積《つ》み、苦労《くろう》して体得《たいとく》した仏法を破《やぶ》るだろう」と。

この経文の趣旨は次の通りである。

過去に出現した迦葉仏《かしょうぶつ》〈注5〉が、釈尊《しゃくそん》の末法《まっぽう》時代のことを訖哩枳王《きりきおう》〈注6〉に説《と》かれた。釈尊の仏法をどのような者が滅《ほろ》ぼすのか。大族王《だいぞくおう》〈注7〉は全インドの寺院を焼《や》き払《はら》い、十六大国《じゅうろくだいこく》〈注8〉の男女の出家者《しゅっけしゃ》を殺《ころ》した。中国の武宗皇帝《ぶそうこうてい》〈注9〉は全中国の四千六百余《あま》りの寺院を消滅《しょうめつ》させ、男女の出家者二十六万五百人を還俗《げんぞく》させた。このような悪人たちには釈尊の仏法を滅ぼすことはできない。三衣《さんね》を身に着け、鉢《はち》を首にかけ、八万法蔵《はちまんほうぞう》と言われる釈尊の膨大《ぼうだい》な教えを暗記し、十二種類に分類されるすべての経典を唱える僧侶《そうりょ》たちが、釈尊の仏法を滅ぼすだろう。

譬《たと》えを示せば、須弥山《しゅみせん》〈注10〉は金《きん》でできた山である。三千大千世界《さんぜんだいせんせかい》の草木《そうもく》を、四王天《しおうてん》〈注11〉や六欲天《ろくよくてん》〈注12〉に至《いた》るまでいっぱいに詰《つ》め込《こ》んで、一年、二年、百千万億年《ひゃくせんまんのくねん》のあいだ焼《や》いても、すこしも損傷《そんしょう》することはない。しかし、世界が終末《しゅうまつ》を迎《むか》えて全世界を焼き尽《つ》くす猛火《もうか》が起きる時には、須弥山の山のふもとから豆粒《まめつぶ》ほどの火が出て、須弥山を焼くだけではなく、三千大千世界をも焼《しょう》失《しっ》させるのである、と。

もし仏の予言の通りであるなら、十宗《じっしゅう》・八宗《はっしゅう》といわれる仏典を学ぶ僧《そう》たちが、仏教という須弥山《しゅみせん》を焼《や》き払《はら》うのではないか。小乗《しょうじょう》の倶舎宗《くしゃしゅう》・成実宗《じょうじつしゅう》・律宗《りっしゅう》の僧たちが大乗《だいじょう》に嫉妬《しっと》する胸の内《うち》の怒《いか》りは炎《ほのお》である。真言宗《しんごんしゅう》の善無畏《ぜんむい》ら、禅宗《ぜんしゅう》の三階禅師《さんがいぜんじ》らや浄土宗《じょうどしゅう》の善導《ぜんどう》らは、仏教という師子《しし》の肉から現《あらわ》れて食《く》い破《やぶ》る虫のような出家者《しゅっけしゃ》である。伝教大師《でんぎょうだいし》は三論宗《さんろんしゅう》・法相宗《ほっそうしゅう》・華厳宗《けごんしゅう》など六宗の日本の高僧《こうそう》たちを、六匹《ぴき》の虫と書かれた。私は真言宗・禅宗・浄土宗などの元祖《がんそ》を三匹《びき》の虫と名づける。また天台宗《てんだいしゅう》の慈覚《じかく》・安然《あんねん》・恵心《えしん》らは法華経・伝教大師という師子の身の中の三匹の虫である。

これらの大謗法《だいほうぼう》の根源を糾明《きゅうめい》する私に敵対《てきたい》したので、天神《てんじん》も私を大事に思い、地神《ちじん》もお怒《いか》りになり、災難《さいなん》も大いに起こるのである。それ故《ゆえ》、以下のように理解しなさい。この世界で第一の大事を述べたから、あらゆるものの中で第一の瑞相《ずいそう》が起こったのである。何と哀《あわ》れなことか、何と嘆《なげ》かわしいことか、日本国の人がみな無間地獄《むけんじごく》に堕《お》ちることは。何と喜《よろこ》ばしいことか、何と楽しいことか、不肖《ふしょう》の身でありながら、このたび心という田畑に仏種《ぶっしゅ》を植えたことは。

◇注　解◇

〈注1〉**【最勝王経《さいしょうおうきょう》】** 中国・唐《とう》の義浄《ぎじょう》が訳《やく》した金光明最勝王経《こんこうみょうさいしょうおうきょう》十巻のこと。第26段〈注3〉を参照。

〈注2〉**【三十三天】** 忉利天《とうりてん》ともいう。須弥山《しゅみせん》の頂上《ちょうじょう》にある天界《てんかい》で、帝釈《たいしゃく》をはじめとする三十三の神がいる。〈注12〉を参照。

〈注3〉**【三千世界《さんぜんせかい》】** 三千大千世界ともいう。須弥山《しゅみせん》を中心とした太陽・月、地上・天上などを含《ふく》む一世界が、一千集まったものが「千世界」。それを小千世界として、小千世界を千倍したものが中千世界、さらに千倍したものが三千大千世界である（「三千」は千の三乗《さんじょう》の意）。

〈注4〉**【蓮華面経《れんげめんきょう》】** 中国・隋《ずい》の那連提耶舎《なれんだいやしゃ》訳《やく》。二巻。未来世《みらいせ》の仏法の様相を予言した経。最初に僧俗《そうぞく》の堕落《だらく》を説《と》き、次に仏法が罽賓国《けいひんこく》（カシュミール）に伝えられて興隆《こうりゅう》することを述べ、さらに蓮華面という名の富蘭那外道《ふらんなげどう》の弟子が未来に国王として生まれ仏鉢《ぶっぱつ》（仏が食物《しょくもつ》を受けるための鉢《はち》）を破壊《はかい》し、仏法が世界から消滅《しょうめつ》すると説いている。

〈注5〉**【迦葉仏《かしょうぶつ》】** 釈尊《しゃくそん》に先立つ過去の七仏《しちぶつ》の第六。

〈注6〉**【訖哩枳王《きりきおう》】** 訖利季《きりき》はサンスクリットのクリキーの音写。迦葉仏《かしょうぶつ》の父。『倶舎論《くしゃろん》』巻《まき》九には、王は「大象《だいぞう》・井《せん》・麨《しょう》（むぎこがし）・栴檀《せんだん》・妙園林《みょうおんりん》・小象《しょうぞう》・二獼猴《みこう》（猿《さる》）・広堅《こうけん》衣《い》・闘諍《とうじょう》の十種の夢を見た」（趣意）とあり、これを聞いた迦葉仏《かしょうぶつ》が「此《こ》れ当来釈迦遺法《しゃかいほう》の弟子の先兆《せんちょう》を表するなり」と説《と》いたとされることが「訖哩枳王の夢」として知られる。

〈注7〉【大族王《だいぞくおう》】古代インドの磔迦国《たっかこく》の王で、仏法を破壊《はかい》し残虐《ざんぎゃく》な政治を行《おこな》った。

〈注8〉【十六大国《じゅうろくだいこく》】釈尊《しゃくそん》存命中の時代、インドにあった十六の大国のこと。

〈注9〉【武宗皇帝《ぶそうこうてい》】八一四年〜八四六年。中国・唐《とう》の第十五代皇帝。道教《どうきょう》を重んじ、会昌《かいしょう》五年（八四五年）、大規模《だいきぼ》な仏教弾圧を断行《だんこう》して、多くの寺塔《じとう》を破壊《はかい》し大量《たいりょう》の僧尼《そうに》を還俗《げんぞく》させた。これを「会昌の廃仏《はいぶつ》」といい、三武一宗《さんぶいっそう》の法難《ほうなん》（北魏《ほくぎ》の太武帝《たいぶてい》、北周《ほくしゅう》の武帝、唐の武宗、後周《こうしゅう》の世宗《せいそう》）の一つにあたる。その理由は、寺塔《じとう》の建立《こんりゅう》と僧尼の免税《めんぜい》が国家財政を疲弊《ひへい》させたことや仏教教団《きょうだん》内部の腐敗堕落《ふはいだらく》などとされる。当時、留学中《りゅうがくちゅう》だった円仁《えんにん》（慈覚《じかく》）も還俗を命じられている。

〈注10〉【須弥山《しゅみせん》】須弥はサンスクリットのスメールの音写。妙高《みょうこう》と訳《やく》される。古代インドの宇宙観で、一つの世界の中心にあると考えられている巨大《きょだい》な山。須弥山の麓《ふもと》の海の東西南北に四つの大陸があって、一つの世界を構成《こうせい》する。

〈注11〉【四王天《しおうてん》】次注を参照。

〈注12〉【六欲天《ろくよくてん》】三界（第6段〈注13〉を参照）のうち、欲界《よっかい》に属《ぞく》する六層《そう》からなる天のこと。

①四王天《しおうてん》。須弥山《しゅみせん》の中腹の四方に住む持国天《じこくてん》（東）、増長天《ぞうじょうてん》（南）、広目天《こうもくてん》（西）、多聞天《たもんてん》（北）の四天王《してんのう》とその眷属《けんぞく》のすみかで、日月《にちがつ》や星々をも含《ふく》む。

②忉利天《とうりてん》。須弥山《しゅみせん》の頂上《ちょうじょう》にある。帝釈天《たいしゃくてん》を中央にして、四方にそれぞれ八天があるので、合計して三十三天《さんじゅうさんてん》ともいう。忉利とは、三十三と意訳《いやく》されるサンスクリットのトラーヤストリンシャの音写。

③夜摩天《やまてん》。忉利天《とうりてん》より八万由旬《ゆじゅん》の上空にある。善分天《ぜんぶんてん》または時分天《じぶんてん》と訳《やく》す。ここの神々は、時に随《したが》って快楽《かいらく》を受けるのでこの名がある。

④兜《と》（都《と》）率天《そつてん》。喜足天《きそくてん》と訳《やく》す。五つの欲求《よっきゅう》が満足《まんぞく》するのでこの名がある。兜率天の内《ない》院《いん》には、弥勒《みろく》菩薩が説法《せっぽう》をしているとされ、外院《げいん》には神々が住む。第1段〈注4〉〈注5〉を参照。

⑤化楽天《けらくてん》。楽変化天《らくへんげてん》ともいう。自《みずか》らの欲望《よくぼう》によってつくり出した対象《たいしょう》を楽しむところからこの名がつけられた。

⑥他化自在天《たけじざいてん》。欲界《よっかい》の頂天《ちょうてん》にある。他者が欲望《よくぼう》によってつくり出した対象《たいしょう》を自在に変化させ、自《みずか》らが楽を受けるのでこの名がある。魔王《まおう》の宮殿《きゅうでん》があるので第六天《だいろくてん》、魔天《まてん》ともいう。

第31段　世界一の聖人《しょうにん》

（御書二八六ページ十八行目～二八七ページ七行目）

(287)

今に見るがよい。もし大蒙古国《だいもうここく》が数万艘《すうまんそう》の軍艦《ぐんかん》を出撃《しゅつげき》させて、日本を攻《せ》めれば、国王から民衆に至《いた》るまでのすべての人は、あらゆる寺院や神社を投《な》げ捨《す》てて、それぞれ声を合わせて「南無妙法蓮華経、南無妙法蓮華経《なんみょうほうれんげきょう》」と唱え、手を合わせて「助けてください、日蓮の御房《ごぼう》、日蓮の御房」と叫《さけ》ぶのではないだろうか。

例を挙《あ》げれば、インドの大族王《だいぞくおう》が戦《いくさ》に敗《やぶ》れ幼日王《ようにちおう》に手を合わせて命乞《いのちご》いをし〈注1〉、日本の平宗盛《たいらのむねもり》が捕虜《ほりょ》となった時、敵《てき》である梶原景時《かじわらかげとき》を、間接的《かんせつてき》に助けになってくれたことで、敬《うやま》ったようなものである〈注2〉。「傲慢《ごうまん》な者は結局、敵《かたき》に従《したが》う」と世間で言うのはこの道理である。

不軽菩薩《ふきょうぼさつ》を軽んじ迫害《はくがい》を加えた傲慢《ごうまん》な出家者《しゅっけしゃ》たちは、初《はじ》めは杖《つえ》や木を取りそろえて不軽菩薩を打ったが、後《のち》には手を合わせて、その罪《つみ》を後悔《こうかい》した。

提婆達多《だいばだった》は、釈尊《しゃくそん》のお体に危害《きがい》を加え血を流させたが、臨終《りんじゅう》の時には「南無《なむ》」と唱えた。「南無仏《なむぶつ》」とさえ言っていれば、地獄《じごく》には堕《お》ちるはずはなかったのに、罪業《ざいごう》が深く、ただ「南無」とだけ唱えて、「南無仏」とは言えなかった。今、日本国の高僧《こうそう》たちも、「南無日蓮聖人」と唱えようとしても、「南無」だけしか言えないのではないだろうか。何とかわいそうなことか。

◇注　解◇

〈注1〉**【インドの大族王《だいぞくおう》が戦《いくさ》に敗《やぶ》れ幼日王《ようにちおう》に手を合わせて命乞《いのちご》いをし】**御書本文は「月支《がっし》のいう大族王《だいぞくおう》は幻日王《げんにちおう》に掌《たなごころ》をあはせ」（二八七ページ）となっているが、御真筆《ごしんぴつ》では「幼日王」とあり、しかも「幼」に「えう」と振り仮名を記されている。大族王は、仏法を篤《あつ》く信仰する幼日王を滅《ほろ》ぼそうとしたが、逆《ぎゃく》に生《い》け捕《ど》りにされたことを踏《ふ》まえ、言葉を補《おぎな》って訳《やく》した。

〈注2〉**【日本の平宗盛《たいらのむねもり》が捕虜《ほりょ》となった時、敵《てき》である梶原景時《かじわらかげとき》を、間接的《かんせつてき》に助けになってくれたことで、敬《うやま》ったようなものである】**御書本文は「宗盛《むねもり》はかぢわら《景時》をうやまう」（二八七ページ）。「宗盛」は平宗盛（一一四七年〜一一八五年）のことで、平安末期《へいあんまっき》の武将、平清盛《きよもり》の三男。「かぢわら」は梶原景時（?〜一二〇〇年）のことで、平安末から鎌倉《かまくら》初期の武将。源頼朝《みなもとのよりとも》に重用されたことで知られる。平宗盛は、平家《へいけ》が壇《だん》ノ浦《うら》で滅《ほろ》びた時に捕《と》らえられ、源義経《よしつね》によって鎌倉に護送《ごそう》された。梶原景時は、義経が今後の脅威《きょうい》となることを源頼朝に説《と》いたため、義経は鎌倉に入ることができず、宗盛らを引《ひ》き渡《わた》した後、引き返さなければならなかった。宗盛からすれば、義経も景時も敵《てき》であることにちがいないが、景時のおかげで一時的に義経の手から解放されることになった。それ故、「宗盛はかぢわらをうやまう」と表現されたと拝《はい》される。以上を踏《ふ》まえ、文意が取れるよう言葉を補《おぎな》った。

第32段　御自身《ごじしん》が聖人《しょうにん》であることを示す

（御書二八七ページ八行目〜二八八ページ七行目）

中国の古典《こてん》には「前兆《ぜんちょう》すら現《あらわ》れていないことを知る人を聖人《せいじん》という」とある。仏典には「過去世《かこせ》・現世《げんぜ》・未来世《みらいせ》の三世《さんぜ》を知る人を聖人《しょうにん》という」とある。

私には三度の功績《こうせき》（三度のかうみょう《高名》）がある。

第一に、去《さ》る文応元年《ぶんおうがんねん》（一二六〇年）七月十六日に、宿屋入道《やどやにゅうどう》〈注1〉を通じて「立正安国論《りっしょうあんこくろん》」を最明寺入道殿《さいみょうじにゅうどうどの》（北条時頼《ほうじょうときより》）〈注2〉に提出した時に、宿屋入道に向かって「禅宗《ぜんしゅう》と念仏宗《ねんぶつしゅう》を捨《す》てなければならないと最明寺殿にお伝えください。この意見を用《もち》いられないなら、この北条一門《いちもん》から事件《じけん》が起こり、他国から攻《せ》められることになるでしょう」と述べたことである。

第二に、去《さ》る文永《ぶんえい》八年（一二七一年）九月十二日の申《さる》の時〈注3〉、平左衛門尉《へいのさえもんのじょう》（頼綱《よりつな》）〈注4〉に向かって「私は日本という国の棟梁《とうりょう》である。私を亡《な》き者にするということは日本国の柱《はしら》を倒《たお》すことである。今すぐ、自界叛逆難《じかいほんぎゃくなん》といって一族の同士《どうし》打《う》ちが起こり、他国侵逼難《たこくしんぴつなん》といって、この国の人々が他国に打《う》ち殺《ころ》されるだけでなく、多くの人が生《い》け捕《ど》りにされるにちがいない。建長寺《けんちょうじ》・寿福寺《じゅふくじ》・極楽寺《ごくらくじ》・大仏殿《だいぶつでん》・長楽寺《ちょうらくじ》〈注5〉などのあらゆる念仏者《ねんぶつしゃ》や禅僧《ぜんそう》らの寺院《じいん》については焼《や》き払《はら》って、彼らの首を由比ケ浜《ゆいがはま》〈注6〉で切らなければ、日本国は必ず滅《ほろ》びるにちがいない」と申し上げたことである。

第三には、去年すなわち文永《ぶんえい》十一年（一二七四年）四月八日に、平左衛門尉《へいのさえもんのじょう》に「王の治《おさ》める地に生まれたので、身は服従《ふくじゅう》させられるようであったとしても、心は服従させられることはない。念仏《ねんぶつ》は無間地獄《むけんじごく》に堕《お》ちる悪業《あくごう》〈注7〉、禅《ぜん》は天《てん》魔《ま》の振《ふ》る舞《ま》い〈注8〉であることは疑《うたが》いない。特に真言宗《しんごんしゅう》がこの国土の大きな災《わざわ》いなのです。大蒙古国《だいもうここく》の調伏《じょうぶく》を真言師《しんごんし》には命じてはなりません。もしこの重大な事態《じたい》に際《さい》して真言師が調伏するなら、この国の滅亡《めつぼう》はますます早まるにちがいありません」と申し上げたところ、頼綱《よりつな》は「いつごろ大蒙古国は押《お》し寄《よ》せてくるのか」と尋《たず》ねた。そこで私は「経文にはいつとは書いてありませんが、天の神々のご様子は、わずかのお怒《いか》りではない。差《さ》し迫《せま》っていると思われます。今年を越すことは決してないでしょう」と語ったのである。

この三つの重大なことは、私が申し上げたわけではない。ただ釈尊《しゃくそん》の魂《たましい》が、私の体にお入りになり、私と入《い》れ替《か》わったということに尽《つ》きるのではないだろうか。自分のことながら喜《よろこ》びが身にあまる思いである。法華経の一念三千《いちねんさんぜん》という重要な法門はこのことである。

法華経の「（諸法実相《しょほうじっそう》とは）具体的に言えば、諸法《しょほう》のこのような相《そう》（所謂諸法如《しょいしょほうにょ》是相《ぜそう》）」（方便品《ほうべんぼん》）というのは何のことか。

十如是《じゅうにょぜ》〈注9〉の初《はじ》めの「相如是《そうにょぜ》」が最《もっと》も重要なことであるから、仏はこの世界に出現されるのである。

「智慧《ちえ》のある人は物事の起こりを知り、蛇《へび》は蛇自身のことを知っている」というのはこのことである。

多くの川の流れが集まって大海《たいかい》となる。細かい塵《ちり》が積《つ》もって須弥山《しゅみせん》となった。私が法華経を信じ始めたことは、日本国にとっては一滴《いってき》の水や一つの塵《ちり》のようなものである。もし二人、三人、十人、百千万億人《ひゃくせんまんのくにん》と法華経を唱え伝えていくようになれば、仏の覚《さと》りという須弥山にもなり、大涅槃《だいねはん》〈注10〉という大海にもなるにちがいない。仏になる道はこれよりほかにさらに求めてはならない。

◇注　解◇

〈注1〉【宿屋入道《やどやにゅうどう》】生没年不詳《せいぼつねんふしょう》。宿屋禅門《やどやぜんもん》などとも呼ばれる。北条時頼《ほうじょうときより》・時宗《ときむね》の二代の執《しっ》権《けん》に仕えた武士《ぶし》（得宗被官《とくそうひかん》）。特に北条時頼にとっては側近中《そっきんちゅう》の側近で、臨終間際《りんじゅうまぎわ》に出入りを認《みと》められた数少ない者の一人だったという（『吾妻鏡《あずまかがみ》』）。北条時頼への「立正安国論《りっしょうあんこくろん》」提出は、宿屋入道を介《かい》してのことだった。その後、蒙古襲来《もうこしゅうらい》が現実味《げんじつみ》を帯《お》びてきた文永《ぶんえい》五年（一二六八年）、日蓮大聖人が十一通の書状《しょじょう》（「十一通御書《じゅういっつうごしょ》」）の一つを北条時宗に送付して上申《じょうしん》した時も、宿屋入道を介している。

〈注2〉【最明寺入道殿《さいみょうじにゅうどうどの》（北条時頼《ほうじょうときより》）】一二二七年～一二六三年。鎌倉幕府《かまくらばくふ》第五代執権《しっけん》。執権を北条長時《ながとき》に譲《ゆず》った後、康元《こうげん》元年（一二五六年）に最明寺で出家《しゅっけ》し、同寺に居住《きょじゅう》したのでこう呼ばれた。日蓮大聖人が時頼に「立正安国論《りっしょうあんこくろん》」を提出されたのは、文応元年《ぶんおうがんねん》（一二六〇年）七月十六日のこと。

〈注3〉【申《さる》の時】現在の午後四時ごろであるとされるが、前後に幅《はば》があるため、時刻《じこく》を特《とく》定《てい》するのは困難《こんなん》である。現代語では「夕方近く」ぐらいの意味。

〈注4〉【平左衛門尉《へいのさえもんのじょう》（頼綱《よりつな》）】？～一二九三年。鎌倉《かまくら》時代の武将。平《たいらの》頼綱のこと。北条得宗《ほうじょうとくそう》家《け》（北条氏の嫡流《ちゃくりゅう》）の御内人《みうちびと》（従者《じゅうしゃ》）で、内管領《ないかんれい》（得宗家の家令）として、大きな権勢《けんせい》をふるった。文永《ぶんえい》八年（一二七一年）当時、侍所所司《さむらいどころしょし》（警察《けいさつ》・軍事《ぐんじ》の次官《じかん》）として、日蓮大聖人の捕縛《ほばく》に当たった。左衛門尉は、左衛門府《さえもんふ》（皇居《こうきょ》の門の警備《けいび》を行う部署《ぶしょ》）の三等官《さんとうかん》のこと。

〈注5〉【建長寺《けんちょうじ》・寿福寺《じゅふくじ》・極楽寺《ごくらくじ》・大仏殿《だいぶつでん》・長楽寺《ちょうらくじ》】いずれも鎌倉《かまくら》にある。建長寺は臨済《りんざい》宗《しゅう》の寺院。建長元年（一二四九年）、北条時頼《ほうじょうときより》により創建《そうけん》が開始された。開山は蘭渓道隆《らんけいどうりゅう》。

寿福寺《じゅふくじ》は臨済宗《りんざいしゅう》の寺院で、北条政子《ほうじょうまさこ》により一二〇〇年に創建《そうけん》。開山は栄西《えいさい》。

極楽寺《ごくらくじ》は真言律宗《しんごんりっしゅう》の寺院で、北条重時《ほうじょうしげとき》により一二五九年、現在地に移築《いちく》された。文永《ぶんえい》四年（一二六七年）に良観房忍性《りょうかんぼうにんしょう》が入った。

大仏殿《だいぶつでん》は浄土宗《じょうどしゅう》の寺院である高徳院《こうとくいん》にあり、一二三八年に造営《ぞうえい》が開始された。後《のち》に建物《たてもの》は失《うしな》われ、大仏が露地《ろじ》にある。

長楽寺《ちょうらくじ》は浄土宗《じょうどしゅう》の寺院で、北条政子《ほうじょうまさこ》により一二五五年に創建《そうけん》。開基《かいき》は法然《ほうねん》（源空《げんくう》）の孫弟子・智慶《ちけい》。後《のち》に廃寺。

〈注6〉【由比ケ浜《ゆいがはま》】神奈川県鎌倉市《かながわけんかまくらし》南部の相模湾《さがみわん》に面した海岸。幕府《ばくふ》の刑場《けいじょう》としても使われていた。

〈注7〉【念仏《ねんぶつ》は無間地獄《むけんじごく》に堕《お》ちる悪業《あくごう》】御書本文は「念仏の無間獄」（二八七ページ）。阿弥陀《あみだ》仏《ぶつ》の名号《みょうごう》を称《とな》え念《ねん》ずることは、無間地獄に堕ちる業因《ごういん》となること。日本浄土宗《じょうどしゅう》の開祖《かいそ》は法《ほう》然《ねん》で、浄土三部経《じょうどさんぶきょう》（無量寿経《むりょうじゅきょう》・観無量寿経《かんむりょうじゅきょう》・阿弥陀経《あみだきょう》）を根本とする。来世に極楽浄土《ごくらくじょうど》に生まれること（浄土往生《じょうどおうじょう》）を目指し、娑婆世界《しゃばせかい》を穢土《えど》として嫌《きら》った。そして釈尊《しゃくそん》の一切経《いっさいきょう》を聖道門《しょうどうもん》・浄土門《じょうどもん》に、また難行道《なんぎょうどう》・易行道《いぎょうどう》に分け、法華経は聖道門の難行道であるから捨《す》てよ閉《と》じよ閣《さしお》け抛《なげう》てよ（捨閉閣抛《しゃへいかくほう》）といい、浄土宗のみが浄土門の易行道で往生《おうじょう》・成仏《じょうぶつ》できる宗であるという邪義《じゃぎ》を立てて法華経を誹謗《ひぼう》した。

これに対し日蓮大聖人は、念仏《ねんぶつ》は無間地獄《むけんじごく》に堕《お》ちる因《いん》となる悪業《あくごう》であると批判《ひはん》された。浄土三部経《じょうどさんぶきょう》は方等部《ほうどうぶ》の教えであり、無量義経《むりょうぎきょう》において「四十余年《しじゅうよねん》、未顕真実《みけんしんじつ》（四十余年には未《いま》だ真実を顕《あらわ》さず）」（法華経二九㌻）といわれ、法華経方便品《ほうべんぼん》第二では「正直捨方便《しょうじきしゃほうべん》 但説無上道《たんせつむじょうどう》（正直に方便《ほうべん》を捨《す》てて 但《ただ》無上道《むじょうどう》を説《と》くのみ）」（法華経一四四㌻）と説かれているように、未顕真実の方便の教えである。また、極楽往生《ごくらくおうじょう》のよりどころとされている無《む》量寿経《りょうじゅきょう》の法蔵菩薩《ほうぞうぼさつ》（阿弥陀仏《あみだぶつ》の修行時《しゅぎょうじ》の姿《すがた》）の四十八願《しじゅうはちがん》のうち第十八願《だいじゅうはちがん》には、阿弥陀仏の名を称《とな》える者をその浄土に迎《むか》え入《い》れるとあるが、「唯五逆《ただごぎゃく》と誹謗正法《ひぼうしょうほう》を除《のぞ》く」と、正法を誹謗する者は除外《じょがい》されている。しかも法華経譬喩品《ひゆほん》第三では、法華経を誹謗する者は無間地獄に堕ちると説かれている（法華経一九九㌻）。したがって法華経の正法《しょうほう》を謗《そし》る者は、往生から除外されるだけでなく、無間地獄に堕ちることになる。故《ゆえ》に「念仏無間」とされたのである。

〈注8〉**【禅《ぜん》は天魔《てんま》の振《ふ》る舞《ま》い】** 御書本文は「禅の天魔の所為《しょい》」（二八七㌻）。禅宗《ぜんしゅう》は仏法を破壊《はかい》する天魔の振る舞いであること。当時の禅宗は大日能忍《だいにちのうにん》の日本達磨宗《だるましゅう》、栄西《えいさい》の臨済宗《りんざいしゅう》の禅が広まっていた。禅宗は不立文字《ふりゅうもんじ》・教外別伝《きょうげべつでん》・直指人心《じきしにんしん》・見性成仏《けんしょうじょうぶつ》の義《ぎ》を立てている。すなわち、経文は月をさす指であり、月（成仏《じょうぶつ》の性《しょう》）がとらえられれば指には用がないとした。

これに対し日蓮大聖人は、禅《ぜん》は天魔《てんま》の振《ふ》る舞《ま》いであると批判《ひはん》された。釈尊《しゃくそん》は涅槃経巻《ねはんぎょうまき》七で「願《ねが》わくは心の師《し》と作《な》りて心を師とせざれ」と説《と》き、また「是《か》くの如《ごと》き経律《きょうりつ》は、当《まさ》に知るべし、即《すなわ》ち是《こ》れ如来《にょらい》の所説《しょせつ》なり。若《も》し魔《ま》の所説に随順《ずいじゅん》すること有らば、是《こ》れ魔の眷属《けんぞく》なり」と説いている。故《ゆえ》に「禅天魔」とされたのである。

〈注9〉【十如是《じゅうにょぜ》】十界《じっかい》の衆生《しゅじょう》・環境《かんきょう》を十の側面《そくめん》からみて、生命境涯《せいめいきょうがい》の因果《いんが》の法則《ほうそく》を示したもの。天台大師《てんだいだいし》智顗《ちぎ》が一念三千《いちねんさんぜん》の法門を立てる際《さい》に依拠《いきょ》した法理。

法華経方便品《ほうべんぼん》第二には、仏が覚《さと》った「諸法実相《しょほうじっそう》」について、「唯仏《ただほとけ》と仏とのみ乃《いま》し能《よ》く諸《しょ》法《ほう》の実相《じっそう》を究尽《くじん》したまえり。所謂《いわゆる》諸法の、如是相《にょぜそう》・如是性《にょぜしょう》・如是体《にょぜたい》・如是力《にょぜりき》・如是作《にょぜさ》・如《にょ》是因《ぜいん》・如是縁《にょぜえん》・如是果《にょぜか》・如是報《にょぜほう》・如是本末究竟等《にょぜほんまつくきょうとう》なり」（法華経一〇八㌻）と示されている。

ここで諸法実相《しょほうじっそう》を把握《はあく》する項目《こうもく》として「如是《にょぜ》（このような）」で始まる十項目が挙《あ》げられており、それ故、十如是《じゅうにょぜ》・十如実相《じゅうにょじっそう》という。

①相《そう》とは、表面に現《あらわ》れて絶《た》え間《ま》なく一貫《いっかん》している性質《せいしつ》・性分《しょうぶん》。②性《しょう》とは、内にあって一貫している性質・性分。③体《たい》とは、相と性をそなえた主体。

これら相《そう》・性《しょう》・体《たい》の三如是《さんにょぜ》は、事物の本体部分である。これに対し、以下の七如是は、本体にそなわる機能面《きのうめん》を表している。

④力《りき》とは、内在《ないざい》している力《ちから》、潜在的能力《せんざいてきのうりょく》。⑤作《さ》とは、内在している力が外界に現《あらわ》れ、他にもはたらきかける作用。

次の因《いん》・縁《えん》・果《か》・報《ほう》は、生命が変化していく因果《いんが》の法則《ほうそく》を示している。⑥因とは、内在《ないざい》していて結果を生み出す直接的原因。⑦縁とは、外から因にはたらきかけ、結果へと導《みちび》く補助的《ほじょてき》原因。⑧果とは、因に縁が結合《けつごう》（和合《わごう》）して内面に生じた目に見えない結果。⑨報とは、その果が時や縁に応《おう》じて外に現《あらわ》れ出た報《むく》いをいう。

⑩本末究竟等《ほんまつくきょうとう》とは、最初の相《そう》（本《ほん》）から最後の報《ほう》（末《まつ》）までの九つの如是《にょぜ》が一貫性《いっかんせい》を保《たも》っていることをいう。

十如是《じゅうにょぜ》のそれぞれのあり方《かた》は、十界《じっかい》それぞれの生命境涯《せいめいきょうがい》に応《おう》じて異《こと》なる。しかし、衆生《しゅじょう》が十如是を平等にそなえているという側面《そくめん》、生命境涯の因果《いんが》の法則《ほうそく》は、十界に共通である。これは、十界のいずれもが、内にそれぞれの因《いん》をそなえており、それが縁《えん》に応じて果《か》を生じ、報《ほう》として現《あらわ》れることを示している。したがって、十界のどの衆生《しゅじょう》も、仏界《ぶっかい》の縁を得れば、仏界を現し成仏《じょうぶつ》することができる。

〈注10〉【大涅槃《だいねはん》】涅槃は、サンスクリットのニルヴァーナの俗語形の音写。覚《さと》りを得て、輪廻生死《りんねしょうじ》の苦しみから解放された、ゆるぎない平穏《へいおん》な境地《きょうち》。

第33段　日本第一の大人《だいにん》

（御書二八八ジペー八行目〜二八九ジペー七行目）

問う。第二の文永《ぶんえい》八年（一二七一年）九月十二日の御勘気《ごかんき》の時は、自分に危害《きがい》を加えれば内乱《ないらん》と他国からの侵略《しんりゃく》が起きると、どのようにして知ったのか。

答える。大集経《だいじっきょう》の第五十巻には「もしクシャトリヤ出身の国王〈注1〉で、種々の悪事をなし、釈尊《しゃくそん》の声聞《しょうもん》の弟子を悩ませ、または誹謗《ひぼう》し悪口《わるくち》を言ったり、刀や棒《ぼう》で打ったり切ったり、衣服《いふく》や食器《しょっき》、種々の必需品《ひつじゅひん》を奪《うば》い、あるいは布施《ふせ》しようとする人に迫害《はくがい》をなすといった者がいれば、私たち諸天善神《しょてんぜんじん》は、彼ら自身の行為《こうい》の自明の結果として国外の敵《てき》をすぐさま生じさせ、彼ら自身の国土にも同様に合戦《かっせん》や疫病《えきびょう》、飢饉《ききん》、季節外《きせつはず》れの風雨《ふうう》、言い争《あらそ》い・誹謗《ひぼう》を起こさせ、一方、その王は寿命《じゅみょう》が短くなり、ついには国を失《うしな》うに至《いた》らせるだろう」とある。

さて、多くの経に同趣旨の文《もん》が多くあるとはいえ、この大集経《だいじっきょう》の経文は自分自身にとって、今というこの時に特に尊《とうと》く思われるので、この文を選《えら》び出した。この経文に「私たち」とあるのは、梵天王《ぼんてんのう》・帝釈天《たいしゃくてん》・第六天《だいろくてん》の魔王《まおう》〈注2〉・日天《にってん》・月天《がってん》・四天王《してんのう》など、三界《さんがい》〈注3〉のすべての天の神々や竜《りゅう》などである。

こういった上位《じょうい》の神々が、仏前《ぶつぜん》に参上《さんじょう》し誓《ちか》いを立てて「仏の亡《な》くなられた後、正法《しょうほう》時代・像法《ぞうほう》時代・末代《まつだい》に正法《しょうほう》を行《ぎょう》ずる者を、邪法《じゃほう》の出家者《しゅっけしゃ》たちが国主に訴《うった》えた場合、王に近い者や王を信頼している者、王自身が尊《とうと》いと思っている者たちの言うことであるから、理不尽《りふじん》に、事《こと》の是非《ぜひ》も判断せず、その智慧《ちえ》のある人を手痛《ていた》く侮辱《ぶじょく》するなどすれば、それが原因とはっきり分からないままに、その国に、急に大きな戦乱《せんらん》が起こり、後には他国から攻《せ》められるにちがいない。その国主も亡くなり、その国も滅《ほろ》びるだろう」と言ったと説《と》かれている。「痛痒《つうよう》〈注4〉」とはこのことである。

私自身には今世《こんぜ》ではこれといった過失《かしつ》はない。ただ国を助けるため、生まれた国に恩返《おんがえ》しをしようと思って述べたことを、お用《もち》いにならないことこそ不本意《ふほんい》であるのに、その上、私を裁《さば》こうと捕《と》らえに来て、懐《ふところ》から法華経の第五の巻〈注5〉を奪《うば》い取《と》り、それで私を徹底的に打《う》ち付《つ》け、最後は鎌倉《かまくら》の通りを引き回したりなどしたので、私は天の神々に対して申し上げたのである。

「日天《にってん》も月天《がってん》も天にいながら、私が大難《だいなん》にあっているのに、今回身代《みが》わりになろうとされない。それは、一つには私が法華経の行者《ぎょうじゃ》ではないのか。もしそうであれば、すぐさま誤《あやま》った考えを改《あらた》めよう。もし私が法華経の行者であるなら、ただちに国に異変《いへん》を起こしてそのことを証明しなさい。もしそうしなければ、今の日天・月天などは、釈迦《しゃか》・多宝《たほう》・十方《じっぽう》の世界の仏たちをたぶらかす大うそつきの人である。提婆達多《だいばだった》が人々を欺《あざむ》いた罪《つみ》や倶伽利《くぎゃり》の大うそ〈注6〉をも百千万億倍《ひゃくせんまんのくばい》超えた大うそつきの神である」と声を上げて申し上げたところ、ただちに起きたのが自界叛逆難《じかいほんぎゃくなん》〈注7〉である。

それ故《ゆえ》、国土が激しく乱《みだ》れたので、私自身は取るに足らない凡夫《ぼんぷ》であるが、法華経を持《たも》ち申し上げることに関しては、現在の日本では第一の大人《だいにん》であると言うのである。

◇注　解◇

〈注1〉**【クシャトリヤ出身の国王】** 御書本文は「諸《もろもろ》の刹利国王《せつりこくおう》」（二八八ページ）。「刹利」とは刹帝利《せっていり》のことで、サンスクリットのクシャトリヤの音写。古代インドの身分制度《みぶんせいど》であるカースト（四姓《しせい》）制《せい》で、第二位にあった者。第一位にあるブラーフマナ（婆羅門《ばらもん》）が宗教的権威《けんい》であったのに対し、実際の政治権力を握《にぎ》った階層《かいそう》と考えられている。しかし、これはあくまで建前《たてまえ》で、実際には、婆羅門が農業に従事《じゅうじ》していたり、クシャトリヤ出身でない者が王になることがあった。「クシャトリヤ」は一種《いっしゅ》の家柄《いえがら》を示すもので、日本語の「王族《おうぞく》階級」や「貴族《きぞく》階級」とは必ずしも一致《いっち》しないため、原語のままとした。

〈注2〉**【第六天《だいろくてん》の魔王《まおう》】** 欲界《よっかい》の第六天にいる他化自在天《たけじざいてん》のこと。欲界は、輪廻《りんね》する衆生《しゅじょう》が生存《せいぞん》する領域《りょういき》を欲界・色界《しきかい》・無色界《むしきかい》の三界《さんがい》に分けるうちの、一番低い段階。欲界には地上と天上の両方が含《ふく》まれるが、天上は六段階に分かれ、第六天が他化自在天と呼ばれる。また、この第六天に住む神のことも他化自在天と呼ぶ。「他化自在」は、他の者が作り出したものを自由に支配する者の意。釈尊《しゃくそん》が覚《さと》りを開くのを妨害《ぼうがい》したといわれ、三障四魔《さんしょうしま》の中の天子魔《てんしま》とされる。

〈注3〉**【三界《さんがい》】** 第6段〈注13〉を参照。

〈注4〉【痛痒《つうよう》】御書本文は「いたひ《痛》とかゆき《痒》」（二八八ページ）。日寛上人《にちかんしょうにん》は文段『撰時抄愚《せんじしょうぐ》記《き》』で、この御文《ごもん》を「かけば痛《いた》し、かかねば痒《かゆ》し」（文段集三一〇ページ）と解釈し、自界叛逆《じかいほんぎゃく》難《なん》と他国侵逼難《たこくしんぴつなん》という日蓮大聖人の予言が付合《ふごう》すれば国は滅《ほろ》んでしまうし、付合しなければ大聖人が法華経の行者《ぎょうじゃ》であることが明らかにならないことを意味するとしている。

〈注5〉【法華経の第五の巻《まき》】同巻には法華経勧持品《かんじほん》第十三が含《ふく》まれている。勧持品には、末法《まっぽう》の法華経の行者《ぎょうじゃ》が、刀で切られ杖《つえ》で打たれるという刀杖《とうじょう》の難《なん》に遭《あ》うと説《と》かれている。

〈注6〉【倶伽利《くぎゃり》の大うそ】倶伽利はサンスクリットのコーカーリカの音写で、提婆達多《だいばだった》の弟子。釈尊《しゃくそん》の制止《せいし》も聞かず、舎利弗《しゃりほつ》・目連《もくれん》を悪欲《あくよく》があると非難《ひなん》した。その報《むく》いとして身に悪瘡《あくそう》が生じ、地獄《じごく》に堕《お》ちたという。

〈注7〉【自界叛逆難《じかいほんぎゃくなん》】薬師経《やくしきょう》に予言された謗法《ほうぼう》の国に起こる七難《しちなん》の一つで、同士討《どうしう》ち、内《ない》乱《らん》をいう。ここでは、竜《たつ》の口《くち》の法難《ほうなん》・佐渡流罪《さどるざい》の直後、文永九年（一二七二年）二月に起こった北条氏《ほうじょうし》における内乱、北条時輔《ときすけ》の乱《らん》（二月騒動《にがつそうどう》）を指す。

第34段　世間の批判《ひはん》を遮《さえぎ》る

（御書二八九ページ八行目～二九一ページ一行目）

問う。慢《まん》という煩悩《ぼんのう》〈注1〉には七慢《しちまん》・九慢・八慢などの種類がある。あなたの大慢心《だいまんしん》は、仏教で明かす大慢よりも百千万億倍勝《ひゃくせんまんのくばいまさ》っている。周知《しゅうち》のように徳光論師《とっこうろんじ》〈注2〉は弥勒菩薩《みろくぼさつ》を礼拝《らいはい》しなかった。大慢婆羅門《だいまんばらもん》は四人の聖人《しょうにん》を椅子《いす》の脚《あし》に彫刻《ちょうこく》し、その上に座《すわ》った。大天《だいてん》〈注3〉は凡夫《ぼんぷ》でありながら阿羅漢《あらかん》〈注4〉と自称《じしょう》した。無垢論師《むくろんじ》〈注5〉は全インド第一と称《しょう》した。これらの者はみな阿鼻地獄《あびじごく》に堕《お》ちた。無間地獄《むけんじごく》に堕ちる罪《つみ》を犯《おか》した人たちである。あなたはどうして「一閻浮提《いちえんぶだい》（全世界）第一の智慧《ちえ》のある人」と自称《じしょう》するのか。地獄に堕ちないわけがない。実に恐《おそ》ろしいことである。

答える。そういうあなたは七慢《しちまん》・九慢・八慢などについて知っているのか。釈尊《しゃくそん》は「三界第一《さんがいだいいち》」と自称《じしょう》された。これに対してすべての外道《げどう》が、「今すぐ神々に罰《ばっ》せられるだろう。大地が割《わ》れて堕《お》ちてしまうだろう」と言った。日本国では七大寺《しちだいじ》の三百人余《あま》りの僧侶《そうりょ》らが「最澄法師《さいちょうほっし》は大天《だいてん》の生まれ変わりか、それとも鉄腹婆羅門《てっぷくばらもん》〈注6〉の生まれ変わりか」と言った。しかし、天の神々も釈尊を罰《ばっ》することなく、逆《ぎゃく》に左右《さゆう》に付《つ》き従《したが》って守護《しゅご》した。大地も割《わ》れないで、金剛《こんごう》のように揺《ゆ》るぎなかった。伝教大師《でんぎょうだいし》（最澄）は比叡山《ひえいざん》を建《た》てて、あらゆる衆生《しゅじょう》にとっての眼目《がんもく》となった。結局、七大寺の人たちは伝教に降伏《こうふく》して弟子となり、諸国《しょこく》の人々は支援者《しえんしゃ》となった。それ故《ゆえ》、実際に優《すぐ》れているものを優れているということは、慢心《まんしん》のように見えて実は大きな功績《こうせき》となるということだろうか。

伝教大師《でんぎょうだいし》は「天台法華宗《てんだいほっけしゅう》が諸宗より優《すぐ》れているのは、よりどころとする経典に基《もと》づいている。故《ゆえ》に、自分のことを賛嘆《さんたん》したり他を中傷《ちゅうしょう》しているのではない」（『法華秀句《ほっけしゅうく》』）と言っている。

また法華経第七巻には「多くの山の中では須弥山《しゅみせん》が第一である。この法華経も同様に、多くの経典の中で最上位にある」（薬王菩薩本事品《やくおうぼさつほんじほん》）とある。

この経文は、次のことを説《と》いている。法華経より前に説いた華厳経《けごんぎょう》・般若《はんにゃ》経《きょう》・大日経《だいにちきょう》などや、法華経と同時に説いた無量義経《むりょうぎきょう》、法華経より後に説く涅槃《ねはん》経《ぎょう》などの五千巻・七千巻の経典、インド・竜宮《りゅうぐう》・四王天《しおうてん》・忉利天《とうりてん》・日天《にってん》・月天《がってん》の中にあるあらゆる経、十方《じっぽう》の世界にあるさまざまな経典は、土山《どせん》・黒山《こくせん》〈注7〉・小鉄囲山《しょうてっちせん》・大鉄囲山《だいてっちせん》のようなものであり、日本国に伝わった法華経は須《しゅ》弥山《みせん》のようなものである、と。

また法華経の同じ箇所《かしょ》に「この経を受持《じゅじ》する者がいれば、この経が諸経の中で第一であるのと同じように、あらゆる衆生《しゅじょう》の中で同様に第一である」（同）とある。

この経文によって考えると、華厳経《けごんぎょう》を持《たも》った普賢菩薩《ふげんぼさつ》・解脱月菩薩《げだつがつぼさつ》らや竜樹《りゅうじゅ》菩薩《ぼさつ》・馬鳴菩薩《めみょうぼさつ》・法蔵大師《ほうぞうだいし》・清涼国師《しょうりょうこくし》（澄観《ちょうかん》）〈注8〉・則天武后《そくてんぶこう》・審祥大徳《しんじょうだいとく》・良《ろう》弁僧正《べんそうじょう》・聖武天皇《しょうむてんのう》、深密経《じんみっきょう》・般若経《はんにゃきょう》を持った勝義生菩薩《しょうぎしょうぼさつ》〈注9〉・須菩提尊者《しゅぼだいそんじゃ》〈注10〉・嘉祥大師《かじょうだいし》（吉蔵《きちぞう》）・玄奘三蔵《げんじょうさんぞう》・太宗《たいそう》・高宗《こうそう》・観勒《かんろく》・道昭《どうしょう》・孝徳天皇《こうとくてんのう》、真言宗《しんごんしゅう》の大日経《だいにちきょう》を持った金剛薩埵《こんごうさった》・竜猛菩薩《りゅうみょうぼさつ》・竜智菩薩《りゅうちぼさつ》〈注11〉・引正王《いんじょうおう》〈注12〉・善無《ぜんむ》畏三蔵《いさんぞう》・金剛智三蔵《こんごうちさんぞう》・不空三蔵《ふくうさんぞう》・玄宗《げんそう》・代宗《だいそう》・恵果《けいか》・弘法大師《こうぼうだいし》（空海《くうかい》）・慈覚大《じかくだい》師《し》（円仁《えんにん》）、涅槃経《ねはんぎょう》を持った迦葉童子菩薩《かしょうどうじぼさつ》〈注13〉・五十二種類の衆生《しゅじょう》〈注14〉・曇無《どんむ》讖三蔵《しんさんぞう》〈注15〉・光宅寺《こうたくじ》の法雲《ほううん》〈注16〉・南三北七《なんさんほくしち》の十師《じっし》らよりも、末代悪世《まつだいあくせ》の凡《ぼん》夫《ぷ》で、戒《かい》を一つも持たず、一闡提《いっせんだい》のように人には思われていても、経文に説《と》かれている通りに、已今当《いこんとう》の三説《さんせつ》よりも優《すぐ》れている法華経以外には成仏《じょうぶつ》の道はないと強盛《ごうじょう》に信じて、しかもわずかの理解もない人々は、今挙《あ》げた偉大な聖人《しょうにん》たちより百千万億倍《ひゃくせんまんのくばい》優れているという経文である。

今挙《あ》げた人々の中には、後に法華経に進ませるために、一時的に自分の持《たも》つ経を人に信じさせたという人もいる。あるいは自分の持つ経に執着《しゅうちゃく》して法華経を信じない人もいる。あるいは自分の持つ経から離《はな》れないだけではなく、その経に深く執着するために、法華経をその経より劣《おと》るという人もいる。

それ故《ゆえ》、今、法華経の行者《ぎょうじゃ》は理解しなければならない。「譬《たと》えを示せば、あらゆる大中小の河川《かせん》といったさまざまな水流の中で、海が第一であるように、法華経を持《たも》つ者もまた同様である」「また多くの星の中で月が最上第一であるように、法華経を持つ者もまた同様である」と理解しなければならない。現在の日本国にいる智慧《ちえ》のある人たちは、多くの星のようなものであり、私は満月《まんげつ》のようなものである。

問う。歴史上そのように言った人がいるのか。

答える。伝教大師《でんぎょうだいし》は「以下のことが分かる。他宗《たしゅう》がよりどころとしている経は、あらゆる経典の中で第一というには至《いた》らない。その経を受持《じゅじ》する者も同様にまだ第一ではない。天台法華宗《てんだいほっけしゅう》が持《たも》つ法華経はあらゆるものの中で第一であるので、法華経を受持する者も同様に衆生《しゅじょう》の中で第一である。仏説《ぶっせつ》によっている以上、どうして批判《ひはん》されることがあるだろうか〈注17〉」（『法華秀句《ほっけしゅうく》』）と言っている。

いったい駿馬《しゅんめ》の尾《お》〈注18〉についたダニが一日に千里を飛ぶといい、転輪聖王《てんりんじょうおう》〈注19〉に従《したが》っている卑《いや》しい男が瞬時《しゅんじ》に世界を一周《いっしゅう》するということを論難《ろんなん》することができるだろうか、疑《うたが》うことができるだろうか。

「どうして批判《ひはん》されることがあるだろうか」という言葉は深く心に染《し》み入《い》るではないか。

(291)

◇注　解◇

〈注1〉【慢《まん》という煩悩《ぼんのう》】他人よりも自分の方がすぐれていると妄想《もうそう》すること。

七慢《しちまん》は『阿毘達磨品類足論《あびだつまほんるいそくろん》』巻《まき》一などに説《と》かれる。①慢は、劣《おと》れる他人に自分が優《すぐ》れていると思い、等しい他人に等しいと思うこと。②過慢《かまん》は、他人に等しいのに自分が優れていると思い、他人が優れているのに自分と等しいと思うこと。③慢過慢《まんかまん》は、他人が優れているのに、自分がさらに優れていると思うこと。④我慢《がまん》は、我《われ》をたのんで思いあがること。⑤増上慢《ぞうじょうまん》は、法理などをいまだ得ていないのに得たと思うこと。⑥卑慢《ひまん》は、他人のほうがはるかに優れているのに自分は少ししか劣っていないとすること。⑦邪慢《じゃまん》は、自分は徳《とく》がないのに徳があるようにみせること。

九慢《くまん》は『倶舎論《くしゃろん》』巻《まき》十九に説《と》かれる。①我勝慢類《がしょうまんるい》とは、我《われ》と等しい者の中で、我が優《すぐ》れていると思うこと。②我等慢類《がとうまんるい》とは、我より優れているものに対して我に等しいと思うこと。③我劣慢類《がれつまんるい》とは、我より多分に優れているものに対し、自分は少し劣《おと》ると思うこと。④有勝我慢類《うしょうがまんるい》とは、実際に他は我より優れているのに、謙遜《けんそん》を装《よそお》って他は我より優れていると思うこと。⑤有等我慢類《うとうがまんるい》とは、他は我に等しいと思うこと。⑥有劣我慢類《うれつがまんるい》とは、等しいのに、他は我より劣ると思うこと。⑦無勝我慢類《むしょうがまんるい》とは、他は我より優れることはないと思うこと。⑧無等我慢類《むとうがまんるい》とは、他が我に等しいことはないと思うこと。⑨無劣我慢類《むれつがまんるい》とは、実際には他は我より優れているのに、謙遜を装って他が我よりも劣ることはないと思うこと。

八慢《はちまん》は『成実論《じょうじつろん》』巻《まき》十に説《と》かれる。①慢は、他人より劣《おと》っているのに自分の方が優《すぐ》れていると思い高ぶること。②大慢《だいまん》は、対等の立場にありながら、自分の方が優れていると思い高ぶること。③慢慢《まんまん》は、自分が他人よりも優れていることを鼻にかけて相手を見下すこと。④我慢《がまん》は、五陰《ごおん》が和合した身体を真の我《われ》であるとみること。⑤増上慢《ぞうじょうまん》は、まだ覚《さと》りを得ていないのに得たとしていつわり高ぶること。⑥不如慢《ふにょまん》は、他人が自分より多分に優れているのに、その差はわずかであると思い高ぶること。⑦邪慢《じゃまん》は、実際には自分に徳《とく》がないのにあると思い高ぶること。⑧傲慢《ごうまん》は、善人《ぜんにん》や優れた人に対して礼をなさず尊敬しないこと。

〈注2〉【徳光論師《とっこうろんじ》】生没年不詳《せいぼつねんふしょう》。徳光はサンスクリットのグナプラバの訳《やく》。インドの論師。『大唐西域記《だいとうさいいきき》』巻《まき》四によると、幼少《ようしょう》の時から英才《えいさい》で、博識碩学《はくしきせきがく》を誇《ほこ》っていた。大乗経《だいじょうきょう》を学んでいたが、奥義《おうぎ》を究《きわ》めないうちに『毘婆沙論《びばしゃろん》』を見て小乗《しょうじょう》に転じ、数十部の論《ろん》をつくって大乗を批判《ひはん》した。しかし、大乗・小乗の疑《うたが》いが解《と》けなかったので、天軍羅漢《てんぐんらかん》に解決を請《こ》い、羅漢の神力《じんりき》で天宮に登り、弥勒菩薩《みろくぼさつ》に対面した。徳光が弥勒を礼拝《らいはい》しないので、羅漢がその慢心《まんしん》の非《ひ》をせめると、自分は出家《しゅっけ》の弟子であるが、弥勒は出家の僧《そう》でないため礼拝しないと答えた。弥勒菩薩は徳光の慢心の姿《すがた》を見て、法を受け持《たも》っていく器量《きりょう》ではないと知り、法を教えなかったので、徳光はついに自分の難問《なんもん》を解決することができなかったという。

〈注3〉【大天《だいてん》】サンスクリットのマハーデーヴァの訳《やく》。古代インドの仏教僧《そう》。自《みずか》ら阿羅漢《あらかん》を得たと称《しょう》し、仏教教団《きょうだん》が上座部《じょうざぶ》と大衆部《だいしゅぶ》に分裂《ぶんれつ》する原因を作ったと言われる。

〈注4〉【阿羅漢《あらかん》】声聞《しょうもん》の修行《しゅぎょう》の階位のうち、最高の第四位。原語であるサンスクリットのアルハトは「供養《くよう》に値《あたい》する人」という意味。

〈注5〉【無垢論師《むくろんじ》】無垢は、サンスクリットのヴィマラミトラを漢訳《かんやく》した無垢友《むくう》の略。五、六世紀ごろのインドの論師。部派《ぶは》の説一切有部《せついっさいうぶ》に属《ぞく》した。世親《せしん》（ヴァスバンドゥ）の『倶舎論《くしゃろん》』に論破《ろんぱ》された衆賢《しゅげん》の教義《きょうぎ》を再興《さいこう》し、大乗《だいじょう》の名を絶《た》やして世親の名声を滅《ほろ》ぼそうと誓《ちか》いを立てた。しかし道半ばで狂乱《きょうらん》し、舌《した》が五つに裂《さ》け、熱血《ねっけつ》を流して後悔《こうかい》しながら無間地獄《むけんじごく》に堕《お》ちたという。

〈注6〉【鉄腹婆羅門《てっぷくばらもん》】サーンキヤ学派の学者である自在黒《じざいこく》（イーシュヴァラクリシュナ）のことと思われる。蓄《たくわ》えた智慧《ちえ》によって腹《はら》が破裂《はれつ》することを恐《おそ》れて、鉄板《てっぱん》を腹に巻《ま》いていた。仏教徒《ぶっきょうと》を論破《ろんぱ》して、王の信任《しんにん》を得たが、世親《せしん》によって誤《あやま》りが示された。

〈注7〉【土山《どせん》・黒山《こくせん》】土の山と黒い山。この直後に引かれた法華経薬王菩薩本事品《やくおうぼさつほんじほん》第二十三には「土山・黒山・小鉄囲山《しょうてっちせん》・大鉄囲山、十宝山《じっぽうせん》の多くの山の中で須弥山《しゅみせん》が第一であるように、この法華経も同様に、多くの経の中で最上位である」（法華経五九四㌻、通解）とある。

〈注8〉【清涼国師《しょうりょうこくし》（澄観《ちょうかん》）】七三八年～八三九年。中国・唐《とう》の僧《そう》で、華厳宗《けごんしゅう》の第四祖《そ》に位置づけられる。五台山清涼寺《ごだいさんしょうりょうじ》に住んだことから、清涼国師と呼ばれた。実叉難陀《じっしゃなんだ》が訳《やく》した八十巻の華厳経を研究《けんきゅう》し、『華厳経疏《けごんぎょうしょ》』『華厳経随疏演義抄《けごんぎょうずいしょえんぎしょう》』などを著《あらわ》した。

〈注9〉【勝義生菩薩《しょうぎしょうぼさつ》】解深密経《げじんみっきょう》の対告衆《たいごうしゅ》。

〈注10〉【須菩提尊者《しゅぼだいそんじゃ》】須菩提は、サンスクリットのスブーティの音写。釈尊《しゃくそん》の十大弟子《じゅうだいでし》の一人。思索《しさく》に優《すぐ》れ、よく空《くう》の法理を理解していたので、解空《げくう》第一とされる。

〈注11〉【竜智菩薩《りゅうちぼさつ》】南インドの人。真言宗《しんごんしゅう》では第四祖《そ》とされ、竜樹《りゅうじゅ》（ナーガールジュナ）から密教《みっきょう》の付法《ふほう》を受け金剛智《こんごうち》（ヴァジラボーディ）に付嘱《ふぞく》したとされる。実在《じつざい》は疑問視《ぎもんし》されている。真言宗では、竜樹は迦那提婆《かなだいば》（カナデーヴァ）に顕教《けんきょう》を、竜智に密教を付嘱したとする。

〈注12〉【引正王《いんじょうおう》】釈尊滅後《しゃくそんめつご》七百年ごろの南インドの憍薩羅国《きょうさつら》（コーサラー）の王。サンスクリット名はサーティヤヴァーハナで、その訳《やく》が引正で、音写は娑多婆訶《さたばか》。竜樹《りゅうじゅ》に帰依《きえ》し大乗《だいじょう》仏教を保護《ほご》した。御書全集・御真筆《ごしんぴつ》ともに「印生王」（二九〇ページ）と記されており、これは引正王の音を取ったものと思われる。

〈注13〉【迦葉童子菩薩《かしょうどうじぼさつ》】涅槃経巻《ねはんぎょうまき》三十三の迦葉菩薩品《かしょうぼさつほん》第十二の対告衆《たいごうしゅ》。摩訶迦葉《まかかしょう》とは別《べつ》人《じん》。涅槃経では仏に三十六の問いを発しているが、爾前経《にぜんきょう》の会座《えざ》にも連《つら》ならず、法華《ほっけ》の会座にも漏《も》れ、最後に説かれる涅槃経によって利益《りやく》を受けるので、捃拾《くんじゅう》（落ち穂拾い）の機根の者とされる。

〈注14〉**【五十二種類の衆生《しゅじょう》】** 釈尊《しゃくそん》の涅槃《ねはん》の会座《えざ》に集まった、比丘《びく》・比丘尼《びくに》・菩薩《ぼさつ》・優婆《うば》塞《そく》・優婆夷《うばい》など五十二の異類《いるい》の衆生。五十二衆《ごじゅうにしゅ》ともいう。章安大師灌頂《しょうあんだいしかんじょう》の『涅槃経疏《ねはんぎょうしょ》』巻《まき》一にある。

〈注15〉**【曇無讖三蔵《どんむしんさんぞう》】** 三八五年〜四三三年。中国・北涼《ほくりょう》の訳経僧《やっきょうそう》。曇無讖はサンスクリットのダルマラクシャの音写。中《ちゅう》インドの人。部派《ぶは》仏教を学んでいたが、涅槃経《ねはんぎょう》に出合い大《だい》乗《じょう》に転向したという。多くの経典を訳出《やくしゅつ》し、代表的なものに大般涅槃経《だいはつねはんぎょう》四十巻（北本）、金《こん》光明経《こうみょうきょう》四巻がある。

〈注16〉**【光宅寺《こうたくじ》の法雲《ほううん》】** 四六七年〜五二九年。中国・南北朝《なんぼくちょう》時代の僧《そう》。南三北七《なんさんほくしち》の一人。梁《りょう》の武帝《ぶてい》から帰依《きえ》を受け、光宅寺の寺主に任じられた。そのため光宅寺法雲と通称される。主著に『法華経義記《ほけきょうぎき》』があり、これに依《よ》って聖徳太子《しょうとくたいし》作《さく》と伝えられる『法華義疏《ほっけぎしょ》』は撰述《せんじゅつ》された。

〈注17〉**【どうして批判《ひはん》されることがあるだろうか】** 御書本文は「豈自歎《あにじたん》ならんや」（二九〇ページ）。原典《げんてん》の『法華秀句《ほっけしゅうく》』巻下も同文であるが、本抄の御真筆《ごしんぴつ》では「自歎」は二カ所とも「百難《ひゃくなん》」となっており、他の御書の御真筆でも「百難」としていることから（「大田殿許御《おおたどののもとご》書《しょ》」、御書一〇〇四ページ）、日蓮大聖人は「百難」の意で理解されていたと拝《はい》される。

〈注18〉【駿《しゅん》馬《め》の尾《お》】御書本文は「驥《き》の尾」（二九〇㌻）。御真筆《ごしんぴつ》は「驎乃尾」。「驎《りん》」は「驥」の意で書かれたと思われる。「立正安国論《りっしょうあんこくろん》」には「蒼蠅驥尾《そうようきび》に附《ふ》して」（御書二六㌻）と記されている。

〈注19〉【転輪聖王《てんりんじょうおう》】古代インドの理想とされた帝王《ていおう》。天から輪宝《りんぽう》という武器《ぶき》を授《さず》かり、国土を支配するとされる。その徳《とく》に応《おう》じて授かる輪宝に金・銀《ぎん》・銅《どう》・鉄の四種があり、支配する領域《りょういき》も異《こと》なるという。

第35段　法華経を受持《じゅじ》する功徳《くどく》

（御書二九一ジペー一行目～二九一ジペー十一行目）

もしそうであれば、法華経を経に説《と》かれている通りに持《たも》つ人は、大梵天王《だいぼんてんのう》よりも優《すぐ》れ、帝釈天《たいしゃくてん》をも超えている。それはあたかも修羅《しゅら》を従《したが》えて須弥山《しゅみせん》をも背《せ》負《お》うことができ、竜《りゅう》を駆《か》り立《た》てて大海《たいかい》の水も汲《く》み干《ほ》すことができるようなものである。

伝教大師《でんぎょうだいし》は「法華経を受持《じゅじ》する天台大師《てんだいだいし》を賛嘆《さんたん》する者は福を須弥山《しゅみせん》のように高く積《つ》み、謗《そし》る者は無間地獄《むけんじごく》に堕《お》ちる罪《つみ》を受ける」（『依憑集《えびょうしゅう》』）と言っている。

法華経には「法華経を読誦《どくじゅ》し書写し持《たも》つ人がいるのを見て、軽《かろ》んじ、卑《いや》しみ、憎《にく》み、嫉妬《しっと》して、敵意《てきい》をいだく〈注1〉、（中略）その人は命が終わって阿鼻《あび》地獄《じごく》に堕《お》ちるだろう」（譬喩品《ひゆほん》）とある。

教主釈尊《きょうしゅしゃくそん》のお言葉が真実であるなら、そして多宝仏《たほうぶつ》の保証《ほしょう》に間違いがないなら、また十方《じっぽう》の世界の分身《ふんじん》の仏たちが広く長い舌《した》を梵天《ぼんてん》まで伸《の》ばして保証したことが確かであるなら、今、日本国のあらゆる衆生《しゅじょう》が無間地獄《むけんじごく》に堕《お》ちることは疑《うたが》いないのではないか。

法華経の第八巻には「もし後の世でこの経典を受持《じゅじ》し読誦《どくじゅ》すれば、（中略）その願《ねが》いは必ずかなう。また現世《げんぜ》で福徳《ふくとく》の果報《かほう》を得るだろう」（普賢菩薩勧発品《ふげんぼさつかんぼっぽん》）とある。

また「もしこの経典を供養《くよう》し賛嘆《さんたん》する人がいれば、今世《こんぜ》で目に見える果報《かほう》を得るだろう」（同）とある。

この二つの文《もん》の中にある、「亦於現世《やくおげんぜ》・得其福報《とくごふくほう》（また現世《げんぜ》で福徳《ふくとく》の果報《かほう》を得るだろう）」の八字、「当於今世《とうおこんぜ》・得現果報《とくげんかほう》（今世《こんぜ》で目に見える果報を得るだろう）」の八字と、以上十六字の文《もん》が空約束《からやくそく》に過《す》ぎず、私が今世で大果報《だいかほう》を得なければ、釈尊《しゃくそん》のお言葉は提婆達多《だいばだった》の虚言《きょげん》と同じであり、多宝如来《たほうにょらい》の保証《ほしょう》は倶伽梨《くぎゃり》のうそと異《こと》ならないだろう。

もしそうであるなら、法華経を誹謗《ひぼう》する日本のあらゆる衆生《しゅじょう》も阿鼻地獄《あびじごく》に堕《お》ちるはずがない。三世《さんぜ》の仏たちもいらっしゃらないことになるのだろうか。それ故《ゆえ》、わが弟子たちよ、試《ため》しに法華経に説《と》かれる通りに身命《しんみょう》も惜《お》しまず修行《しゅぎょう》して、この機会《きかい》に仏法が正しいかどうかを試してみなさい。南無妙法蓮華経《なんみょうほうれんげきょう》、南無妙法蓮華経。

◇注　解◇

〈注1〉**【敵意《てきい》をいだく】** 御書本文・法華経の原文は「結恨《けっこん》を懐《いだ》かん」(御書二九一ジペー、法華経一九九ジペー)。「結恨」は、現代語の「恨《うら》み」とは異《こと》なり、「こだわり」「わだかまり」を意味するので、このように意訳《いやく》した。

第36段　御自身《ごじしん》との符合《ふごう》

（御書二九一ジペ十二行目〜二九二ジペ十七行目）

そもそも、この法華経の文《もん》には「私は身も命も惜《お》しまず、ただ無上道《むじょうどう》だけを惜しむ」（勧持品《かんじほん》）とある。

涅槃経《ねはんぎょう》には「譬《たと》えを示せば、議論《ぎろん》が巧《たく》みで適切《てきせつ》な手段を使いこなせる王の使いが、王の命令を受けて他国に行《い》った時には、王からの伝言《でんごん》を隠《かく》して相手に伝えないよりも、伝えて自分の命を失《うしな》う方《ほう》がよいと考える。智慧《ちえ》のある者も同じである。凡夫《ぼんぷ》の中で身命《しんみょう》を惜《お》しまずに『如来《にょらい》が秘蔵《ひぞう》してきた大乗経典《だいじょうきょうてん》には、あらゆる衆生《しゅじょう》にみな仏性《ぶっしょう》があると説《と》かれている』と必ず説かなければならない」

とある。

どのような理由があって、自分の命まで捨《す》てなければならないのだろうか。詳《くわ》しくお伺《うかが》いしたい。

答える。私が仏法を学び始めたころの考えでは、「伝教《でんぎょう》（最澄《さいちょう》）・弘法《こうぼう》（空海《くうかい》）・慈覚《じかく》（円仁《えんにん》）・智証《ちしょう》（円珍《えんちん》）〈注1〉らが、天皇《てんのう》の命令を受けて中国に渡《わた》ったことが、『私は身も命も惜《お》しまない』にあたるのか。玄奘三蔵《げんじょうさんぞう》が中国からインドに行くのに、過去世《かこせ》で失敗《しっぱい》して命を落とすたびに六度も生まれ変わって目的を達《たっ》したが、このようなことか。雪山童子《せっせんどうじ》が半偈《はんげ》のために身を投《な》げたこと〈注2〉や、薬《やく》王菩薩《おうぼさつ》が七万二千年の間、腕《うで》を焼《や》いたこと〈注3〉なのか」などと思ったのであるが、経文の通りであれば、これらのことではない。

経文に「私は身も命も惜《お》しまない」と言うのは、その前に三類《さんるい》の強敵《ごうてき》〈注4〉を挙《あ》げて、「彼らが法華経の行者《ぎょうじゃ》を罵《ののし》り、責《せ》め、刀や杖《つえ》まで用《もち》いて、身命《しんみょう》を奪《うば》ったとしても」と説《と》かれている。

また、涅槃経《ねはんぎょう》の文《もん》には「自分の命を失《うしな》う方《ほう》が」と説《と》かれているのは、その後の経文に「一闡提《いっせんだい》がいて、阿羅漢《あらかん》の姿《すがた》をして、人里離《はな》れた所に住み、大乗経典《だいじょうきょうてん》を誹謗《ひぼう》する。凡夫《ぼんぷ》たちは、彼を見て、みな『この人こそ真の阿羅漢であり、大《だい》菩薩《ぼさつ》である』と思うだろう」などとある。

先に触《ふ》れた法華経の経文に第三の強敵《ごうてき》について「人里離《はな》れた場所で修行《しゅぎょう》する者で、粗末《そまつ》な衣《ころも》〈注5〉を身にまとい（中略）世間から厚《あつ》く敬《うやま》われるさまは、まるで六種《ろくしゅ》の神通力《じんずうりき》を習得《しゅうとく》した阿羅漢《あらかん》〈注6〉のようである」（勧持品《かんじほん》）とある。

また、般泥洹経《はつないおんぎょう》〈注7〉には「阿羅漢《あらかん》に似《に》た一闡提《いっせんだい》で悪い行《おこな》いをする者がいるだろう」とある。

これらの経文によれば、正法《しょうほう》の強敵《ごうてき》というのは、悪い王や悪い臣下《しんか》よりも、外道《げどう》や魔王《まおう》よりも、戒《かい》を破《やぶ》った僧侶《そうりょ》よりも、戒律《かいりつ》を固《かた》く持《たも》ち智慧《ちえ》のある僧侶の中に、大謗法《だいほうぼう》の人がいるにちがいない。

それ故《ゆえ》、妙楽大師《みょうらくだいし》（湛然《たんねん》）は「三類《さんるい》の強敵《ごうてき》のうち、第三類が最《もっと》も耐《た》え難《がた》い。第一よりも第二、第二よりも第三と、後《あと》になるほどその正体を見破《みやぶ》るのが難《むずか》しいからである」（『法華文句記《ほっけもんぐき》』）と書いている。

また、法華経の第五巻には「この法華経は、あらゆる仏の秘密の教えを収《おさ》めた蔵《くら》であり、あらゆる経の中で、その最上位にある」（安楽行品《あんらくぎょうぼん》）と説《と》かれている。この経文に「最在其上《さいざいごじょう》（その最上位にある）」という四文字がある。それ故《ゆえ》、この経文の通りであるなら、法華経はあらゆる経の頂点《ちょうてん》にあると言う人が、法華経の行者《ぎょうじゃ》であるはずではないか。

ところが、国王に尊重《そんちょう》されている人々がたくさんいて、「法華経よりも優《すぐ》れている経は幾《いく》つもある」と言っているとする。こうした人たちを、法華経の行《ぎょう》者《じゃ》が批判《ひはん》して立ち向かう時、その人たちは王や臣下《しんか》からの帰依《きえ》があるのに対して、法華経の行者は帰依する者もなくまだ修行《しゅぎょう》も浅く徳《とく》が少ないために、国中《くにじゅう》の人々全員が法華経の行者を卑《いや》しむだろう。この時に、彼が不軽菩薩《ふきょうぼさつ》や賢愛論《けんあいろん》師《じ》のようにさらに強く言うなら、命の危険《きけん》があるのは間違いない。これが、第一の大事にほかならないと書かれている。

このことは、今の私自身に符合《ふごう》している。私程度《ていど》の者が、弘法大師《こうぼうだいし》・慈覚大《じかくだい》師《し》・善無畏三蔵《ぜんむいさんぞう》・金剛智三蔵《こんごうちさんぞう》・不空三蔵《ふくうさんぞう》などを、「法華経の強敵《ごうてき》である。経文が真実であるなら、無間地獄《むけんじごく》に堕《お》ちることは疑《うたが》いない」などと言うのはどういう意義をもつものか。赤裸《あかはだか》のまま大火《たいか》に入ることは易《やさ》しい。須弥山《しゅみせん》を手に取って投《な》げることは易しい。巨大《きょだい》な石を背負《せお》って大海原《おおうなばら》を渡《わた》ることは易しい。それに比《くら》べれば日本国でこの法門を確立することは、至難《しなん》な重大事であるにちがいない〈注8〉。

霊山浄土《りょうぜんじょうど》の教主釈尊《きょうしゅしゃくそん》、宝浄世界《ほうじょうせかい》〈注9〉の多宝仏《たほうぶつ》、十方《じっぽう》の世界の分身《ふんじん》の仏たち、無数《むすう》の地涌《じゆ》の菩薩《ぼさつ》ら、梵天《ぼんてん》・帝釈天《たいしゃくてん》・日天《にってん》・月天《がってん》・四天王《してんのう》などが、目に見えない形で力《ちから》を与え、目に見える形でも助けてくださらなければ、一時も一日も安穏《あんのん》でいられるだろうか。

◇注　解◇

〈注1〉**【智証《ちしょう》（円珍《えんちん》）】**八一四年〜八九一年。平安《へいあん》初期の天台宗《てんだいしゅう》の僧《そう》。第五代天台座主《ざす》。円《えん》仁《にん》（慈覚《じかく》）が進めた天台宗の密教化《みっきょうか》をさらに推進《すいしん》した。密教が理法《りほう》・事相《じそう》ともに法華経に勝《まさ》るという「理事倶勝《りじくしょう》」の立場に立った。日本天台宗は円仁門下と円珍《えんちん》門下との対立が深まり、十世紀末に分裂《ぶんれつ》し、それぞれ山門派《さんもんは》（比叡山延暦寺《ひえいざんえんりゃくじ》）、寺門派《じもんは》（三井園城寺《みいおんじょうじ》）と称《しょう》した。

〈注2〉**【雪山童子《せっせんどうじ》が半偈《はんげ》のために身を投《な》げたこと】**雪山童子は、釈尊《しゃくそん》が過去世《かこせ》で修行《しゅぎょう》していた時の名。涅槃経巻《ねはんぎょうまき》十四に次のようにある。——釈尊は過去世に雪山で菩薩《ぼさつ》の修行をしていた時、帝釈天《たいしゃくてん》が羅刹《らせつ》（鬼《き》）に化身《けしん》して現《あらわ》れ、過去仏の説《と》いた偈《げ》を「諸行無常《しょぎょうむじょう》・是生滅《ぜしょうめっ》法《ぽう》」と童子に向かって半分だけ述べた。これを聞いた童子は喜《よろこ》んで、残りの半偈《はんげ》を聞きたいと願《ねが》い、その身を捨《す》て羅刹に食べさせることを約束して半偈の「生滅滅已《しょうめつめつい》・寂滅為楽《じゃくめついらく》」を聞き終え、その偈を所々に書き付けてから、高い木に登り身を投げた。羅刹は帝釈天の姿《すがた》に戻《もど》り童子の体を受け止め、その不惜身命《ふしゃくしんみょう》の姿勢《しせい》を褒《ほ》めて未来に必ず成仏《じょうぶつ》すると説いて姿を消したという。

〈注3〉**【薬王菩薩《やくおうぼさつ》が七万二千年の間、腕《うで》を焼《や》いたこと】**薬王菩薩は衆生《しゅじょう》に良薬《りょうやく》を施《ほどこ》して心身の病を治《なお》す菩薩。法華経薬王菩薩本事品《やくおうぼさつほんじほん》第二十三には、過去世《かこせ》に一切衆生憙見菩薩《いっさいしゅじょうきけんぼさつ》として日月浄明徳仏《にちがつじょうみょうとくぶつ》のもとで修行《しゅぎょう》し、ある世では身を焼き、また次の世では七万二千歳の間、腕を焼いて燈明《とうみょう》として仏に供養《くよう》したことが説《と》かれている。なお、御書本文（二九一ページ）および経文（法華経五九一、五九二ページ）には「臂《ひじ》」を焼いたと記されているが、漢語の「臂」は日本語でいう腕に当たる。

〈注4〉**【三類《さんるい》の強敵《ごうてき》】** 法華経勧持品《かんじほん》第十三に説《と》かれる、仏の滅後《めつご》の悪世《あくせ》に法華経を弘通《ぐつう》する者に迫害《はくがい》を加える人々のことで、妙楽大師湛然《みょうらくだいしたんねん》が三種に分類した。①俗衆増上慢《ぞくしゅぞうじょうまん》は在家《ざいけ》の迫害者《はくがいしゃ》、②道門増上慢《どうもんぞうじょうまん》は出家《しゅっけ》の迫害者、③僭聖増上慢《せんしょうぞうじょうまん》は迫害の元凶《げんきょう》となる高僧《こうそう》をいう。

〈注5〉**【粗末《そまつ》な衣《ころも》】** 御書本文は「納衣《のうえ》」（二九二ページ）。人の捨《す》てた布《ぬの》を拾《ひろ》い集めて洗濯《せんたく》し、これを縫《ぬ》いつくろって作った法衣《ほうえ》。汚《きたな》い布切れを集めて作るので糞掃衣《ふんぞうえ》ともいう。

〈注6〉**【六種《ろくしゅ》の神通力《じんずうりき》を習得《しゅうとく》した阿羅漢《あらかん》】** 六種類の超人的な能力を成就《じょうじゅ》している、声聞《しょうもん》の最高の位《くらい》の仏道修行者《ぶつどうしゅぎょうしゃ》。第34段〈注4〉も参照。

〈注7〉**【般泥洹経《はつないおんぎょう》】** 涅槃経《ねはんぎょう》の漢訳《かんやく》の一つ。四～五世紀にかけて中国・東晋《とうしん》で活躍した法顕《ほっけん》の訳による大般泥洹経《だいはつないおんぎょう》六巻のこと。

〈注8〉**【赤裸《あかはだか》のまま大火《たいか》に……重大事であるにちがいない】** この箇所《かしょ》は、法華経見宝塔品《けんほうとうほん》第十一に説《と》かれる「六難九易《ろくなんくい》」の文《もん》を踏《ふ》まえた内容となっている。六難九易とは、仏の滅《めつ》後に法華経を受持《じゅじ》し弘通《ぐつう》することの難《むずか》しさを、六つの難しいこと（六難）と九つの易《やさ》しいこと（九易）との対比《たいひ》をもって示したもの。

六難《ろくなん》とは①広説此経難《こうせつしきょうなん》（悪世のなかで法華経を説《と》く）②書持此経難《しょじしきょうなん》（法華経を書き、人に書かせる）③暫読此経難《ざんどくしきょうなん》（悪世のなかで、しばらくの間でも法華経を読む）④少説此経難《しょうせつしきょうなん》（一人のためにも法華経を説く）⑤聴受此経難《ちょうじゅしきょうなん》（法華経を聴受《ちょうじゅ》してその義趣《ぎしゅ》を質問する）⑥受持此経難《じゅじしきょうなん》（よく法華経を受持《じゅじ》する）。

九易《くい》とは①余経説法易《よきょうせっぽうい》（法華経以外の無数《むすう》の経を説《と》く）②須弥擲置易《しゅみちゃくちい》（須弥山《しゅみせん》をとって無数の仏土《ぶつど》の向こうに投《な》げ置《お》く）③世界足擲易《せかいそくちゃくい》（足の指で大千世界《だいせんせかい》を動かして遠くの他国に投げ置く）④有頂説法易《うちょうせっぽうい》（有頂天《うちょうてん》に立って無量《むりょう》の余経《よきょう》を説法《せっぽう》する）⑤把空遊行易《はくうゆぎょうい》（手に虚空《こくう》・大空をとって遊行する）⑥足地昇天易《そくじしょうてんい》（大地を足の甲《こう》の上に置いて梵天《ぼんてん》に昇《のぼ》る）⑦大火不焼易《だいかふしょうい》（枯草《かれくさ》を負って大火に入っていっても焼《や》けない）⑧広説得通易《こうせつとくつうい》（八万四千の法門を演説《えんぜつ》して聴者《ちょうしゃ》に六神通《ろくじんずう》を得させる）⑨大衆羅漢易《だいしゅらかんい》（無量の衆生《しゅじょう》に阿羅漢位《あらかんい》を得させて六神通をそなえさせる）。

六難《ろくなん》に比《くら》べれば、およそ不可能な九易《くい》すらまだ易《やさ》しいと説《と》いたうえで、釈尊《しゃくそん》は滅後《めつご》の弘通《ぐつう》をうながしている。

〈注9〉【宝浄世界《ほうじょうせかい》】宝《たから》に満《み》ちた清浄《せいじょう》な世界。多宝仏《たほうぶつ》の住む東方《とうほう》の仏国土《ぶっこくど》をいう。法華経見宝塔品《けんほうとうほん》第十一に「乃往《ないおう》過去に、東方の無量千万億阿僧祇《むりょうせんまんのくあそうぎ》の世界に、国を宝浄と名《な》づく。彼《か》の中《なか》に仏有《ほとけいま》し、号《な》づけて多宝と曰《い》う」（法華経三七四ページ）とある。

解説　「撰時抄《せんじしょう》」

「撰時抄」は、建治元年《けんじがんねん》（一二七五年）、日蓮大聖人が五十四歳の時、身延《みのぶ》で御述作《ごじゅっさく》になり、駿河国《するがのくに》・西山《にしやま》（静岡県富士宮市西山《しずおかけんふじのみやしにしやま》）に住んでいた由井《ゆい》（由《ゆ》比《い》）氏《し》に送られた書である。この由井氏は、大聖人が「河合入道《かわいにゅうどう》」と呼ばれた人物かその子息ではないかと推測《すいそく》される。「河合入道」は芝川《しばかわ》と富士《ふじ》川《かわ》の合流する河合に住んでいた日興上人《にっこうしょうにん》の外戚《がいせき》である。日興上人は、本抄を十大部《じゅうだいぶ》の一つに選《えら》ばれている。

「富士一跡門徒存知《ふじいっせきもんとぞんち》の事《こと》」（御書一六〇四～一六〇五ページ）によれば、本抄の御真筆《ごしんぴつ》は、もともと一巻であったが、大聖人滅後《めつご》まもない時期に、上中下の三巻に分割《ぶんかつ》され、日興上人《にっこうしょうにん》が上中二巻を所持され、六老僧《ろくろうそう》のうちの最年長《さいねんちょう》である日昭《にっしょう》が下巻を所持していたようである。

伊豆《いず》・玉沢《たまざわ》（静岡県三島市玉沢《しずおかけんみしましたまざわ》）の妙法華寺《みょうほっけじ》に、五巻に調えられた御真筆《ごしんぴつ》が伝来《でんらい》している。この玉沢本《たまざわぼん》は、国の重要文化財《ぶんかざい》に指定されている。ほぼ全文がそろっており、一部は流出して他寺に所蔵《しょぞう》されたり、欠損《けっそん》したりしている。妙法華寺は、日昭《にっしょう》の系統《けいとう》の寺であり、もともと鎌倉《かまくら》の浜土《はまど》にあったが、後に移転《いてん》したものである。

「撰時抄」の御真筆《ごしんぴつ》について、これ以外に、身延《みのぶ》の久遠寺《くおんじ》の諸記録《しょきろく》には、身延に「御草本《ごそうほん》」とされる上巻五十三紙があったこと、それが冊子本《さっしぼん》であったこと、寛永《かんえい》年間には初《はじ》めの十紙ばかりになっていたことがうかがえる。この「撰時抄」の身延本は、「開目抄《かいもくしょう》」など他の多くの御真筆とともに明治《めいじ》八年（一八七五年）の大火で焼失《しょうしつ》してしまった。

玉沢本《たまざわぼん》と北山本門寺《きたやまほんもんじ》（静岡県《しずおかけん》富士宮市《ふじのみやし》北山《きたやま》）にある日興上人《にっこうしょうにん》による写本とを比《くら》べると、日興上人の写本は、玉沢本をさらに加筆訂正《かひつていせい》された本の写本であると思われる。このことから、日興上人が所持し「正本《しょうほん》」と呼ばれていた本は、玉沢本を清書《せいしょ》されたものではないかとも推察《すいさつ》される。

このようなことから、本抄は、執筆《しっぴつ》された後、推敲《すいこう》され、建治《けんじ》二年（一二七六年）の「報恩抄《ほうおんしょう》」御執筆《ごしっぴつ》以前には完成していたと思われる。なお、完成後も推敲し清書本《せいしょぼん》を作成《さくせい》された可能性があるのである。

背景

日蓮大聖人は、文永《ぶんえい》十一年（一二七四年）二月に佐渡流罪《さどるざい》の赦免《しゃめん》が決まり、四月に鎌倉《かまくら》に帰られ、平左衛門尉頼綱《へいのさえもんのじょうよりつな》ら幕府要人《ばくふようじん》から諮問《しもん》を受けた。その際《さい》、念仏《ねんぶつ》・禅《ぜん》など謗法《ほうぼう》の教えを用《もち》い続け特に真言《しんごん》の祈禱《きとう》をするなら、かえって国が滅《ほろ》びることになると第三回の国主諫暁《こくしゅかんぎょう》を行われ、頼綱の問いに答えて、このままでは年内に蒙古《もうこ》（モンゴルに対する当時の呼称《こしょう》）が襲来《しゅうらい》すると予言された。しかし、幕府は大聖人の諫暁を用いることはなかった。そこで翌《よく》・五月、大聖人は故事《こじ》にならって身延《みのぶ》に入られた。

第三回国主諫暁《こくしゅかんぎょう》の際《さい》の予言のとおり、同年十月に、元《げん》（モンゴル帝国《ていこく》の第五代のクビライが一二七一年に建国《けんこく》。国名を大元《だいげん》に定めた）が襲来《しゅうらい》して、壱岐《いき》・対馬《つしま》を経《へ》て、十月二十日未明《みめい》には九州《きゅうしゅう》の博多湾《はかたわん》に到達《とうたつ》し、大宰府周辺《だざいふしゅうへん》まで襲《おそ》われた

（文永《ぶんえい》の役《えき》）。この時は、元軍《げんぐん》は九州攻撃《こうげき》の後、その夜に速やかに引《ひ》き揚《あ》げた。この襲来によって、大聖人が「立正安国論《りっしょうあんこくろん》」で予言されて最後に残ってい た「他国侵逼《たこくしんぴつ》の難《なん》」まで、ついに現実のものとなってしまったのである。

さらに、この危機《きき》は続き、翌《よく》・文永《ぶんえい》十二年（一二七五年）四月十五日、元《げん》の使者である杜世忠《とせいちゅう》が来日し、情勢《じょうせい》は緊迫《きんぱく》した。同月二十五日には、建治《けんじ》に改元《かいげん》された。

本抄は、このような国家的な危機《きき》の中で著《あらわ》されたのである。本抄では、未曾有《みぞう》の国難《こくなん》を回避《かいひ》するために、この「闘諍《とうじょう》（争《あらそ》い）の時」に信じ広めるべき正法《しょうほう》とその法を説《と》き広める人を再確認《さいかくにん》され、それを妨《さまた》げる謗法《ほうぼう》の諸宗の非《ひ》、なかんずく真言《しんごん》、わけても天台《てんだい》真言（密教化《みっきょうか》した天台宗）の誤《あやま》りをはじめて詳細《しょうさい》に破折《はしゃく》された。それは、朝廷《ちょうてい》も幕府《ばくふ》も、宗派《しゅうは》を超えて諸寺《しょじ》に対して真言による蒙古調伏《もうこじょうぶく》の祈禱《きとう》を盛《さか》んに行わせていたからである。「立正安国論」の時点では、人々を謗法に向かわせ亡国《ぼうこく》を招《まね》く一凶《いっきょう》は、一乗《いちじょう》の教えである法華経を否定する念仏《ねんぶつ》であったが、本抄御執筆《ごしっぴつ》の時点では、真言こそが最大の問題であった。

そして、万人の幸福と平和を願《ねが》う大慈悲《だいじひ》のゆえに、迫害《はくがい》を耐《た》え忍《しの》んで妙法を弘通《ぐつう》される大聖人こそ、仏法の正義《しょうぎ》を貫《つらぬ》く唯一《ゆいいつ》の人であることを示されている。

このように、「撰時抄」は、「前代未聞《ぜんだいみもん》の大闘諍《だいとうじょう》」（御書二五九ジペー）の時に、その災難《さいなん》を根源から解決するため、災難の根源である謗法《ほうぼう》を打《う》ち破《やぶ》り、これまで弘通《ぐつう》されたことのなかった大白法《だいびゃくほう》である南無妙法蓮華経《なんみょうほうれんげきょう》を打ち立て、不惜身命《ふしゃくしんみょう》の実践で全世界に広宣流布していくことを呼びかけられている。

大聖人御在世《ございせ》当時の「前代未聞《ぜんだいみもん》の大闘諍《だいとうじょう》」とは、日本の歴史上かつてなかった蒙古襲来《もうこしゅうらい》という外国からの侵略《しんりゃく》であった。

大聖人は、最悪《さいあく》の悲惨《ひさん》と破壊《はかい》をもたらす戦争を阻止《そし》するため、「立正安国」の戦いに立ち上がられた。生命尊厳《せいめいそんげん》・人間尊敬を説く妙法によって、悪とそれがもたらす不幸をとどめ、人々に幸福と平和をもたらそうとするのが、法華経の精神であり、日蓮仏法の実践である。

創価学会第二代会長の戸田城聖《とだじょうせい》先生は、第二次世界大戦の焦土《しょうど》に一人立ち、叫《さけ》んだ。

「日本民族をこれ以上惨苦《さんく》の底《そこ》には堕《お》としたくない」「悩みの世界をだれが救《すく》い、だれが助けるのか」「今こそ広宣流布の時である」（『法華経の智慧』、『池田大作全集』第二十九巻所収）と。

第三代会長・ＳＧＩ（創価学会インタナショナル）会長の池田大作《いけだだいさく》先生も、東《とう》西冷戦《ざいれいいせん》・核軍拡競争《かくぐんかくきょうそう》の渦中《かちゅう》に、こう語っている。

「われわれは、第二次世界大戦をもって、『前代未聞《ぜんだいみもん》の大闘諍《だいとうじょう》』と決定しよう。どんなことがあっても、第三次世界大戦は起こさせない。そのことを御本尊《ごほんぞん》に強く願《ねが》い、死身弘法《ししんぐほう》を誓《ちか》おうではないか。広宣流布という世界

の恒久《こうきゅう》平和、人類の幸福を、必ず達成しようではないか」（同）

題号

「撰時抄《せんじしょう》」という題号は、御真筆《ごしんぴつ》の第一紙に「撰時抄　釈子日蓮述」とあるので、日蓮大聖人自《みずか》ら付けられたものである。

本抄の主題は、この題号が示すとおり、「時を撰《えら》ぶ」ことにある。

日寛上人《にちかんしょうにん》は文段『撰時抄愚記《せんじしょうぐき》』で、末法《まっぽう》の時を選《えら》び取る意に二つあるとし、一つには、今、末法において必ず文底秘沈《もんていひちん》の大法《だいほう》が広宣流布すること、二つには、大聖人が末法の御本仏《ごほんぶつ》であられることを挙《あ》げている。

その意は、滅後悪世《めつごあくせ》に法華経を広めるよう釈尊《しゃくそん》から委託《いたく》された地涌《じゆ》の菩薩《ぼさつ》の役割を担った大聖人が、法華経の肝心《かんじん》である南無妙法蓮華経の大白法《だいびゃくほう》を広宣流布する時として、釈尊の説《と》いた白法が隠没《おんもつ》して闘諍言訟《とうじょうごんしょう》（争《あらそ》いが絶《た》えない状態《じょうたい》）となる末法という時を選《えら》ぶということである。

構　成

本抄は、冒頭《ぼうとう》、「仏法を学ぶ方途《ほうと》について言えば、必ず最初に『時』について学ばなければならない（夫《そ》れ仏法を学せん法は必ず先《ま》づ時をならうべし）」（御書二五六ジペー）と主題を標榜《ひょうぼう》され、仏法の弘通《ぐつう》に当たっては、必ず「時」を根本基準《きじゅん》として、それに応《おう》じた教えを説《と》いていくものであることを示される。

関連して、衆生《しゅじょう》の仏法理解・実践能力《のうりょく》である「機《き》」に応《おう》じて教えを説《と》くことは重要ではあるが、仏の覚《さと》りの真実を説く法華経の場合、釈尊《しゃくそん》の在世《ざいせ》では、もっぱら「時」に応じて説かれたことが明かされる（第2段、第3段）。

第4段以降は、大きく二つに分けられる。すなわち、前半（第4段から第15段）では、今、末法《まっぽう》こそが法華経の肝心《かんじん》である南無妙法蓮華経の大白法《だいびゃくほう》が広宣流布する時であることが明かされ、日蓮大聖人こそがその広宣流布を担《にな》う主体者であることが宣言される。

後半（第16段から第36段）では、正法《しょうほう》・像法《ぞうほう》・末法《まっぽう》の三時における弘教《ぐきょう》の次第が明かされ、大聖人こそが末法のすべての人を救う御本仏《ごほんぶつ》であられることが示される。

第4段では、大集経《だいじっきょう》の「五五百歳《ごごひゃくさい》」の文《もん》を挙《あ》げられる。この文で第五の五百歳の「白法隠没《びゃくほうおんもつ》」の時に広めるべき法について、法然《ほうねん》らは「機《き》」を重んじて浄土《じょうど》の法門・念仏《ねんぶつ》の修行《しゅぎょう》がその法であると主張《しゅちょう》するが、その「悪義《あくぎ》」について大聖人は、早くに「立正安国論」で破折《はしゃく》されて以来、年久《としひさ》しいことを述べられる。そして末法《まっぽう》という「時」に適《かな》った法が「法華経の肝心《かんじん》たる南無妙法蓮華経」（御書二五八ジペー）という「大白法《だいびゃくほう》」（同）であることを示され、その法が閻浮提《えんぶだい》（全世界）に広宣流布することが宣言される。

第5段では、本抄の結論が提示《ていじ》されている。ここでは、大聖人の問題意《い》識《しき》の広がりが端的《たんてき》に現《あらわ》れている。

まず、法華経薬王菩薩本事品《やくおうぼさつほんじほん》第二十三の「我《わ》が滅度《めつど》の後後《のちのち》の五百歳《ごひゃくさい》の中《うち》に広宣流布して閻浮提《えんぶだい》に於《おい》て断絶《だんぜつ》せしむること無《な》けん」の文《もん》が、法華経の肝心《かんじん》の法が第五の五百歳（末法《まっぽう》の初《はじ》め）に閻浮提に広宣流布されることの文《もん》証《しょう》であることを示される。

この文《もん》は、「開目抄」では、他の類似《るいじ》の文《もん》とともに引かれていた（御書二〇三ページ）。「観心本尊抄《かんじんのほんぞんしょう》」では、特に注目されて仏（釈尊《しゃくそん》）の未来の世界広宣流布の予言（未来記《みらいき》）として位置づけられた（御書二五四ページ）。「顕仏未来記《けんぶつみらいき》」（御書五〇五ページ）でも、主題となる文証《もんしょう》として重視《じゅうし》され、太陽の仏法である大聖人の仏法が日本から全世界に広宣流布することが強調されている。

本抄では、まず、「開目抄」「観心本尊抄」で詳《くわ》しく述べられていた、「後五百歳《のちのごひゃくさい》」＝「第五の五百歳」が悪世であるという点、また悪鬼入其身《あっきにゅうごしん》の高僧《こうそう》（僭聖増上慢《せんしょうぞうじょうまん》）が国王から民衆まで（俗衆増上慢《ぞくしゅぞうじょうまん》）をたぶらかして、仏の教えの真実を広める「智人《ちじん》」（法華経の行者《ぎょうじゃ》）を迫害《はくがい》させる点を確認する。

そして、法華経の行者《ぎょうじゃ》に対する迫害《はくがい》は正法《しょうほう》を滅《ほろ》ぼす大謗法《だいほうぼう》であるから、釈迦《しゃか》・多宝《たほう》・十方《じっぽう》の諸仏《しょぶつ》が、諸天善神《しょてんぜんじん》らにはたらきかけて謗法を警告《けいこく》するよう促《うなが》すので、天変地異《てんぺんちい》が盛《さか》んになると述べられている。これは、「立正安国論」で述べられた「神天上《かみてんじょう》の法門」を発展させたものと拝察される。「立正安国論」では立てるべき「正《しょう》」は「一乗《いちじょう》」の「正法《しょうほう》」として展開されていたが、ここでは「正法」が、上行菩薩《じょうぎょうぼさつ》に滅後弘通《めつごぐつう》を託《たく》された法華経の肝心《かんじん》である南無妙法蓮華経であることが示される。そしてその大白法《だいびゃくほう》を弘通する「小僧《しょうそう》」の姿《すがた》の「法華経の行者《ぎょうじゃ》」（日蓮大聖人）を迫害《はくがい》することが、災難《さいなん》の原因となっていると明かされている。

さらに、諸仏《しょぶつ》のこの警告《けいこく》を無視《むし》すれば「これまでにない大きな戦乱《せんらん》がこの世界に起こるだろう（前代未聞《ぜんだいみもん》の大闘諍《だいとうじょう》・一閻浮提《いちえんぶだい》に起《おこ》るべし）」（御書二五九ページ）と述べられる。そして謗法《ほうぼう》の諸宗の祈りは神天上《かみてんじょう》のゆえに叶《かな》わず、最後にして唯一《ゆいいつ》のよりどころである大聖人に万人が帰依《きえ》し、一同に南無妙法蓮華経を信じて唱えるだろうと結論されている。

「立正安国論」での予言は、謗法《ほうぼう》の日本に対して他国からの治罰《じばつ》として他国侵逼難《たこくしんぴつなん》が起こり亡国《ぼうこく》の危機《きき》に陥《おちい》るという指摘《してき》であった。これに対し本抄では、それを機《き》に一閻浮提《いちえんぶだい》（全世界）に及《およ》ぶ「前代未聞《ぜんだいみもん》の大闘諍《だいとうじょう》」が起こると、〝一国〟の興亡《こうぼう》のみならず、〝世界〟の平和の問題であることが格段《かくだん》と強調《きょうちょう》されている。

続いて、第6段では、「観心本尊抄」「顕仏未来記」にも引かれている、薬王品《やくおうぼん》の文《もん》を補足的《ほそくてき》に説明した天台大師《てんだいだいし》・妙楽大師《みょうらくだいし》・伝教大師《でんぎょうだいし》の「未来記」の言葉を挙《あ》げられる。また「観心本尊抄」でも指摘《してき》されていたが、純円一実《じゅんえんいちじつ》の法華経は、「在世《ざいせ》の八年」（御書二六〇ジペー）と「末法《まっぽう》の始《はじめ》の五百年」（同）にしか説《と》かれないことを確認される。そして「顕仏未来記」と同様に、末法という法華経流布《るふ》の時に生まれて弘通《ぐつう》する喜《よろこ》びを示されている。

この後、第7段からは、大聖人が末法《まっぽう》に忍難弘通《にんなんぐつう》されるお振《ふ》る舞《ま》いが、仏（釈尊《しゃくそん》）が予言した「時」に適《かな》っていることを、詳細《しょうさい》に示されていく。

まず、第7段から第14段では、正法《しょうほう》・像法《ぞうほう》・末法《まっぽう》という三時において、インド・中国・日本の三国で、仏法がどのように広まったかを史実《しじつ》に即《そく》して具体的に示される。

仏教史の確認は、「開目抄」では「五重《ごじゅう》の相対《そうたい》」を明かす中で仏種《ぶっしゅ》である一念三千《いちねんさんぜん》の法門がどのように説《と》かれたかという観点《かんてん》からなされた。「観心本尊抄」では、法華経本門《ほんもん》の「事行《じぎょう》の南無妙法蓮華経の五字《ごじ》並びに本門《ほんもん》の本尊《ほんぞん》」（御書二五三㌻）が末法《まっぽう》の始めに説かれることを明かすために三時に弘通《ぐつう》すべき法を明らかにするという観点からなされた。

本抄では、「開目抄」「観心本尊抄」の論議《ろんぎ》をより精緻《せいち》にするため、正像《しょうぞう》末《まつ》の仏法流通《るずう》の様相について示され、大集経《だいじっきょう》に示された五つの五百歳のそれぞれの「時」の様相（解脱堅固《げだつけんご》・禅定堅固《ぜんじょうけんご》・読誦多聞堅固《どくじゅたもんけんご》・多造塔寺堅固《たぞうとうじけんご》・闘諍堅固《とうじょうけんご》）

とそれに応《おう》じた教法《きょうほう》が確認されていく。

すなわち、インドにおいては正法《しょうほう》の初《はじ》めの五百年に、迦葉《かしょう》・阿難《あなん》らの付《ふ》法蔵《ほうぞう》の二十三人（二十四人）が小乗の教えを流布《るふ》した（第7段）。次いで正法の後半の五百年には、竜樹《りゅうじゅ》・天親《てんじん》ら菩薩《ぼさつ》である論師《ろんじ》たちが出現して権大乗《ごんだいじょう》の教えを広めた（第8段）。

続いて釈尊滅後《しゃくそんめつご》千十五年に仏教が中国へ伝来《でんらい》し、その後、南三北七の諸《しょ》学派《がくは》に分かれ、仏法は混乱《こんらん》した。そこに像法《ぞうほう》の前半の終わりに天台大師《てんだいだいし》（智顗《ちぎ》）が出現して、釈尊一代にわたる諸経を正しく位置づけ、「法華経第一」を決定した（第9段）。

ところが像法《ぞうほう》の後半の五百年のうち最初の二百年余《あま》りには、玄奘《げんじょう》が新たに経典をインドから伝えて皇帝《こうてい》の支持《しじ》を得て、法相宗《ほっそうしゅう》・三論宗《さんろんしゅう》が隆盛《りゅうせい》し天《てん》台宗《だいしゅう》をおびやかした。さらにそれに乗じて華厳宗《けごんしゅう》が現《あらわ》れ、さらに真言宗《しんごんしゅう》も現れた（第10段）。

像法《ぞうほう》の後半の四百年余《あま》りの時、飛鳥《あすか》時代の日本に仏法がはじめて伝えられた。その後、諸学派《しょがくは》が伝来《でんらい》し、奈良《なら》時代には南都六宗《なんとろくしゅう》が確立された（第11段）。

像法《ぞうほう》の最後の二百年の時に、伝教大師《でんぎょうだいし》（最澄《さいちょう》）が日本に天台法華宗《てんだいほっけしゅう》を伝えて諸宗の非《ひ》を打《う》ち破《やぶ》り、比叡山《ひえいざん》に円頓《えんどん》の戒壇《かいだん》を建立《こんりゅう》し、円戒《えんかい》を確立した。ただし真言宗《しんごんしゅう》については明瞭《めいりょう》には破折《はしゃく》しなかった（第12段）。

第13段では、末法《まっぽう》の初めに至《いた》って、時代の様相が大集経《だいじっきょう》に予言されたとおりの「闘諍言訟《とうじょうごんしょう》・白法隠没《びゃくほうおんもつ》」となっていることを確認される。それ故《ゆえ》、法華経薬王品《やくおうぼん》の予言どおりに「法華経の大白法《だいびゃくほう》が、日本国および全世界に広宣流布する（法華経の大白法の日本国並びに一閻浮提《いちえんぶだい》に広宣流布せん）」（御書二六五ジペー）ことが疑《うたが》いないと断言《だんげん》されている。

そして第14段で、経文の説《と》かれるとおり、悪世に忍難弘通《にんなんぐつう》される大聖人御自身が、「閻浮提一《えんぶだいいち》の法華経の行者《ぎょうじゃ》」（御書二六六ジペー）であると宣言されている。

これを受けて第15段では問答を立て、「機《き》」よりも「時」を優先《ゆうせん》して弘《ぐ》教《きょう》しなければならないことを確認し、前半の議論《ぎろん》をまとめられている。

第16段からの後半では、まず正法《しょうほう》の竜樹《りゅうじゅ》・天親《てんじん》（第16段）、像法《ぞうほう》の半ばの天台《てんだい》（第17段）、像法の末《まつ》の伝教《でんぎょう》（第18段）の弘教《ぐきょう》を確認される。いずれも「時」を重視《じゅうし》し、「時」が至《いた》っていなかったので、竜樹・天親は内鑑冷然《ないかんれいねん》で法華経の実義《じつぎ》を説《と》かず、天台は『法華玄義《ほっけげんぎ》』『法華文句《ほっけもんぐ》』『摩訶止観《まかしかん》』を述べて円慧《えんね》・円定《えんじょう》を明かしたが円戒《えんかい》は説かず、伝教は円頓《えんどん》の大乗《だいじょう》の別受戒《べつじゅかい》を確立したが、「最大深密《さいだいじんみつ》の正法《しょうほう》」は説かなかったと明かされる。

第19段では、「それはどのような秘蔵《ひぞう》の法か。初《はじ》めにその名を聞き、次にその内容を聞きたいと思う（いかなる秘法《ひほう》ぞ先《ま》ず名をきき《聞》次に義《ぎ》をきかんとをもう）」

（御書二七三㌻）と述べ、まず〝正法《しょうほう》・像法《ぞうほう》にまだ広められなかった深法《じんぽう》で末法《まっぽう》の初めに一閻浮提《いちえんぶだい》に広宣流布すべき法とは、どのような名で、どのような内容であるか〟という問いが掲《かか》げられる。これに答えるに当たり、末法広宣流布の障害《しょうがい》となっている「三《みっ》のわざわひ」として「念仏宗《ねんぶつしゅう》と禅宗《ぜんしゅう》と真言宗《しんごんしゅう》」を挙《あ》げられる。

そして法然《ほうねん》の専修念仏《せんじゅねんぶつ》（第20段）、禅宗《ぜんしゅう》（第21段）、真言宗《しんごんしゅう》（第22段から第24段）を順《じゅん》に破折《はしゃく》されていく。特に真言宗は「以上の念仏・禅宗という二つの災《わざわ》いとは比《くら》べようもないほどの間違った考え（上《かみ》の二のわざわひ《災》にはにるべくもなき大僻見《だいびゃっけん》）」（御書二七五㌻）であるとされ、真言の祖師《そし》である善無畏《ぜんむい》（第22段）、日本で真言宗を立てた弘法《こうぼう》（空海《くうかい》）（第23段）、新義真言宗の祖である聖覚房《しょうがくぼう》（正覚房《しょうがくぼう》）覚鑁《かくばん》（第24段）を破折《はしゃく》されていく。

さらに第25段から第27段では、これら念仏《ねんぶつ》・禅《ぜん》・真言《しんごん》の三宗《しゅう》よりも「百《ひゃく》千万億倍《せんまんのくばい》・信じがたき最大の悪事《あくじ》」（御書二七九㌻）として、法華経を宣揚《せんよう》すべき立場である天台宗《てんだいしゅう》第三代座主《ざす》の慈覚《じかく》（円仁《えんにん》）が、真言は法華経よりも優《すぐ》れているという邪義《じゃぎ》を唱えたことを指摘《してき》し、その誤《あやま》りを厳《きび》しく糾弾《きゅうだん》していく。

第25段では、慈覚《じかく》が法華経よりも真言が優《すぐ》れているという邪義《じゃぎ》を唱えたこと、また安然《あんねん》が『教時諍論《きょうじじょうろん》』で「第一真言宗《しんごんしゅう》・第二禅宗《ぜんしゅう》・第三天台法華《てんだいほっけ》宗《しゅう》・第四華厳宗等《けごんしゅうとう》」と主張《しゅちょう》したこと、さらに恵心僧都源信《えしんそうずげんしん》が『往生要集《おうじょうようしゅう》』の序《じょ》で念仏《ねんぶつ》を宣揚《せんよう》したことを挙《あ》げる。そして天台法華宗内部の彼らが原因で同宗がこれら真言・禅・念仏に破壊《はかい》されたことは、「師子身中《しししんちゅう》の虫《むし》がその師子を食う」と仏が予言したとおりであると糾弾《きゅうだん》されている。

続いてこれらのうち、特に真言《しんごん》を重んじた慈覚《じかく》の誤《あやま》りを取り上げて破折《はしゃく》される。第26段では、善無畏《ぜんむい》の『大日経疏《だいにちきょうしょ》』に基《もと》づいて『金剛頂経疏《こんごうちょうきょうしょ》』『蘇悉地経疏《そしつじきょうしょ》』を著《あらわ》し、顕示教《けんじきょう》である法華経などは、真言・密印《みついん》を説《と》く秘《ひ》密教《みっきょう》である真言三部経《しんごんさんぶきょう》に劣《おと》るという「理同事勝《りどうじしょう》」の邪義《じゃぎ》を慈覚が唱えたことを挙《あ》げ、根本の師《し》である伝教大師《でんぎょうだいし》に背《そむ》いたことを指摘《してき》される。

第27段では、その邪義《じゃぎ》が文証《もんしょう》・理証《りしょう》に基《もと》づくものではないことを指摘《してき》する。その上で、慈覚《じかく》が太陽を射《い》る夢を見たことをもって、自らの邪説《じゃせつ》が正しいと信じたことを挙《あ》げ、太陽を射ることはむしろ亡国《ぼうこく》の因《いん》であると、先《せん》例《れい》を挙《あ》げて明かされる。そして亡国の法である真言《しんごん》によって蒙古《もうこ》調伏《じょうぶく》を祈るなら、「還著於本人《げんじゃくおほんにん》」で亡国の結果を招《まね》くと、承久《じょうきゅう》の乱《らん》の先例を挙げて警告《けいこく》されている。

第28段では、亡国《ぼうこく》の危機《きき》にあって大聖人が命懸《いのちが》けでこの謗法《ほうぼう》による亡国の事実を訴《うった》えてきたが、国主は用《もち》いるどころか、讒言《ざんげん》を用いて迫害《はくがい》を繰《く》り返《かえ》してきた事実を挙《あ》げ、その結果、自界叛逆難《じかいほんぎゃくなん》・他国侵逼難《たこくしんぴつなん》が現実のものとなったと指摘《してき》される。そして、「観心本尊抄」「顕仏未来記」と同じく、この重大な事態《じたい》を根本から打開する教えを説《と》く人が現《あらわ》れる前兆《ぜんちょう》として、前《ぜん》代末聞《だいみもん》の天地をゆるがす異変《いへん》である正嘉《しょうか》の大地震《おおじしん》と文永《ぶんえい》の大彗星《だいすいせい》が挙げられる。そして亡国を止《とど》める正法《しょうほう》である南無妙法蓮華経を唱えよと勧《すす》める智《ち》人《じん》は、忍難弘通《にんなんぐつう》してきた日蓮大聖人だけであり、大聖人こそが「日本第一の法華経の行者《ぎょうじゃ》」（御書二八四㌻）であり、「漢土月支《かんどがっし》にも一閻浮提《いちえんぶだい》の内にも肩《かた》をならぶる者」（同）がいない「閻浮提第一の者」（御書二八三㌻）であると宣言される。

続く第29段以降では、このように、正嘉《しょうか》の大地震《おおじしん》と文永《ぶんえい》の大彗星《だいすいせい》が「闘《とう》諍言訟《じょうごんしょう》」の末法《まっぽう》の人々を根本的に救済《きゅうさい》する大白法《だいびゃくほう》を説《と》く御自身の出現の前《ぜん》兆《ちょう》であると述べる理由を詳《くわ》しく明かされていく。

第29段では、「観心本尊抄」以来引かれている「智慧《ちえ》のある人は物事の起こりを知り、蛇《へび》は蛇自身のことを知っている（智人《ちじん》は起《き》を知り蛇《じゃ》は自《みずか》ら蛇を識《し》る）」（御書二八四㌻）という妙楽《みょうらく》の文《もん》を挙《あ》げられる。そしてこの文は、末法《まっぽう》の法華弘通《ほっけぐつう》を託《たく》された上行菩薩《じょうぎょうぼさつ》の出現は上行菩薩自身しか知らないことを示すものとされ、日蓮大聖人御自身が上行菩薩であることを示唆《しさ》されている。また、御自身を「智人」と呼ばれるのは、前兆《ぜんちょう》を見て未萌《みぼう》のことを知ることができるからであると示唆される。そして、大地震《おおじしん》と彗星《すいせい》は、国主が法華経の行者《ぎょうじゃ》である大聖人を憎《にく》んで亡国《ぼうこく》の法である禅《ぜん》・念仏《ねんぶつ》・真言《しんごん》を支《し》援《えん》することに諸天が警告《けいこく》を出したものであると指摘《してき》される。

第30段では、そのように判断する理由を「立正安国論」でも引かれている諸経の三災七難《さんさいしちなん》の文《もん》を挙《あ》げて確認されていく。さらに守護《しゅご》経《きょう》・蓮華面経《れんげめんきょう》の文を挙げ、仏教者以外の者ではなく仏教者こそが仏法を滅《ほろ》ぼすと示されれ、具体的に歴史上現《あらわ》れた仏法を破壊《はかい》する仏教者として、諸宗の僧を挙げられる。最後に大聖人当時の仏法破壊の因《いん》となった者として、真言《しんごん》・禅《ぜん》・浄土《じょうど》の元祖《がんそ》を挙げ「三虫《さんちゅう》」とし、天台宗《てんだいしゅう》でありながら真言・禅・念仏《ねんぶつ》を重んじて法華経を誹謗《ひぼう》した慈覚《じかく》・安然《あんねん》・恵心《えしん》を「伝教大師《でんぎょうだいし》の師子《しし》の身の中の三虫《さんちゅう》」（御書二八六ジペー）であると厳《きび》しく弾劾《だんがい》されている。

その上で、これらの「大謗法《だいほうぼう》の根源」を糾《ただ》す大聖人を迫害《はくがい》するので、諸《しょ》天善神《てんぜんじん》たちが怒《いか》り、警告《けいこく》として災難《さいなん》を起こしていると述べられる。

その災難《さいなん》の意味は、一面では確かに、謗法《ほうぼう》の現世《げんぜ》での報《むく》いとしての罰《ばち》である。その報いとして後生には、無間地獄《むけんじごく》に堕《お》ちるのである。しかし、この災難は、もう一面として、「一閻浮提第一《いちえんぶだいだいいち》の大事《だいじ》を申すゆへに最第一《さいだいいち》の瑞相《ずいそう》」（同）が起こったものと位置づけられるのである。なぜなら「観心本尊抄」で「正法《しょうほう》を謗《そし》ることによって悪道《あくどう》に堕《お》ちたのち、その正法との縁《えん》によって必ず利益《りやく》を得る（因謗堕悪必因得益《いんぼうだあくひついんとくやく》）」（御書二五三ページ）と示されたように、謗法を縁として下種《げしゅ》されてそれが成仏《じょうぶつ》の因《いん》となるので、ついには妙法を信《しん》受《じゅ》することにつながるからである。

それ故《ゆえ》、第31段では、蒙古《もうこ》の襲来《しゅうらい》に直面して初《はじ》めて、大聖人に敵対《てきたい》してきた人々が大聖人に救済《きゅうさい》を求めるだろうと指摘《してき》されている。

第32段では、「未萠《みぼう》」を知り「三世《さんぜ》」を知る人が「聖人《しょうにん》」であることを確認され、大聖人御自身が、自界叛逆難《じかいほんぎゃくなん》・他国侵逼難《たこくしんぴつなん》を予見し三度（①「立《りっ》正安国論《しょうあんこくろん》」執筆《しっぴつ》の諫暁《かんぎょう》②竜《たつ》の口《くち》の法難《ほうなん》の時の平左衛門尉頼綱《へいのさえもんのじょうよりつな》への諫暁③佐渡流罪赦免直後《さどるざいしゃめんちょくご》の諮問《しもん》の時の平左衛門尉頼綱ら幕府要人《ばくふようじん》への諫暁）にわたって公言したことは「三度のかう《高》みょう《名》」（御書二八七㌻）であると述べられている。この二難《なん》が現実のものとなったことは「闘諍言訟《とうじょうごんしょう》」の極《きわ》みであり、それは次に続く大白法《だいびゃくほう》の広宣流布の前兆《ぜんちょう》・瑞相《ずいそう》である。それ故《ゆえ》、この段の最後には、広宣流布が実現し万人が必ず成仏《じょうぶつ》することを宣言されている。

第33段では、「三度のかうみょう」のうち、第二回の諫暁《かんぎょう》の時に、大聖人を用《もち》いず迫害《はくがい》して謗法《ほうぼう》の帰依《きえ》を続けるなら二難《なん》が起こって国が滅《ほろ》びると予言されたことを特に取り上げられ、その根拠《こんきょ》となる経文を再度掲《さいどかか》げて、大聖人こそが経文どおりに末法《まっぽう》で忍難弘通《にんなんぐつう》する法華経の行者《ぎょうじゃ》であることを再確認《さいかくにん》されている。

第34段では、大聖人が自《みずか》ら「一閻浮提第一《いちえんぶだいいち》の智人《ちじん》」（御書二八九㌻）と名乗ることを慢心《まんしん》とする非難《ひなん》に対して、「実際に優《すぐ》れているものを優れているということは、慢心のように見えて実は大きな功績《こうせき》となるということだろうか（現《げん》に勝《すぐ》れたるを勝れたりという事は慢にに大功徳《だいくどく》なりけるか）」（同）と喝破《かっぱ》されている。

第35段では、伝教《でんぎょう》の言葉や法華経の文《もん》を引いて、最高の経典である法華経を受持《じゅじ》する人は最高の人であることを示され、弟子たちにも「試《ため》しに法華経に説《と》かれる通りに身命《しんみょう》も惜《お》しまず修行《しゅぎょう》して、この機会《きかい》に仏法が正しいかどうかを試してみなさい（心《こころ》みに法華経のごとく身命もおしまず修行して此《こ》の度《たび》仏法を心みよ）」（御書二九一ジ㌻）と、大聖人と同じく如説修行《にょせつしゅぎょう》するよう呼びかけられている。

最後の第36段では、法華経・涅槃経《ねはんぎょう》で不惜身命《ふしゃくしんみょう》の実践を促《うなが》す文《もん》を挙《あ》げ、「開目抄」「観心本尊抄」でも示されたように、謗法充満《ほうぼうじゅうまん》の悪世においては不軽菩薩《ふきょうぼさつ》らのように不惜身命で強敵《ごうてき》を打《う》ち破《やぶ》る実践をすべきであることを明かされる。そのような実践をしながらも、命を落とさずにいることは釈《しゃ》迦《か》・多宝《たほう》・十方分身《じっぽうふんじん》の諸仏《しょぶつ》をはじめ菩薩《ぼさつ》・諸天《しょてん》らの加護《かご》があればこそであると訴《うった》えられ、加護を確信して不惜身命の実践をするよう促《うなが》され、本抄を結ばれている。

なお、第19段で立てられた〝正法《しょうほう》・像法《ぞうほう》にまだ広められなかった深法《じんぽう》で末法《まっぽう》の初《はじ》めに一閻浮提《いちえんぶだい》に広宣流布すべき法とは、どのような名で、どのような内容であるか〟という問いについては、「観心本尊抄」では「事行《じぎょう》の南無妙法蓮華経の五字《ごじ》並びに本門《ほんもん》の本尊」（御書二五三ページ）、また「顕仏未来記」では「本門の本尊・妙法蓮華経の五字」（御書五〇七ページ）と示されていたが、本抄では「寿量品《じゅりょうほん》の南無妙法蓮華経」（御書二八四ページ）と端的《たんてき》に示されるにとどまっている。

本抄に続いて執筆《しっぴつ》された建治《けんじ》二年（一二七六年）七月の「報恩抄」では、

「天台伝教《てんだいでんぎょう》の弘通《ぐつう》し給《たま》わざる正法《しょうほう》ありや」（御書三二八ページ）という同じ問いを立てられ、それに答えて「三《みっ》つあり」と述べられる。そして「其《そ》の形貌《ぎょうみょう》」として、「一《ひとつ》には日本・乃至《ないし》一閻浮提《いちえんぶだい》・一同に本門《ほんもん》の教主釈尊《きょうしゅしゃくそん》を本尊《ほんぞん》とすべし、所謂宝塔《いわゆるほうとう》の内の釈迦多宝《しゃかたほう》・外《そのほか》の諸仏《しょぶつ》・並《ならび》に上行等《じょうぎょうとう》の四菩薩脇士《しぼさつきょうじ》となるべし、二《ふたつ》には本門の戒壇《かいだん》、三《みつ》には日本・乃至漢土《ないしかんど》・月氏《がっし》・一閻浮提《いちえんぶだい》に人ごとに有智無智《うちむち》をきらはず一同に他事をすてて南無妙法蓮華経と唱うべし、此《こ》の事いまだ・ひろまらず一閻浮提の内に仏滅後《ぶつめつご》・二千二百二十五年が間一人も唱えず日蓮一人・南無妙法蓮華経・南無妙法蓮華経等と声もをしまず唱うるなり」（同）と述べられて、「法華取要抄《ほっけしゅようしょう》」（御書三三六ページ）で示されていた「本門の本尊と戒壇《かいだん》と題目」という三大秘法《さんだいひほう》を挙《あ》げ、本門の本尊と題目については端的《たんてき》にその姿《すがた》を示されている。

現代語訳　撰時抄

発行日　二〇一七年四月二十八日
監　修　池田大作
編　者　創価学会教学部
発行者　松岡　資
発行所　聖教新聞社
〒一六〇-八〇七〇　東京都新宿区信濃町一八
電話〇三—三三五三—六一一一（大代表）
印刷所　株式会社　精興社
製本所　牧製本印刷株式会社

＊

定価は表紙に表示してあります
ISBN978-4-412-01625-5